豊の国おおいた今昔物語

今戸公徳

元就出版社

豊の国・おおいた　今昔物語——目次

第一部――おおいた人物紀行　11

第二部――ふるさと散策　55

第九部――ふるさと、芸術そして人世春秋――327

第一部——おおいた人物紀行

一 横綱双葉山 いまだ木鶏たりえず

往年の名横綱双葉山を知っている人が、もう、少なくなった。いくら、外国人横綱曙の強烈な双手づきに感嘆しても、好漢横綱貴乃花の巧みさに魅了させられても、昭和一〇年代に双葉山のすまいぶりを見ている人たちは、何となく物足りないのである。双葉山には、天稟《てんぴん》の品格とファンを熱狂させる華があった。

また、昭和三〇年代の栃若時代に思いを致しても、双葉山時代の過熱ぶりには遠く及ばない。一例をあげよう。例えば、双葉山が七〇連勝を阻まれた昭和一四年春場所（当時は一月と五月の二場所だった）、その年の一月一五日は、日曜日と藪入りが続いたこともあって、国技館は、その日の取組が終わった直後から、翌一六日の取組を見たい人たちで人垣ができるほどだった。一月なので寒い。だから夜、暖をとるために近所の人家のゴミ箱（当時はコールタールを塗った木箱）が焚かれ警察沙汰になったというから、今では、とても考えられないフィーバーぶりではないか。

それまで一一日の興行だったのを一三日にのばし、なおかつ一五日に延長されたのは、双葉山を見たい人たちのためにとった処置で、一五日制は今日まで続いている。また、双葉山の七〇連勝目を安芸海に阻まれた時も、各新聞社から号外が出るほどだった。勝って人気が

正面左 横綱玉錦、左 関脇双葉山（昭和11年10月29日）

出、敗けてまた人気が湧く、これが本当の人気で、当時の双葉山は、まさに国民的英雄になっていたのである。

それは昭和初期の不況を脱し、満州国（東北中国）は独立、そして、景気が何となく明るくなり、日中戦争の戦果も挙がって、足掛け四年に及ぶ双葉山の全勝が、あたかも破竹の進撃を続ける皇軍（日本陸軍）の姿に重なったからでもあると思う。

私が双葉山を初めて見たのは昭和七年、双葉山が、横綱武蔵山一行と長洲町にやってきた時だった。その時小学校一年生だった私は、当時人気抜群だった武蔵山の記憶は残っているが、双葉山の印象は薄い。というのは、昭和七年というと双葉山は入門六年目、春秋園事件で繰上げの前頭四枚目だったからだ。

彼の得意技は打棄《うっちゃ》りで、打棄り自体消極

的な技なのでそう目立たなかったこともあろう。しかし、土俵際での二枚腰の強靭さの秘密は、すでに下位時代から隠されていたわけだ。強くなったのは三年後、右四つ左上手投げの型を会得してからだが、昭和一〇年の地方巡業あたりから、「双葉山がえらく強くなったそうな」という情報が東京に寄せられ始めたからという。果たせるかな明けて昭和一一年春場所、初日は新海に敗れたが、二日目横綱武蔵山を倒し、三日目大関清水川、四日目関脇鏡岩、五日目横綱男女川と土をつけ、六日目横綱玉錦に敗れたのを最後に、七日目瓊ノ浦を仕留めてから六九連勝が始まっている。その場所九勝二敗。地方巡業での評判を現実のものとしたのである。そして、前頭三枚目から関脇に昇進、つづいて夏場所でも二横綱を圧倒して全勝、大関に推挙された。

双葉山が故郷に錦を飾ったのは、その年昭和一一年の一〇月で、私は六年生になっていた。柳ヶ浦村(現宇佐市)小学校の校庭で横鋼玉錦一行と双葉山の勧進相撲が行なわれた。小麦色で、笑うと口元が上弦の三日月のようにほころぶ。ふくよかな姿態には、子供心にも色気を感じたものだった。

翌一二年春場所、横綱に昇進。綱を締めて郷里に帰ってきたのは昭和一三年。宇佐神宮神前での土俵入りを奉納している。なお、昭和一七年には二所ノ関一門、立浪部屋合同での興行を中津市公園で催している。私たち中学生は、控え力士の幕をあげて回り、双葉山と羽黒山が仲良く明荷《あけに》の前で休んでいるのを、土俵はそっちのけで見にいったものだった。

双葉山が名横綱としての条件はいろいろある。その土俵態度だが、仕切り直し中は全く水をつけない。相撲は立合いにあるといわれるが、決して自分からは仕掛けない。受けて立つのである。昭和一五年の春場所だった。八日目、出羽海部屋の竜王山との取組の際、一回目の仕切りでいきなり突っかけられ意表をつかれた。でも、受けて立ち、俊烈な上手投げで仕留めている。

また、いくら不利になっても、向うづけの態勢はとらず、張り手も使わない。定評のある二枚腰で、二枚蹴りや櫓《やぐら》投げなど、たまに見せることはあっても、観衆の前では、仏壇返しなどのあざとい技は出さなかった。相撲に品格があったのだ。安芸海に七〇連勝を阻まれた時は、畏敬する安岡正篤師に「我、木鶏たり得ず」と電報を打って心中を吐露したのはあまりにも有名。その夜は、横綱審議会委員長の酒井忠正伯爵と二人きりで盃を交わしたのであるが、いささかの動揺も見られなかったとは酒井伯の証言である。双葉山は、相撲を通して求道の人生を歩いた人なのである。

敗れても人気のある力士こそ本物の人気であるといわれるが、双葉山は、まさにそれにふさわしい大横綱だった。

宇佐市には、近いうち双葉山記念館が建設されることになっている。

（平成七年八月一八日　西日本新聞大分版）

二　双葉山へのオマージュ

五三年前（昭和一一年）、私は土俵の上の双葉山を見た。小学校六年の時だった。双葉山は関脇で、その年の夏場所三横綱を倒し全勝街道を驀進し始めていた。二四歳。入門して一〇年目の秋である。

その時の興行は、横綱玉錦と大関清水川の一行だった。場所は宇佐郡柳ヶ浦村三洲尋常高等小学校の運動場につくられた仮設の土俵で、その中に双葉山がいた。双葉山の出身地が宇佐郡天津村ということもあって興行は大成功だった。双葉山は結びの一番で錦絵から抜けでたような玉錦と対戦、太鼓腹の横綱を外掛けで崩し寄り切って勝った。その頃の双葉山は、まだ大きくなく、筒のような体にお腹が申し訳程度膨んでいた。そして笑うと唇が上弦の三日月のように可愛いく開いていた。

当時の巡業は、お相撲さんたちを民家に分宿させていた。家には、小結旭川と幕下三段目の羽黒山に若波が泊った。双葉山は、まだお父さんが健在だったので生家のある布津部へ帰っていった。相撲が終わって、晩秋の夕暮れをいく双葉山の乗った車をいつまでも見送ったのが、双葉山を眼《ま》のあたりにした最初だった。

昭和一二年、双葉山は大関に昇進。春・夏の二場所を全勝（当時は一年二場所）して、双葉山の人気は、いやが上にもフィーバーした。この年の七月七日に支那事変が勃発。日本軍は破竹の進撃をつづけた。一二月には早くも南京を落とし、皇軍の威武《いぶ》は当たるべからざる勢いで、その強さと平行するかのように、横綱になった双葉山は一三年春場所も全勝。つづいて夏場所も。明けて一四年、三日目までに六九連勝を記録した。戦時下の少年たちはラジオにしがみついて実況放送を聞いたものだった。日本軍の快進撃とオーバーラップするように双葉山の強さは無敵で、あれよあれよという間に国民的英雄になってしまった。

二度目に双葉山を眼のあたりにしたのは昭和一六年、太平洋戦争の始まる少し前である。中津市の公園地で興行がうたれた時だが、その時は、立浪部屋と二所ノ関部屋一門の地方巡業だった。戦後、解説をやっていた神風さんや玉の海梅吉さんが関脇だったように思う。私は中学へ進んでいたが、五年前、家に泊った時、三段目だった羽黒山が横綱になっていた。私は、羽黒山の控えの揚げ幕をおそるおそるはぐってみた。驚いたことに、隣に双葉山がいて明荷を前にどんと腰を下ろしていたのでビックリ、緊張した私は兵隊がする挙手の敬礼をした。すると二人は笑顔を返してくれた。その時、不思議に思ったのは、私を見る双葉山の右眼が虚空《こくう》をなぞっているように感じられたことである。

関脇双葉山（昭和11年）

後で聞いた話だが、双葉山は子供の時、右眼を失明していたのだ。眼のあたりにみる二人の横綱は、羽黒山の粗く黒い肌に比べて、双葉山はキメ細かく小麦色でツヤやかだった。私は、少年時代のそんな双葉山の面影を時々たぐるが、双葉山を知らぬ人たちから、よく、双葉山ってどんな横綱だったかと聞かれる。中学を卒業してからも、両国の大鉄傘の四階席から横綱の本場所を何度か見ているが、残念ながら紙相撲を見下ろしているようで全然記憶に残っていない。

双葉山は、右眼がほとんど失明の状態でありながら六九連勝をなしとげた。その強さの秘密。決して色白ではなかったのに花柳界の女性たちを魅了しつくした姿態の謎。しかも、新聞、雑誌とラジオ、映画しかなかった時代に日本国中を熱狂させた双葉山って、一体、どんな相撲とりだったのか。双葉山は確かに美しく、そして強かった。巷間伝えられている有名な二枚腰は、「いったん崩れかけた腰が、土俵に根が生えたように立ち直ってくる」と玉の海さんにいわせたほど強靭な下半身だった。また、「双葉山の六九連勝のうち、ワシの進上した星は一割ある」と、どうしても勝てなかった理由を二枚腰にあったと解説していた。

双葉山の人気の秘密は、いつの場合でも、受けて立つ立ち合いにあったようだ。しかしこれは、右眼が見えないためで、自分から仕掛けると目測を誤る可能性があったからだという。だから、相手の声で立つ。するといきおい、受けて立つ型になるのだそうだ。体に包帯を巻かなかったのはケガがなかったからだが、相撲には「型」があって、型通りにとっておけばケガをしないようになっている格闘技が相撲である。自分は、その「型」を忠実に守っただけともいっている。加えて、姿態から発するセックスアピールがあった。花柳界の人たちを陶然とさせたのは、仕切りが進むにつれて、「艶を増す薄桃色の肌が粋筋にはこたえられなかった」らしい。

さらに、「童貞横綱」の異名は、双葉山を一層神格化してゆく。これは相撲を人生求道の糧としていたからだ。だから、敗戦直後、引退し、迷って新興宗教の虜になるが、それほど、真面目だったとはいえないだろうか。六九連勝にストップがかけられた時、安岡正篤氏に打った電報がそれを証明しよう。「未だ木鶏に及ばず」。列子（黄帝篇）からの引用だ。求道の力士だったのである。

昭和四三年一二月一六日、劇症肝炎で逝った。五六歳であった。

（大分バスPR誌　まりんぶるー）

三　油屋熊八　観光別府の祖

別府観光の様子がおかしい。ここのところ、福岡銀行が撤退したり、長い間、市民に親しまれてきた近鉄百貨店が引きあげ、寂しくなったなあ、と思っていたら、別府港の埠頭に浮かんで観光名物となっていたオリアナ号が、この七月に、姿を消してしまった。別府市といえば、世界で二番目の湧出量を誇る温泉都市である。東の熱海とその名声は二分され、数多の温泉地の及ぶところではない、のにである。

確かに、明治から大正、昭和と三代にわたって殷賑《いんしん》をきわめてきた別府が、昭和四五年の万博をさかいに、どうも今一つパッとしない。大分県が発行する観光動態表を見ても十数年前と比較すると入れ込み客は約二百数十万人も落ちこんでいる。逆に、お隣の湯布院町は倍増して三〇〇万人を超えた。これは一体どうしたことか。約一〇〇年も前に、裸一貫でこの地にやってきて、大正と昭和の戦前に活躍、昭和一〇年七三歳で没するまで、別府市の外務大臣を自称して、その宣伝と発展につとめた人、油屋熊八が生きていたら何と見るであろうか。

油屋熊八

もともと別府は城下町でも門前町でもなかった。幕末の紀行文『西遊雑記』によれば、「田の中、溝の中にも湯の涌く所あり湯気の立つ地多し」と記して別府は昔から保養地であったと書いてある。明治になって、ようやく浜脇村を中心に栄えてくるのだが、そんな別府を目当てに、一衣帯水《いちいたいすい》にある愛媛県や広島県から出稼ぎにくる人も多くなった。波止場が築造され、大阪航路が開設すると阪神から上客が訪れるように

オリアナ号

なった。浜脇村と別府村が合併して北へ北へと伸びてゆくが、油屋熊八が別府にワラジをぬいだのはそんな時で、明治四四年、まだ日豊線は現柳ヶ浦駅が終着駅だった頃だった。

熊八はそこで人力車に乗り、立石峠と鹿鳴越峠を越えて別府へきたのだそうだ。熊八、その時四七歳、青雲の志を抱いてというにはあまりにも齢をとりすぎていた。そして、大正時代の一五年を過ごし、昭和一〇年に没するまでの四半世紀、別府市では忘れぬことのできない人として、その業績は異色の光芒を放っているといってもいい過ぎではない。

熊八は、文久三年愛媛県宇和島市に生まれ、家業の米穀問屋を継いでいたが、二七歳の時に大阪に出て米の相場師となる。一夜にして巨万の富を獲得、今の金になおして四〇億円ほど懐にし、油屋将軍と異名をとるほど有名になった。しかし、日清戦争後の不況で急落、人生の明暗を知った。感ずるところあってアメリカへ。三三歳の時だった。北米カナダから南米メキシコまで、皿洗いをしながらわたり歩き、そこでキリスト教に出会った。洗礼を受けて明治三三年に帰国するが、以後の一〇年間は地道な生活を続けている。来別したのは既述の如く帰国して一〇年後である。日豊線も大分まで開通するので別府温泉の可能性を見越してのことか。現、亀の井ホテルの辺りに土地を求め二部屋の小さな旅館から営業を始めたのが熊八の別府における初仕事である。明治四四年であった。

短軀《たんく》、七〇キロの風貌と生来の人なつっこさから、たちまち友人に恵まれ、別府市の発展に寄与するところとなる。自ら外務大臣を名乗り、まず、「山は富士、海は瀬戸内、湯は別府」の惹句をつくりNHKの大阪局から流すあたり、この人の真骨頂であろう。また、富士山頂に標柱をたてたり、東京駅の一、二等待合室に看板を揚げるなど、とにかく、やることなすこと、世間をあっといわせた。今から思うと、根っからの宣伝マンだったのである。

畏敬に値するのは、すべて自腹をきっての行動だということである。そのほか、港に客を迎えるのに自らは挑太郎の衣裳を着け、芸者衆にイヌ、サル、キジの扮装をさせるなど宣伝マンとしての面目躍如たるものがある。プロモーターとしては自分の掌が当時の横綱常陸山と同じ大きさというので大掌大会を開いたり、宝塚少女歌劇を呼んだり、地獄めぐりのバスには、少女のガイドをのせて、七五調の名調子で案内させるなど枚挙に遑《いとま》がない。特筆すべきは、今日の九州横断道路の路線を数十年前に予想、その開発を他方面に働きかけていたことである。

とにかく、別府の興隆期を存分に活躍した人が油屋熊八であるが、今、ほしいのは第二の熊八。もし、後を継げる人材がいるとすれば、二代目熊八を自称する村上秀夫氏あたりであろうか。彼に起死回生のアイデアを望むこと切である。

（平成七年九月九日　西日本新聞大分版）

四　島田虎之助　豊前中津藩の剣聖

明治維新前夜であった。

豊前中津藩士に剣聖といわれた武芸者がいた。号して見山、名を島田虎之助という。文化一一年生まれだが、わずか三八歳で生涯を閉じた。江戸浅草新堀（阿部川於片町）に直心影流の道場を開くと、門弟志望者が門前市をなすほどの人気だった。また、二〇にあまる諸侯から声がかかり、薩摩の島津藩からは一〇〇〇石の俸禄で迎えがかかったほどの実力の持主だった。さらに、虎之助の弟子の中に勝海舟がいたことは、この時期、計り知れない意味があったと思う。勝海舟は島田虎之助より九歳年下だったが、道場で、師と起居をともにし、親しく謦咳《けいがい》に接しているうちに島田の剣の奥儀を身につけている。

勝が入門したのは一九歳だったから、文化一一年生まれの島田は二八歳だった。一〇年間をともにしていたわけだ。明治維新の前夜、西郷隆盛と会見の時、無刀、さしで対談し、江

島田虎之助

戸城の無血入城を成功に導くに至る胆力は並みの人物のよくするところではない。また、維新後、勝海舟が華族に列し伯爵となり明治三二年に没するまで、その生涯の生きざまが、島田虎之助直伝の「心」でつらぬかれていたからだと思う。

島田虎之助が、門弟の勝海舟に直伝した「心の剣」とは……。

古い話で恐縮だが、弧高の作家中里介山の長編小説『大菩薩峠』を繙《ひもと》けば、あるいは、よく理解できるかと思う。それは、「甲源一刀流の巻」の件《くだり》であるが、剣が滅法強く、向うところ敵なく、江戸中の道場を荒し回るので悪名のとどろいていた邪剣の使い手で、音無しの構えで有名な机《つくえ》竜之助が、ある夜、籠にのって帰ってゆく島田虎之助を待ちぶせていた。その時、島田の剣波が、三〇メートルも手前からビリビリ伝わってくるので、机竜之助の身と心を委縮させてしまう。そんな震えは、竜之助が初めて体験する恐怖だった。島田は闘わずして机の心身を圧倒していたのである。路傍に佇み、呆然としている机竜之助に向かって、叱咤するようにいう島田虎之助の一言は、竜之助の肺腑を鋭く突く。

「心正しからざれば、剣また正しからず。剣を学ばん者は、心をも学ぶべし」

邪剣の主は雷にうたれたようにその場にひれ伏してしまう。いみじくも書く介山の筆は牙剣の如くさえるが、島田虎之助は、剣即禅であり、禅また学であるという。道場では、剣・禅・学を垂範するのである。だから、虎之助が世を去って一六年、日本は明治維新を迎えるが、剣・禅・学の精神は、多くの門弟たちに受けつがれ、明治の時代精神の支柱となっていったといっても過言ではない。

島田虎之助を知るには、『大菩薩峠』のほか『近世剣客伝』や、勝海舟の父勝小吉が書き残した『夢酔独言』(東洋文庫)、それに、虎之助の親友中村栗園の日記『栗拾い集』、さらに、栗園の義子中村確堂の『島田見山逸事』などがある。中でも中村栗園は三つ違いの年上だったが、虎之助に対しては陰に陽にその剣の修業に大きな影響を与えている。

栗園は、儒学を修め、江州水口藩に儒者として迎えられているが、『栗園日記』の中に虎之助のプロフィールが記されているので紹介しよう。

「子は、長剣を佩《お》びつ歩むこと、奴蹴するが如く、路人、側に避けて屏息瞠目す」と書かれている。現代風に直すと左の如くなろうか。

「島田君は、長い剣を背中に背うて歩いていくと、その足どりは、怒って大地を蹴っているようである。路ゆく人は、地響きに圧倒され、ただ、目を瞠るばかり、道の脇によけて息をひそめて見ているだけである」

実際、虎之助は六尺豊かな身長。体軀、体力に恵まれていた。目は鋭く、鼻梁高く、辺りをうかがう風貌は天性のものがあったらしい。武芸者と試合する時の模様も克明に描かれているが、剣を抜き構えたその様は林の如く、一旦、気合いがかかると烈風のように素早く、相手になった人は誰でも尻ごみしてしまうと書かれている。

肝胆相照らす二人は生涯の友人だったが、一回目の九州巡業の時は行路をともにしている。虎之助一七歳の時だった。二年後、二度目の九州巡業に旅立つ。そのまま、中国筋から阪神、北陸と巡業して江戸に着いた時は二三歳だった。直心影流男谷信友の道場に入り、一年で免許皆伝、明けて天保一二年には道場を開き、勝海舟が入門してくる。これからという時、残念ながら体調をくずすが、新撰組に狙われ、刺客に襲われる。でも、気丈にもわが家に帰りついてから絶命している。

島田虎之助は、明治の夜明け前、彗星のごとく現われ、流れ星の如く去っていった。

中津市島田の生家と天沖寺山には島田虎之助の記念碑が建っている。

（平成七年一一月四日　西日本新聞大分版）

五　井上準之助 有為・信念の元大蔵大臣

昭和の初めだった。小学生の頃、井上準之助という名の男の子が近くにいた。随分えらそ

井上準之助

うな名前だ、と子供ごころにも思っていたが、成人して世間に出ても、井上準之助という同姓同名の何人かにお目にかかった記憶がある。

井上準之助といえば日銀総裁を二度、大蔵大臣を三度もつとめた大物政治家である。国際感覚にすぐれ、国家の大計を計り、正義感旺盛にして無私、関東大震災時には大蔵大臣をつとめて復興予算を組み、昭和初期の経済恐慌の時には、不《ふ》撓《とう》不《ふ》屈《くつ》の精神とすごい信念をもって軍閥の抬頭を抑え、平和主義者として日本の舵とりをした政治家だったことを知ったのは、私が長じた戦後のことであった。

昭和の初年代、井上姓の多くの人が、生まれてきた子に準之助という名前をつけて、故人の人柄にあやかったのも宜《むべ》なるかなと思う。なお、井上準之助が、日田市の出身であるのを知ったのもその頃で、昭和七年二月九日の夜、その人が、志半ばにして右翼の青年の凶弾に斃《たお》れた悲劇の運命を知り、一層愛惜の念にかられ、日本現代史の中で、もしもの、仮想が許されるならば、昭和史はどうなっていたかのタブーに思いを馳せることもしばしばであった。

晩秋、雨の日の一日を久大線に乗り、私は井上準之助の生家を訪ねた。日田駅からクルマで二〇分少々。山深い道を往くと一転ひらけた里が前方にひろがり、道路の左の小高い段丘の裾に、どっしりした構えの生家があった。生家は六代つづくつくり酒屋で「角の井」の銘柄を持つ名家である。その日は当主幸一氏の奥さまである睦子さんの出迎えを受けたが、昔の家は、そのまま井上準之助の資料館になっている。名づけて「清渓文庫」。数十畳におよぶ三つの部屋は、生前、読書家であった故人にふさわしいレイアウトで、軸物、扁額など故人を偲ぶ多くの遺品が品よく展示されてあった。ドラマ「男子の本懐」がNHKで放映されてから訪れる人が多くなったので、今から四年前の平成三年、資料館に再生することを思いたったそうだ。数々の遺品を前にして奥さまの語る信念の人、井上準之助の生涯は感動的であった。

井上準之助は、明治二年三月二五日、日田郡大鶴村の里に、二代目、清の五男として生まれている。幼時、日田咸宜園で学んだ後、日田教英中学校を卒業、笈《きゆう》を背負って出郷した。福岡県の飯塚を経て門司に出ているが、門司港からは、船で、遊学の途についた。上京して一年後、環境のいい仙台の第二高等学校に入学、五年の就学をおえて東京帝国大学英法科に入った。

明治二九年、卒業と同時に兄、良三郎の伝《つて》で同郷の先輩である山本達雄が総裁を務めている日本銀行に入った。咸宜園時代に習性となった読書習慣は、生涯、故人の資質を豊かにしたが、実務においても遺憾なく発揮され、たちまち頭角を表わした。一年にしてロンドン留学を命じられる。帰国して間もなく始まった日露戦争には、京都出張所長として戦時公債の消化に奔走して、名古屋市を抜いて三位となり、三〇代の若さで勲五等瑞宝章受勲の栄誉に浴した。営業局長になったのは入行後一〇年、異例の抜擢である。

日露役後の金融出し入れの要《かなめ》にいて、手腕は十二分に発揮された。明治四二年、ニューヨーク代理店の監督役も命じられるが、在米二年間と少々の間に国際人としての実力を養い、また多くの外国人の知遇を得た。帰朝しては、横浜正金銀行の副頭取から頭取へ、さらに大正八年、時の内閣総理大臣原敬の推挙で日銀総裁へと、昇龍の如く出世していくが、その下地は、読書をしての勉学を怠らず、広い視野と時代を見透す国際感覚を絶えずシャープに研ぎすましていたからである。時に五一歳。男ざかりであったが、総裁時代は第一次大戦後のバブル期ならびに、やがて襲ってきた不況期の処理に当たった。以後、政治家としての井上準之助が誕生するのである。

井上を日銀総裁に推した原敬が暗殺（大正一〇年）されてから何代か後の大正一二年七月、山本権兵衛内閣に請われて大蔵大臣に就任、やがてくる関東大震災では、いち早くモラトリアムを施行、また震災後の復興予算の組み替えに骨身を削った。だが、突如として起こった「虎の門事件」で山本内閣は挂冠《けいかん》（＝辞めること）。そのため、残念ながら四か月にして大蔵大臣の椅子を去るが、短期間に作製した予算編成では政治家井上準之助の名声を高からしめた。その後、たびたび、東京市長の懇請があったが、期するところあって大日本連合青年団理事長となり、青年の育成に当たった。

やがて、時代は激動の昭和に移っていく。世界恐慌、軍縮、中国問題、軍閥の抬頭、震災不況と、卍巴《まんじどもえ》の混乱期に突入。その中で、日本経済を国際市場の中で信用を得させ、安定させるには、多少の不景気は忍んでも金解禁以外に道はないとして、金本位制復帰に全力を投入するのである。浜口雄幸総理と二人三脚で、それは成し遂げられるが、その矢先、満州事変が勃発して行く手をさえぎられてしまう。昭和五年一一月一四日、西下する浜口首相は東京駅頭で凶弾に斃れ、数か月後、内閣は瓦壊。その一年三か月後、今度は井上準之肋が同志の選挙応援演説に向かう会場の手前で車を降りたところを、右翼の青年の凶弾により無念の死を遂げるのである。

元老、西園寺公望《さいおんじきんもち》公をして、井上準之肋の「宰相としての出番はあったのに」と、いわしめるほど、その人は有為、信念の人であった。

そんな話を聞きながら私は雨の青渓文庫を後にした。

（平成七年一二月二日　西日本新聞大分版）

六　木下　郁《かおる》　四期十六年、全県発展の礎を築いた元大分県知事

木下郁（一八九四～一九八〇年）宇佐郡出身。宇佐中学、五高、東京帝国大学卒業。ドイツ・イギリス留学。帰朝して弁護士、衆議院議員、大分県知事四期を務めて勇退。

人物百科事典風に記すと、氏は右の如くになろうか。だが、一歩ふみこんでその足跡と人

木下　郁

物の内奥に分け入ると量りしれない深さに遭遇するし、また畏敬の念にかられるのである。
　木下郁が他界したのは昭和五五年だから、県内には、氏の謦咳《けいがい》に接し、その遺徳を慕う人がまだまだ大勢いるはず。木下も過去の人というにはあまりにも記憶が鮮明すぎるが、特筆すべき政治家であることは確かである。
　木下郁は、明治二七年、父・淳太郎の二男として安心院町木裳に生まれている。地元の小学校を卒業して宇佐中学へ。中学時代は、母・ウメの実家で、北馬城村日足に建つ城閣のような構えの福寿屋（佐藤家）に下宿していた。明治時代の宇佐郡には地主が多かったが、中でも大地主は安心院の木下、麻生の山口、日足の佐藤、水崎の水之江など、五、六家が郡内を睥睨《へいげい》していた。
　郁が小学校に入る頃、父・淳太郎は県議会議員として、また叔父・謙次郎は衆議院議員に初当選して国会に出ていた。日露戦争当時は、父は議長を務めているし、母方にも貴族院議員がいて、郁が後年政治家として成長するには十分すぎるほどの背景だった。父は明治四四年県議会議員を引退、文字通り井戸塀となり、朝鮮に渡り北鮮新聞の社長になるも経営に失敗、大分に帰って梅の家を開くのはその後である。郁が、東京帝大に籍を置くのもその頃で、大正七年、卒業して三井物産に入社したが、翌年の徴兵検査で甲種合格、小倉野砲兵第一二連隊に一年志願して兵役を務めている。除隊して体調をこわし静養。大分中学で英語の教鞭をとったのは、その間の大正一〇年前後である。

病気快復後、後藤文夫の紹介で東京日日新聞の通信員になりベルリンにいくが、結核が再発、激務の記者稼業を諦めて比較的自由のある弁護士を志望、ベルリン大学での一年半の間、民法と欧州経済史を、またロンドン大学と、レーボア大学で政治経済を学んだ。だから、郁の英語とドイツ語は本場仕込みである。

氏が、社会党に席を置きながらマルキシズムばりというより、オールドリベラリストの香りが強く匂ったのは、外遊時に身につけた知性と教養かと思う。大正一四年、帰朝して弁護士に登録、昭和になるが、従兄の佐野学や、また向坂逸郎が政治犯として起訴された時、弁護に当たったのも、昭和という時代が、軍閥独走の下、自由が圧迫されつつある時代への抵抗だったかもしれない。

昭和一七年、時代が急迫をつげる中で衆議院議員に立候補して当選。一年生議員ながら、東条内閣の提出した「戦時特別刑事法」に反対して廃案においこんでいる。

昭和二〇年、敗戦後の大分市は瓦礫の町から始まるが、請われて市長に就任。当時は代議士と市長職が兼務できていた。大分駅前に立つと、別府湾がのぞまれるほど焼け野原と化した市街地を見て都市計画を実施する。中央通りを五〇メートルに拡げる計画を市議会に提出して市議たちを驚かせるが、結局、三六メートルの現在の幅員に抑えこまれてしまう。氏は、五〇年前、すでに今日の大分市を予見していたわけだ。

大分市復興の経綸《けいりん》は数多くあっただろうが、一年足らずで、公職追放になる。戦時中の翼賛代議士の肩書がたたったのだ。失意の時代が昭和二六年追放解除まで五年間つづくが、社会党に入党したのも、市長時代、国会の召集で上京した折、各党の綱領の中で、自分の信念と一番合っていたのが社会党だったからだそうだ。パージが解けた時、県の保守政界から「木下郁を社会党に返すな!」の声が出たのはその時である。

昭和二七年、抜き打ち解散では一区から出て当選、社会党右派代議士として返り咲くが、半年後、バカヤロウ解散でまたしても選挙、当選するが、一年二か月後、今度は鳩山政権での総選挙となって国政は混迷する。その頃社会党県運では木下郁の県知事選の擁立がきまり、昭和二九年の総選挙では弟の木下哲を当選させるのである。郁もまた、大分県の政治に運命をかける。昭和三〇年、保守、官選、革新と三巴の激しい争いで知事の座をかち得るが、以後四期一六年、大分県を貧乏県から脱出させ工業県へと離陸させていくのは、大分県の現代史が示す通りである。

県知事就任一期目にかかげた「光と水と医療」のコンセプトでは、孤島に電灯を灯し、駅館川総合開発事業はじめ、地域への病院づくり、また全国にさきがけて敬老保険を実施するあたり、革新知事の面目躍如たるものがあった。県民の生活水準向上のためには、第一次産業から脱却、ひいては臨海工業都市づくりとして石油化学コンビナートの構築にあった。そのための用地造成、基幹産業の誘致などなど、新産都市の躍進は四期一六年の成果である。さらに「農工併進」のコンセプトは、久住飯田高原を中心に行なう酪農並びに高原野菜の大規模開発などなど、今日の一村一品につながっていくとはいえないだろうか。

木下が、剣道六段ながら童顔、七〇数キロの巨体をゆさぶり、たえず、人なつっこい大分弁で県民に接する時、誰ひとり親しみを感じない人はいなかった。また釣り、碁、古本屋巡りをこよなく愛し、いつも洋書を繙《ひもと》く一流の文化人でもあった。剛宕と繊細、ヒューマニズムに裏打ちされたバックボーンは「千万人と雖《いえど》もわれ行かん」の気概に溢れ、大分県人の象徴でもあると思う。

（平成八年二月一〇日　西日本新聞大分版）

七　野上弥生子　明治・大正・昭和を生き抜いた女流文学者

野上弥生子（一八八五年〜一九八六年）は臼杵市出身、文学者、文化勲章も受章している。戦後の日本人は自国の近代史に弱いという。近代というと、明治維新から現代までの一三〇年ばかりをさすが、中でも、明治、大正、昭和前期の七、八〇年間は、日本人にとって激動の時代だったにもかかわらず、その近代史に疎い人が割りに多い。これは、学校教育に問題があるらしく、この間のカリキュラムが学年末に皺よせされ、ついに、教わることなく時間切れになってしまうからなのに起因するらしい。

日本の近代史に無関心だと、現在生じている日韓問題も、日中、日露の交渉もよく理解できないはず。その上、大学を卒業しても大方の人が歴史の教科書を繙くなんていう奇特な人は、歴史家を志す人以外、まず、いないとっても言い過ぎではない。そんな時、絶好の読物があるのを、案外、知られてないのは惜しい。読み出すと止められず、内容も、専門書以上の評価を得ているのが次の三冊である。

野上弥生子

『坂の上の雲』(司馬遼太郎)、『楡家の人びと』(北杜夫)、それに、野上弥生子の『迷路』である。
『坂の上の雲』は明治の初年から日露戦争までを、日露戦役後から昭和二〇年までの約四〇年数年間を、『楡家の人びと』、そして『迷路』は昭和一〇年代をリアリズムの筆致で書き進められ、なまじっかのテキストなど、足下にも及ばないほど、それは出色の大河小説になっている。
『迷路』はそれほど素晴らしい小説である

が、野上弥生子は『迷路』のほか、六〇巻近い全集を岩波書店から出している。その質、量ともに文豪の名にふさわしく、二〇世紀を代表する作家として、おそらく、五〇年後、一〇〇年後と読みつがれてゆく作家の一人に違いない。

超時代的な作家としては、明治の夏目漱石に森鷗外、大正の芥川龍之介がいるが、昭和では野上弥生子が後につづく文学者であるのは間違いない。弥生子の文学は、それほど時代の流れに超然と屹立している麗峰の感さえするのである。

あと一か月で満一〇〇歳を迎えるという昭和六〇年三月三〇日、野上弥生子は東京成城の自宅で急逝した。斃《たお》れる前日まで執筆していたという体力と、強い精神力、深い思考力は驚嘆に値する。その日、弥生子は昭和を見納めるように去っていった。

この偉大な文学者の業績を僅か二〇〇〇字足らずに纏めるのは至難の技だが、弥生子は、明治一八年五月六日、小手川角三郎の長女として臼杵市に生まれている。以来一世紀を生きてきたというだけでも畏敬に値するが、作家としてはもちろん、妻として、母として、良妻賢母でもあった生きざまには、ただただ、脱帽、敬服するのみである。

臼杵に生まれた小手川弥生子は、学齢に達すると地元の小学校に入学、義務教育の四年を受けている。さらに四年の高等科に進み卒業して一五歳の年に上京（明治三三年）、明治女学校に入学している。その頃、野上豊一郎は第一高等学校から東京帝国大学に進んでいたが、同郷のよしみで交際、日露戦争が終わった翌年二人は結婚している。

明治三九年から大正五年の一〇年間は夏目漱石の活躍した時代で、野上豊一郎は、寺田寅彦や、安部能成らとともに漱石門下生として、次世代を担うべく文学修業をつづけていた。明治四〇年、弥生子は処女作「縁」を「ホトトギス」に発表した。夫の野上豊一郎を介して漱石の推輓《すいばん》があったからだが、以後、大正一一年、出世作「海神丸」を発表するまで多くの作品を執筆し、「中央公論」、「新小説」、「国民新聞」、「婦人画報」などに寄稿していた。

昭和に入って新しい時代の女性を主人公にした『真知子』を発表した。これは戦後「花ひらく」という題名で、高峰秀子主演で映画化されている。映画といえば『海神丸』は新藤兼人が映画化し、大作『迷路』は社会派の巨匠山本薩夫監督が「戦争と人間」のあと映画化を企画している。脚本を井手雅人に依頼、当時、井手氏に師事していた筆者は、『迷路』の脚色にあたり、二年がかりで書き上げた台本執筆に協力しているから、ことさら、強い印象が残っている。

『迷路』は岩波文庫で四冊、読破するのに徹夜して二昼夜強の時間を要する長編である。臼杵市を舞台に、実家の酒造業小手川家の長男を思わせる主人公菅野省三が、ファシズムの嵐が烈しくなってゆく時代に翻弄されながら、魂のさまよいに戸惑いつつ生きてゆく主題は、多くの登場人物とともに、昭和一〇年代をいきいきと活写している。『迷路』の筆をおこしたのは昭和一一年、だが、時代はテーマを押し進めてゆくにはあまりにも軍国主義化してゆくので止むなく擱筆《かくひつ》。再び筆をとり、発表するのは一〇年後、戦争が終わって五年目の昭和二四年である。三一年に脱稿するが、凄いのは、その間、社会体制が一八〇度転換しているにも拘らず、テーマが一貫しているということは、驚異である。野上弥生子の眼がいかに不動のものであったか証明できると思う。
以後は、『秀吉と利休』、自伝的作品『森』を書き始めたのが八七歳の年。私たちはその麗峰の前にひれ伏すのみであるが、野上文学は二一世紀へつながる不滅の文学である。

（平成八年三月二日　西日本新聞大分版）

八　重光　葵《まもる》 動乱の時代を支えた元外務大臣

重光葵が他界してから四〇年経つ。重光といえば、まず、脳裏に浮かぶのが昭和二〇年九月二日、戦艦ミズリー号の艦上で降伏文書調印にのぞんでいる時の写真である。この日は、三年九か月におよぶ太平洋戦争で敗れた日本が、わが国始まって以来、最も屈辱的な日であるが、重光は、昭和天皇ならびに大日本帝国の全権として、連合国の将軍たちと対面したのである。重光は調印に先立つ八月二七日に伊勢神宮を参拝している。なお、その日は午前三時に起床して心身を整え、首相官邸に赴き、梅津美治郎参謀総長ほか随員たちと合流して横浜にいく。横浜港からはアメリカの駆逐艦に乗り、港外に碇泊中の戦艦ミズリー号へ向う。九時二五分、調印を終えて首相官邸に帰任するのが正午すぎ、午餐をとって解散するが、そのあと、重光は宮中に参内して降伏文書調印の報告文を陛下に奏上した。

敵艦の　中にたたずむ　ひと時は
心は澄みて　我は祈りぬ

大任を果たして詠んだ重光の一首である

ミズリー号は四万五千トン。海面から見上げると城砦のような舷側だ。ランチから戦艦に移る時、一〇メートル近いタラップを登攀《とはん》するのに隻脚《せっきゃく》の重光は人一倍の苦痛を強いられたにちがいない。それを秘しての一首であるが、重光の右足こそ名誉というにはあまりにも痛恨の負傷だつたのである。

重光　葵

満州事変が上海に飛び火したのは昭和七年一月だった。第一次上海事変の勃発であるが、特命全権大使として南京に在勤していた重光は、停戦協定に奔走していた。協定調印の運びがようやく五月五日に決まったその一週間前の四月二九日、この日は、昭和天皇の天長節の式典が日本人租界の新公園で行われていた。午後一一時すぎ、祝宴に移った頃、朝鮮人尹奉吉の投げた爆弾が壇上に破裂、重光は大腿部から切断する重傷を負った。でも、瀕死の重傷にもかかわらず強固な意志と忠誠心は、五月五日の調印を無事に終わらせる。

そして約一年後、快復して上京する。五月一六日、斎藤実内閣の下、広田弘毅外務大臣の次官に就任したが、以後、重光は昭和一〇年代の最も激動の時代を、外国大使として、また外務大臣として国家の要職につき祖国に身命をささげるのである。その頃の一首、

足落ちて　心の落ちる　ひまもなし
祖国のために　なお生きてあり

重光葵は、明治二〇年七月二九日、大野郡三重町で、当時大野郡郡長をしていた父直愿《なおまさ》の次男に生まれている。直愿は郡長を退官すると杵築町の八坂に帰郷、葵が三歳の時だった。幼児、少年時を八坂で過ごし、杵築中学校を卒業すると熊本の第五高等学校へ。さらに東京帝国大学独法科を卒業。明治三一年に安岐町に住む重光彦三郎の養嗣子になっているので、安岐町では重光を同町の出身者とし、養家先を記念館にしている。

重光が東大を卒業したのは明治四四年。外交官試験、領事試験、文官高等試験に合格。外務省に入省してからは、ドイツ、イギリス、アメリカ、ポーランドなどの大使館勤務を経て、さらに第一次大戦後はパリ講和会議代表随員を勤めている。

昭和四年、総領事として上海に在勤。六年、駐華特命全権公使に栄転するが、翌年、上海事変が勃発して、その停戦交渉中に遭遇したのが先述した爆弾事件である。この時は、上海派遣軍司令官白川義則大将は死去、第三艦隊司令長官野村吉三郎中将は右眼を失明している。

その後、五・一五事件、国際連盟脱退、二・二六事件と、時代は急坂を転がる如く軍部の猪突猛進が始まるのである。二・二六事件の時は外相代理として各国大公使のお見舞を受けている。

そのあと、八月二七日、ソビエト大使として赴任してゆく。ソビエト在任中、ソ満国境紛争事件である張鼓峰《ちょうこほう》事件が勃発、その調停に当たるが軍がからんでいるので難航、ソビエト外相リトヴィノフとの交渉に奔走する。事件解決の後、一三年九月二二日発令でイギリス大使に転任するが、当時ヨーロッパは、ドイツのヒットラーの跳梁する時代だし日本の軍部にはヒットラーの心酔者も多く、日独伊軍事同盟締結、さらに、独ソ不可侵条約、日ソ不可侵条約が結ばれるが、その何か月か後に独ソ開戦。国際情勢は卍巴の如くで、いつ世界大戦が勃発してもおかしくない状態だった。

昭和一六年、イギリス三年の在勤の後、五月、重光はイギリス首相だったチャーチルに別れをつげ、アメリカ回りで帰朝するが、一二月八日に太平洋戦争が勃発するのである。その間、中華大使として赴任していたが、一八年、東条内閣の外務大臣に迎えられ、小磯内閣にも留任した。

戦後はA級戦犯に指名され、極東裁判で七年の刑が確定、巣鴨の拘置所に入るが二五年に出所する。二七年追放解除後は改進党総裁に迎えられる。鳩山内閣で副総理兼外務大臣となる。三〇年保守合同後も外務大臣として留任するが三二年一月二六日湯河原で急逝する。その一か月前、国連加盟に全権として出席したのが最後の仕事となった。その時の名演説「日本は東西の架け橋になる」の箇所は語り草になっている。
杵築市本庄にある記念館には義足が展示してあり、感動は尽きない。
（平成八年四月一三日　西日本新聞大分版）

九　毛利空桑《くうそう》　幕末の騒擾《そうじょう》を見据えた尊王家

私が、鶴崎の毛利空桑の旧宅を訪れてから、かれこれ四半世紀が経つ。近くに法心寺と鶴崎高校があって、板壁を張った二階家と居宅が残っており、居宅には、空桑の遺品や、当時の生活用具が所せましと並べられていた。案内役は空桑のお孫さんの弘氏で、「天勝堂」と横書きされた軸物や、大きな旗を前にして、空桑の人となりを語る氏の張りのある声が、まだ、耳朶《じだ》に残っている。

毛利空桑は、幕末から明治一〇年代を生きた尊王家である。その志操《しそう》は堅固、性は剛直。豊後人にしては、類まれな人間像を示した偉人だった。

いつの時代でも、変革期といわれる激動の時代を生きた指導者は、人並みすぐれた資質とバイタリティーを持っている。歴史の変革期といえば、わが国では、大化改新、争乱の源平、下剋上の戦国時代、明治維新、そして、太平洋戦争の戦中戦後であるが、毛利空桑は、明治維新前後の時代を、尊王家として体を張って生きてきた人である。

空桑は、今から二〇〇年前、寛政九（一七九七）年一月一五日に常行で生まれているが、その年は、イギリス船が北海道に来航している。さらに、五六年後の嘉永六年六月、ペリーが通商を求めてくるまでの間、三、四年おきに外国船が日本列島に近づき、徳川幕府を脅かしている。空桑が生きてきたのはそんな時代で、少年期から青年期を、漢学や儒学、武術を修めて自己の研讃に励んでいる。大成して一家をかまえてからは勤王か佐幕かで国内は騒乱の巷と化していたし、ペリーが来航した年にはすでに空桑は押しもおされもせぬ儒学者に成長していた。

毛利空桑

吉田松陰が、鶴崎にある空桑の家塾知来館を訪れてきたのは嘉永六年一〇月一六日だった。その時、松陰は空桑宅に一泊、二人は盃をかわして国事を語り合っている。安政の大獄で松陰は死刑。あけて、万延元（一八六〇）年、幕府の大老井伊直弼は江戸城に登城途中、桜田門外で水戸浪士のテロに遭遇して惨死。世情は不穏の極に達した。勤王か佐幕か、攘夷か開国かで、豊後の諸藩も動揺する。

本藩の熊本藩でさえ去就に迷い、各藩の重役始め、勤王の志士たちの多くが、鶴崎の地に空桑を訪ねて意見を求めている。もちろん、空桑は尊王家として一家をなしていたので、時の文化人梁川星巌始め、長洲の奇兵隊の大楽源太郎、佐久間象山を弑殺した河上彦斉などな ど、訪問者は数えきれない。空桑の名声は文字通り「鎮西の鴻儒」たるにふさわしい実力の持主だったのである。

毛利空桑の生地大分郡高田村常行は、北は別府湾、東は大野川に面している。藩制時代、鶴崎は熊本藩の飛地だったので、殿さまの参勤交替の時は乗船港でもあった。空桑は、成人して一四歳の時、同地の脇蘭室について漢学を修めている。三年後、日出藩の帆足万里に、つづいて熊本藩の大城霞坪の門下生になるが、ここでは国学、朱子学、陽明学と、多くの学派に接する。さらに、万里や広瀬淡窓の紹介で福岡の亀井昭陽の門を敲《たた》くが、当時、昭陽は、徂来学派としては、九州の第一人者であった。すでに、空桑の人となりは知れ渡っていたのか、昭陽が空桑を呼ぶのに「長剣公」の尊名でよび、あたかも賓客を遇するようだったという。

これは、空桑が少年時代から剣を磨き、居合、柔術、槍術と、武芸にも励んでいたからであるが、腰にはいつも四尺三寸の長刀を差して福岡の町を闊歩していたそうだ。後年、知来館を訪れた斉藤監物が「話中に戟剣の響あり」と彼の日記に記してあるから、文武を教導した知来館の塾風の程が偲ばれよう。

文政七（一八二四）年空桑は亀井塾を去って帰郷する。その後、京都に二年ばかり遊学、朱子学派の中山竹山にも師事している。常行で知来館を設立したのは帰郷したその時であるが、学殖の広濶さは近隣に聞こえて、各藩からも招聘の声がかかっている。遠くは四国から、隣国竹田藩の中川公からも迎えがかかったが、なぜか、本藩はそれを許さなかった。そのためか、万延元年には本藩の力添えで成美館を設立し、また、明治元年には洋式の兵術を訓練する有終館を建てて文字通り文武両道の指導者だったわけだ。

明治四年、長洲の叛乱者・大楽源太郎一味を匿《かくま》ったとして下獄の悲運に見舞われたが、それは空桑の友情。明治一六年には維新に勤王の功績があったとして従六位に叙せられている。明治になって変節者の多い中、空桑は一貫して尊王をつらぬき、国会開設を控えて「天穣社」を設立する。陸軍中将、谷干城が訪れたのもその頃で、互いに維新を語り合っている。

一七年一二月二二日、空桑は生涯を閉じるが、八七歳だった。その生きざまは、「鎮西の鴻儒」にふさわしかったことは確かである。

（平成八年六月八日　西日本新聞大分版）

一〇　中村　裕《ゆたか》　人道主義で真の社会福祉の実現に尽力

中村裕先生が他界してから一二年経つ。先生は、昭和五九年七月二三日、五七歳で長逝されてしまった。が、残された足跡は、一粒の種が、多くの実を結ぶ如く、豊穣そのものである。その一粒が、亀川に建つ「太陽の家」であるが、身体障害者たちが、地域の人たちとともに社会生活を営む場所として、今日、素晴らしい実績をあげ、三一年前、僅か一〇人あまりの身障者で発足した事業所が、今では一〇〇〇人近くに、さらに、京都の、また、「愛知・太陽の家」と発展してゆく姿を見る時、先生はまさに、種播《ま》く人そのものであったといっても過言ではない。

また一方、早くから身体障害者たちに、機能回復訓練を施し、身体障害者体育協会を設立、また逸速く、国際身体障害者体育協会に参加、さらに、国際身体障害者競技大会にエントリーして、パラリンピック、創立したフェスピック、国際車いすマラソン大会と、これまで不可能とされていた身体不自由者たちに健常者なみの夢と希望を抱かせた先駆者として忘れることのできないお医者さんだった。

中村　裕

先生が、大分県という一地

東京パラリンピック

方にいて、わが国はもちろん、国際的にも著名となってゆく「ドクター中村」の高い声望のよってくるゆえんは、一体、何なのか。先生は昭和四〇年代、五〇年代に、医者として当然の施術のほか多くの論文を発表したり、またパイオニアとしてずばぬけた業績を残しているので、その足跡をまざまざと思い起こす人は、県内には、まだ多いはず。将来、福祉国家をめざすわが国としては、先生の播いた種を指標としてしかるべきと思う。

先生は、昭和二年三月三一日、医学博士中村亀市と八重の次男として、別府市大字浜脇に生まれている。長じて野口尋常小学校に入学、昭和一四年に卒業して県立福岡中学校を経て大分中学（旧制）に学ぶ。終戦後の昭和二一年、九州大学医学部専門部に入学するが、卒業は昭和二六年である。翌二七年九州大学医学部外科医局に入局、文部省に採用され、同科のリハビリテーション係を命じられている。

昭和三二年、「手指運動の筋電図学的研究」により学位を授けられているが、ここでは恩師天児民和教授と共著で『リハビリテーション＝医学的更生指導と理学療法＝』を南江堂から刊行して名声を馳せた。なおこの年は、約六か月間、リハビリテーション研究のため欧米に出張、イギリスのストークマンデビルでのグッドマン博士との邂逅が先生の運命を決定づけた。その治療方式に衝撃を受け、その時の感銘を次のように述べている。

「病気や事故で、脊髄の機能を悪くし、下半身マヒなどの障害を起こしたものは、当時の日本では再起不能と見られていた。その重度障害者が、六か月の治療で八五パーセントの者が社会復帰しているという報告をみて、一体どのような治療方法をやっているのか。ところが、何も特別な手術などやってなかった。博士は、脊髄患者の機能を回復させるためにスポーツをすすめているのだ。例えば、手足のマヒした患者でも、少し歩けるようになったら、そのまま卓球場につれていってラケットを握らすダイナミックな療法をする」

すなわち「手術よりスポーツ」というドッグマン方式をその目で見てきて、後半生の先生の生き方を決定づけているのである。

帰国してからの先生の生き方は期するものがあるが如くすさまじかった。当時、別府国立病院の外科科長の地位にいたが、早速、大分県身体障害者体育協会を設立、三六年一〇月には、第一回大分県身体障害者大会を開催している。三七年七月には、第一一回国際ストークマンデビル競技大会に選手二人をつれて参加。翌三八年には国際身体障害者スポーツ大会委員会委員に推薦されている。そして、三九年、東京オリンピックの年には、日本で初めて東京パラリンピックの日本選手団団長をつとめているほどの活躍ぶり。

この東京パラリンピック開催に当たっては、当時、身障者の国際競技大会など全く関心なかった厚生省の役人始め関係者を説得するのに想像を絶する苦労を重ねているが、実現にこぎつけた先生の精神と努力と行動力は余人を当ててできることではなかった。

昭和四〇年には整肢園園長も兼ねていたが、身体障害者社会復帰の宿願を果たすため「太陽の家」を開所するのである。そのための資金の調達や、法律の枷《かせ》をクリアしてゆく行動力は超人的でさえあった。また身障者の機能回復の方法にしても、全盲患者、筋ジスなど重度者にはそれに向く作業方法を考究して、すべての障害者が、健常者なみの作業を可能にする設備を施すなどなどは、ヒューマニズムの精神以外の何物でもない。

さらに五〇年代には、一流の企業を誘致して「ソニー・太陽」「ホンダ・太陽」「オムロン・太陽」などなど、設立して事業発展の方途は、数え上げればきりがない。その成果は、国内はもちろん、国外からも褒賞や感謝状で報いられるが、「太陽の家」には、昭和天皇始め多くの皇族方そして、世界からの参観者が数えきれない。

「丈夫は棺を蓋うて事定まると」いうが、死して正五位勲三等瑞宝章が贈られる。が、その業績は位階勲などを超えて世界的であるのは多く人たちの認めるところである。身障者を社会復帰させるという先生の夢は二一世紀を先どりしていたし、まさに、パイオニアにふさわしい人生だったと思う。思えば今年は先生の一三回忌、冥福を祈るや切である（『中村裕伝』

を参考にしました)。

(平成八年八月三一日　西日本新聞大分版)

合掌

二一　国木田独歩《くにきだどっぽ》　自然主義文学の旗手

日本の近代小説の中で、国木田独歩は一つの山脈の雄峰である。二葉亭四迷や北村透谷、また尾崎紅葉の「硯友社《けんゆうしゃ》」の作家たちの活躍と重なりながら、自然主義の先駆者として種播く人となるが、開花する矢先に他界する。もし、天命が許されるのなら、同じ山脈に連なる島崎藤村や田山花袋とともに、一時代の旗手をつとめるにふさわしかったであろう。今日までも、文豪の一人に指折られるゆえんである。

国木田独歩は、明治四年七月一五日、千葉県銚子で生まれている。戸籍上の父は雅治郎であるが、一説には、旧播州龍野藩士国木田専八と淡路まんとの間にできた子供であるといわれている。その頃、父専八が新政府の裁判所に勤務していて、各地を転々とするが、それらのトポス(場所、場)は、文学作品の中で随所に登場しているので懐かしい。

西日本では何といっても山口県と大分県の佐伯が著名である。なかんずく明治三〇年に発表した処女作『源叔父』は有名だが、舞台は佐伯。今読むと、葛港の一〇〇年前がアクチュアルに描写されている。国木田独歩が佐伯に遊んでいた期間は、わずか一一か月であったが、城山を素材にした『春の鳥』を始め、鶴見半島に渡っての『鹿狩』など、抒情あふれる傑作が多い。中でも、佐伯市民はもちろん県民に詠《よ》まれている城山のオマージュは秀逸である。

「佐伯の春まづ城山に来たり、夏まづ城山に来たり、秋また早く城山に来たり、冬はうど寒き風の音をまづ城山の林に聞くなり。

城山寂たる時、佐伯寂たり。城山鳴る時、佐伯鳴る。佐伯は城山のものなればなり」

その他、新聞に発表した小品も多い。わずか一一か月しか滞在していないのに、これほどの思い入れがあるというのは佐伯の魅力が尋常ではない証拠である。

国木田独歩（国立国会図書館ＨＰより）

独歩が佐伯にきたのは、明治二六年九月三〇日である。鶴谷学館の教頭として、佐伯出身の文学者矢野龍渓の肝いりで徳富蘇峰の紹介によるが、この時、独歩は二二歳であった。四国三津浜から船でやってきた独歩は富山旅人宿に投宿。城山、番匠川、佐伯湾、大入島、そしてリアス式の鶴見半島と、近辺の風物は、気候風土と相俟って、独歩にとってはエキゾチックに映ったのだろう。

当時、父専八の勤務地は山口県の柳井津だったので、明治二六年のこの年、冬休みを利用して両親の住む柳井に帰省している。帰省中の年末は、麻郷《おごう》、別府《べふ》などにいる知人の家を訪問、柳井には一〇日ほどいて、翌二七年一月三日、柳井津から船に乗り門司に向かう。門司から汽車で筥崎へ。筥崎八幡宮に初詣したあと二日市へ。太宰府天満宮を参詣。さらに熊本市へと足をのばしている。熊本に六泊。一〇日朝、阿蘇山へ向うが、立野で一泊、翌、一一日は阿蘇登山をすまして坂梨に泊まっている。一二日は馬車を利用して山を越え午後竹田町に着く。竹田からは馬車を降り、歩いて緒方町に着いている。この日は夜になったので市場で一泊、明けて一三日、市場から佐伯までは徒歩、一一里(約四二キロ)の道を歩いて無事に佐伯に帰りついたのは夕方になっている。

佐伯では、昔、毛利藩の家老をつとめた坂本家の二階に下宿していたが、その家は今も残っていて、天井の低いこの部屋は往時を彷彿とさせて感動的である。とにかく、齢《よわい》二二、三、エネルギーにみち、多感な時であるから、佐伯の山野を跋渉《ばっしょう》、旅と自然をこよなく愛した独歩としては、上京して結婚するまでの、この時代が、三七年の生涯で最も充実し、また愉しかったのではなかったろうか。

山口県を第二の故郷としたのは、父専八の奉職地が県下に多かったためである。岩国、萩、船木、柳井、熊毛と山口県の北から南に及ぶが、ここでも、佐伯市がその足跡を偲んで文学碑を建てている如く、山口市にも亀山公園に「山林に自由存す」の碑が建てられており、また柳井市にも、記念館ほか、各地にモニュメントが建てられている。

明治二七年八月一日、独歩が佐伯を辞する日、日清戦争が勃発している。帰京して国民新聞社に入社、従軍記者となるが、帰還して結婚。明治四一年六月二三日、茅ヶ崎の南湖院で没するまで、その期間は短いが多くの作品を精力的に著しているのである。その中に佐伯や山口県下の場所が素材に多いのは、やはり、青年時代に過ごしたその場所が、脳裡と心の中に深く刻みこまれていたとはいえないだろうか。

独歩の文学が、この山脈の中で自然主義の産婆役として位置づけられているが、その評価は、一〇〇年たつ現在でも変わることなく、文学者としての名声は、文学碑建立にふさわしいのである。

（平成九年三月一五日　西日本新聞大分版）

第二部——ふるさと散策

一　大分市点描

一人でいると、何かの拍子に、点灯されたように昔のことを想い出す。萩市にある「俗塵庵サワモト」の佇まいが無性にこいしくなってみたり、津和野町の町外れにある「永明寺」の方丈の襖絵に憧れてみたりする。

今度も、何のはずみか、大分市高崎山の麓にある「マリンパレス」の鰯《いわし》の群れを、バカみたいに見たくなった。もう何年か前、厳寒の二月。客を連れてここを訪れたことがあったが、世界で最初といわれる回遊式水槽と、二〇〇〇匹からの魚群。それに、餌づけの少女の裸体が呼びもののようだったが、私には、客も私も、そんなものより、別会場にあるイワシの、それこそ、何百匹と群泳している水槽の美に声をのんだのである。照明のせいか、あの一五センチたらずの紡錘形の一匹一匹が、ある時は層をなし、ある時は、並列、重畳する様子は、まさに、紋様そのものを連想させた。

とっさに私は、洋服地のプリント模様になる、と思ったのである。が、いまだに、どこのメーカーもそんなプリント地を織っているという話を聞かない。やはり、私だけが夢に描いた幻の美なのであろうか。しかし、千変万化するイワシの配列の美しさを私は忘れることができないままでいたのだ。

四月の晴れた日、例のくせで、イワシの魚群を、ふっ、と思い出したので、「マリンパレス」までクルマをとばした。入場料は八〇〇円だった。入口に、三億何千年か前からいたという「肺魚」という魚が目玉らしかったが、肺魚は、一見、太りすぎのマダムのイメージが先にたってグロテスク。

魚というものは、時代が下がるにしたがってスマートに変化するものらしく、その証拠に、熱帯魚にしろ、淡水魚にしろスマートじゃないか。イワシの水槽に見とれているうちに昼になったので、食事をとろうと思い外に出た。ところが、大分市というところは、さて、何かを食べる段になると、旨い店が思いつかないようにできているから残念である。連れが、イワシにご執心らしい小生の思いを察したのかどうか、「イワシ料理の専門店がありますよ」という。

先程まで、あの可憐な銀色の紋様に酔っていた私は、弱い鰯を、何の仕方にしろ、食べるにしのびなかったが、牛に引かれてその店の前まで足を運んだ。ところが、どうしたことか、春休みで、かき入れ時というのに、店が開いてない。看板をちらっと見たら、一品、三〇〇円だの、三五〇円だの書いていた。コーヒー一杯の値段だが、きっと、酒の肴としての値打なのだろう。私など、東京の「いわし屋」で、目の玉のとびでるほどの勘定をとられた経験があるので、こんなに安くて、本当に弱ってない、活きのいいものを使ってくれるのかな、と、逆に、首をひねりひねりあきらめることにした。

幸い、天気がよかったのでクルマを一気に霊山まで走らせた。折からの桜で春たけなわ。

気候の不順な今年の四月にしては、この晴天を感謝しなければならない。市内からは、約二〇分で着くはずだが、山の登り口から霊山寺まで、何と、クルマの離合三たび、そのつど、道幅がせまいので、クルマは、上ったり下ったりで気が気じゃない。いつか、大分市とバス会社で、「定期観光バス」を出す計画がたてられていたが、何でもあの時は、「新日鉄」や「毛利空桑旧宅」、「元町石仏」、「霊山寺」、「高瀬石仏」、「国分寺跡」、それに「大山寺」が入っていたように思うが、いまだに実現しないところをみると、道路事情が悪い、の一言に尽きるのだろう。

そんな状態なのに、「定観」を出したところで、観光地に便所もないような体たらくでは問題は、それ以前にあるとしか思えない。大分市は、折角、上田保さんほどの人物がいて、高崎山を日本一のサル観光地にのし上げたり、「マリンパレス」もつくっている。いずれも人工の観光地であるが「元町石仏」や、「霊山寺」、「高瀬石仏」、「大山寺」などは、先祖が残してくれた、しかも、他に誇り得るかけがえのない文化遺産じゃないか。

霊山寺には、クルマの離合に難渋しつつようやく、辿りついたが、展望台から大分市を見おろすと、あの新日鉄が小さく見えてストレスの解消すること受合いである。九州の県庁の所在地で「定観」の走ってないところは、佐賀市と大分市の二市だそうだが、大分市の素晴らしい歴史遺産を巡る定期観光バスの走れる日の一日も早くくることを願いつつ今回は筆をおこう。

（昭和五六年四月一八日　西日本新聞大分版）

二　別府ファンのつぶやき

別府は、私の好きな温泉地の一つである。

もう、三〇年ぐらい前のことだから、流行歌の「湯の町エレジー」がはやっていた頃である。関東の人たちと「熱海」と「別府」は、どちらが大きいか、という話になった。もちろん、私は「別府の方だ」と答えた。

子供の時分から、別府に入湯にゆくというのは、農村の人たちの憧れであり、一年に一回の贅沢だったからである。汽車、今でいうSLだ。日豊線を下ると、日出駅をすぎ、頭成の駅が近づくと、眼前に、淡い水色の別府湾が絵のように美しく、そのロマンチックな懐かしさに心がおどったものだった。確かに、ヘルメットを伏せたような形の高崎山が遠く霞み、温和な鶴見岳山麓の湯煙り、そして、天気のいい時には、当時の別府湾は「山は富士、海は瀬戸内、湯は別府」のキャッチフレーズにふさわしかった。

汽車が、亀川に着くと、もう、温泉風景だ。別府が近づくにつれ、大仏さまを見落すまいと胸を躍らせ、やがて、木造の煤けきった駅舎のブリッジに目を走らせて、駅前に出る時の興奮は忘れられない思い出となっている。その別府の町は、碁盤の目のように整然とつくられているにも拘らず情緒に溢れていた。子供にとって、そこは何もかも夢の国。遊園地の数と質、大人たちにも、湯治場を下駄履き浴衣がけで散歩でき、海浜では砂湯も楽しめるというたってのどかな温泉場だったので、もちろん「そりゃ、別府だ！」と私は自慢した。

しかし関東の友人は「熱海」を推して譲らない。互いにお国ぶりを競う羽目になったが、「熱海には、貫一、お宮の松が、あるぞ！」と決め手を出す。残念ながら当時の別府には、そんなマスコミを騒がせたものはない。別府温泉売り出しの大先達油屋熊八翁が、別府を、マスコミにのせようとしてキャンペーンを張った。当時としては、型を破った発想の多くは、「金色夜叉」を意識してからのことと思うがこれは、いわば観光地がマスコミを利用するハシリになるだろう。

温泉の湧出量に限って正確な判定を下すと、別府は熱海の四倍で日本一、そして、世界ナンバー2の湧出量（一日九万キロリットル）を誇る別府温泉は、かつて九州観光の起点であり、また終点でもあったのだ。それが、昭和五一年をピークに、入れ込み客の漸減傾向はどうしたことか。あながち、石油ショックのせいだけにはできない何かがありそうな気がする。その証拠に、神戸の「ポートピア'81」は、溢れんばかりの盛況と聞くにつけても、われわれ別府ファンには何とも歯がゆい。

そんなある日、私は、ふらっとクルマで一〇号線を南下した。クルマ社会だから、戦前の面影が一変していることはいうまでもないが、最も情緒的でなければならない国際観光港付近の何と寂寞《せきばく》たることか。どこか最果ての港町にでもやってきた淋しさを感じるのは私だけだろうか。仮に、淋しければ淋しくてもいいから徹底的に淋しくて、「知床旅情」なんていう唄ができるくらいの淋しさだったら、また旅情も慰められるというものだ。が、最も華やいだ風情と、湯の町情緒に溢れていなければいけないのに、この寂寥《せきりょう》感では、第一、船でやってきた人たちの夢は、風船が破れたようにしぼんでしまうだろう。

でも、私は別府が好きだ。「やまなみハイウェイ」を「くじう」からきて、鶴見岳を下りてくる途中、別府湾を眼下に一望した時の景観は、やはり、「別府、ワンダフル！」なのである。だから、今のところ知人に別府入りをすすめる時は、なるべく船でなく、「やまなみ」を別府に向かって下りてくるようにいう。それだけ現在の観光港付近は風情に乏しいということだ（それでも、大きな旅行社のつくっている九州旅行のモデルコースの中に、別府を通るコースは、一三ルートのうち二本しかないのが、一九八一年の現状なのだ）。

そんな別府凋落を悲しみながら、観光港前にある大きなドライブインに立ち寄ってみた。中に入ると、お土産品の数、数、数、一〇〇〇点は優に超えるであろう。その中で「これが別府のものです」と誇れるものが何点あるだろう？

別府は、何といっても世界の別府だし、観光地としては、他所さまから羨まれるほどなのに、別府には、これ、といった土産物がない。例えば、お伊勢さんに参ると「赤福」、という具合に、その土地にしかないものが、いまだにつくり出せないところに現在の別府を象徴する何かがあるような気がする。竹製品に至っては一〇〇〇点を超えるサンプルがあるにも拘らず代表ブランドにならないのはどういうわけか。そうまでガッツしなくても、捨てるほどのお湯が湧き出てくるという安堵感が意識の底にはないだろうか。そこから抜けだせない限り、別府のものは永久につくり出せないような気がした。

（昭和五六年五月二三日　西日本新聞大分版）

三　中津は豊前の繁華の地

「汽笛一声新橋を……」の歌は、大和田建樹の作詞した「鉄道唱歌」のプロローグである。八・五調の名調子が、明治の鉄道敷設興隆期に、沿線の駅名をえんえんと歌い続けているので有名だ。日豊線のは、第二集に入っているから、大正初期の作だろうか。と、すると、今から七〇年ほど前になるが、中津駅の件《くだり》は、次のように歌われている。

「中津は豊前の繁華の地／頼山陽の筆になる／名高くなりし耶馬渓を／訪うには道も遠からず……」という具合。この記念すべき古典唱歌を、私は中学生の時、北崎（宗像）豊樹先生に教わった。なぜ、今頃そんな昔のことを思い出すかというと、戦争中、「帝都をあとに颯爽と……」とかいう、いかにもスマートな歌詞がつくられ「新鉄道唱歌」として歌わされた時があった。そこで、先生は、明治の原型を忘れてはならないという情念から、当時の中・中（旧制）の生徒たちに、この単調なメロディを特別に教えたものと思う。

そんなことを、どうして今日まで覚えているのかと訝る向きもあるかと思うが、先生の指導方法が、ちょっと変わっていたからだ。昭和も一〇年代になるとどこの小、中学校でも、ピアノがなければオルガンぐらいは備えていた。が、先生は、それを使わず演歌師よろしくヴァイオリンの弾き歌いをしながらの指導である。顎当てをアゴにはさんで、右手で弦を弾く姿がいかにもユニークであったのと、「中津は豊前の繁華の地」という件にくると、一段とオクターブが上がり、紅潮した顔になっていたので忘れられないのである。

四、五〇年前、確かに、当時の中津市といえば、豊田村や大江村を吸収して人口三万余、大分県の県北における一大中心地であった。北は、周防灘に面しているので漁業の集散地。東は、宇佐郡、南は下毛郡、西は、現在の豊前市あたりまでを含む商圏の中心地だった。従って、近郷の小学生たちにとっては、中津は格好の社会見学都市だったのだ。

その中津から、日本を代表する偉人福沢諭吉が出ていることは誰一人知らぬ者はない。だから、中津市への修学旅行といえば、必ず、福沢旧宅を訪ね、それから、「名高くなりし耶馬渓」まで足をのばしたものである。当時は、漱石の坊チャン列車に気のきいた軽便鉄道が守実まで走っていたので、あの小さな窓から眺める沖代の田園風景と、山国川の景観は、いかにも旅行しているという気分にさせてくれたものだった。いうまでもなく耶馬渓は、教科書にも載っている「青の洞門」が主目的だった。今、牧歌性において当時の片鱗さえ垣間見えないほど俗化してしまっている体たらくは、一体、どうしたことなのか。

さて、昔のことはおいて、今の中津市を考える時、旅のパターンが、その頃とちっとも変わってないということである。いや、入れ込み客はその頃より逆に減っているのではないか。その証拠に、数年前までは福沢旧宅見学者が一三万人からあったというのに、昨年の統計では七万人そこそこ。中津市は、戦後、隣村を合併して人口は六万余、その上、昭和三九年には本丸跡に天守閣を再建、観光にも一役買わせようと目論んだにも拘らず、地盤沈下が著しいということは、中津の何かが象徴されているはずである。このあたりで、中津市の代表的な名所を挙げるとしよう。

「中津城」、「福沢諭吉旧宅」、池大雅の書画で著名な「自性寺」、それに市がパンフレットに使っている「武家屋敷跡」だ。仮に、そこを自転車で通ったとしても、萩市武家屋敷の魅力に到底及ばないのは、市民の文化感覚の差に大きな開きがあるからだろう。

さて、そこからバスかクルマで、耶馬渓に出て日田市泊りになるのが、どうも中津観光のパターンのようである。不思議なのは、中津・耶馬渓を見て再び、中津に帰ってきて、なぜ中津市内に一泊しようとしないかということだ。現代は、老人クラブといわず、アンノン族まで、もちろん旅好きである。そのために年金を貯める老人や、稼いだ給料を旅のためにせっせと貯めこむという新レジャー族が増えていると聞くにつけても、中津が「通過観光地」で甘んじている図は、中津を第二の故郷に持つ者としては、どう見ても勿体ない気がして仕方がない。

現代人というのは贅沢な反面ミミッチイところがあるので、もし、口にうまいものがあれば千里の道も遠しとしないのである。中津の沖でとれる海の幸が、うまい、となれば耶馬渓から引き返してでも中津に舞い戻ってくること受合いである。そういえば、江戸時代、「フクは中津」という定評だったというではないか。徳山市に橋でつながる仙の島の漁師たちや、臼杵や佐伯の漁師たちの口伝に、その言い伝えが碑になって残っている港もあるというから、「フグは下関」という具合にすり変えられたのは、いつ頃からなのであろうか。

いまさら中津市が、自らを「通過観光地」なりと卑下しても、自らの不明と怠惰をさらけ出すだけだと思う。昔のことばかりいって恐縮だが、私どもの子供の頃はカマボコでもダテマキでも、わざわざ、汽車に乗って買いにいったものだった。だから、食べものさえうまければ＝口の奢った現在のレジャー族だ＝、一晩泊っても中津へ！　ということになると思うが、「通過地観光」から「滞留地観光」を願う中津市としては、過去、中津の土地柄が、あまりにも恵まれすぎていたので、流通革命という変革の時代の対応に完全に、遅れをとったということにはならないだろうか。

今後の中津観光が浮揚するには、歴史・文化遺産にあわせて、先祖のもっていた「中津の味」を思い出してみることこそ先決であると思うのである。

（昭和五六年六月　西日本新聞大分版）

四　国東半島・満山ブーム事始

国東《くにさき》半島には、誰が名づけたか、「六郷満山三悪僧」という名で呼ばれている和尚たちがいる。昔は、五悪僧だったそうだが、今は二人減って三人が、まだ、健在だという。その中の一人が、両子寺の寺田豪延住職。悪僧、というと、私は武者絵に出てくる頭巾に薙刀《なぎなた》姿、平安末期、比叡山延暦寺の宝塔に弓を構えた平清盛の挑発に敢然と立ち向う僧兵姿を連想していたが、お会いしてみると、決して決して妖気の漂うお人ではない。むしろ理性の人、しかも眼元が子供のように和《なご》やかだし、石の仁王さまを彷彿とさせて愛嬌がある。梅雨晴れのある日のことだ。私は両子寺に登り、寺田豪延住職と対し、三悪僧の一人に指折られる理由を訊ねてみた。

今でこそ国東半島は、年間、数十万人の観光客で、物日《ものび》は、市をなすほどの賑いになっているが、実は、豪延住職が、太平洋戦争が終わり士官学校から復員、軍人姿で帰ってきた頃は、それこそ、寺の体裁をなしてないほど荒れ果てていたのだ。同じ状態は、国宝富貴寺でもそうだった。納屋同然の富貴の大堂を現在の佇まいに復興させるまでには、やはり一〇数年の歳月がかかっている。

勧進たち、と、いうと聞こえはいいがはっきりいってお遍路さんだ。彼らは、富貴の大堂に七輪をもちこみ、その日の露命を繋いでいたというから想像しただけでもゾッとする。今でこそ、ユーモラスな案内で観光客に親しまれている富貴寺の河野順侃《じゅんかん》住職も、大堂の再建当時は、裏山の竹を伐り出しては束ねて売りにゆき、一家の糊口をしのいでいたという。そんな苦闘の物語など、ワッと笑う観光客は誰も知らない。

三悪僧の一人、両子寺の寺田豪延住職も、苦闘のパターンといえば、三〇年前は、河野順侃住職に決して劣らなかったはず。まず、「護摩堂」、「奥の院」の補修に始まり、半島一大きな仁王さんの前に「無明の橋」をかけ、「鐘楼」の建立、そして、「子授け観音」を信仰する人たちのためにわざわざ、山を登ってくるカップルを泊める宿坊の整備。それには、資金、労力が必要だ。山に入っては炭を焼き、牛を引っ張っての、材木や炭をおろす作業の「ひき出し」。また苗代づくりから、田の草とり、苅入れ、うすすり。天台宗だから、その間には「行」もつむ。

かつて、貴族の信仰から始まった天台の教えも、六郷満山文化の花を咲かせて以来数十年、滅びの年輪を刻んで二〇世紀の初頭には、ただ残映がわずかに残っているにすぎなかった。そんな忙しい再興の途上なので、参道の紅葉の素晴らしさなど愛《め》でる余裕があるといったら嘘になるだろう。

ところが、地元新聞のN記者とO交通のT課長が登ってきたのがそんな時。今から二〇数年前のことだそうだ。たまたま、秋たけなわ、参道の紅葉の素晴らしさや、しぐれ紅葉の華麗さに目を奪われた。ぜひ両子寺へバスを送ろうといって、当時のバスだが、三〇数台もってきて両子寺の紅葉を探勝したのが、ブーム到来の幕あけだったのだそうだ。

日本全体がまだ貧乏だったので、目新しいもの、豊かな装い、いわば三種の神器に目が向いていた時代だ。ためしに、高度成長は、一人当たりの所得が一〇〇〇ドルから始まることをつけ加えておこう。で、手をつけたのが、古びてしまっていた宿坊の改築ということになる。その時は、その時なりに、一〇〇〇ドルを超え始めた日本人のために便利さを追求して建てられたのが現在の両子寺会館なのだそうだ。でき上ってみて、「境内の中にあんなものを」と呼ばれ、それ以来悪僧の異名を頂戴したという。確かに、一部の人は眉をしかめた。また作家の三浦哲郎もひどい表現で両子寺を貶《けな》している。が、今から二〇数年前は、日本人全体が、新建材に憧れ、民家でさえ、鉄筋コンクリート建築を望んでいたではなかったか。今、とやかくいえるのは、やっと、そのことに気がつき、「日本のふるさと」云々《うんぬん》がいい出されたからで、あの、絶対貧乏の時代、陸の弧島のタイムトンネルを思わせる場所の頂点において、それなりに信者さんたちのことを思っての、しかも監督官庁が許可した設計だったのである。

両子寺も、もう「峰入りの行」を終え、阿闍梨《あじゃり》として立派に勤行している若い副住職の時代に入った。そして、先祖の残した六郷満山の偉業を、どう次の時代に伝え、日本民族の心をどう表象すべきかに祈りをこめている。ためしに、両子寺にお参りするといい。マイカーか、観光バスで、一気に駐車場に乗りつけると、駐車場の上下に、まったく、風致にそぐわないドライブインが視界に入って感興をそぐこと夥しいが、これは、一気に駐車場に乗りつける側の責任で最低の訪れ方。ここではやはり、豪延さんがかけた「無明の橋」をわたり、仁王を前にして渓流のせせらぎを聞きつつ、往時、錫杖をついて登ったであろう修行僧たちの姿を瞼に描き、また参道の左右に秘やかに佇んでいたであろう末坊から聞こえてくる読経の声を空耳にしながら、藤原純友の乱の時、焼け残ったという故事のある総門をくぐって、紅葉の下を歩くと、さすがに、両子寺という感慨にとらわれるはず。

今、環境を乱す休憩所は、すでに、でき上っているから仕方がないが、信仰と、観光とを考えて寺域を整備し直すとしたら、雑物一切を現在のバス停の線まで降ろしてしまうと、総持院両子寺は、名実ともに日本人の心のふるさとになると思う。

（昭和五六年七月　西日本新聞大分版）

五　国東半島に六郷満山の面影を訪ねて

国東《くにさき》半島は、九州の東、瀬戸内海の西端にある。面積九〇〇平方キロ。半島自体が、死火山の両子山（七二一メートル）を中心にコニーデ状をなしていて、そこから流れる川、あるいは、主峰に連なる山々の谷が二八あるという。それらの山々や川べりに、今は日本が喪《なく》してしまっているほとけ――石仏、磨崖仏や寺院の遺構、岩窟、石塔、壁画など、ほとけに関するものが数えきれないほど点在しているのである。その数、一説に六九万三〇〇〇余体ともいわれるが、これは、法華経という経文の文字の数になぞらえて、そう呼ばれているわけで、実際は、もっと多いかもしれない。

●花開いた仏教文化

国東は、別名六郷満山《ろくごうまんざん》と呼ばれる。この地方は六つ六郷（来縄《くわな》、田染《たしぶ》、伊美《いみ》、国前《くにさき》、武蔵《むさし》、安岐《あき》）に分かれ、宇佐八幡宮の境外寺院として、法華経の二八品になぞらえて本寺二八寺と

富貴寺の阿弥陀堂

その末寺など、多数の寺院が建てられ一大仏教文化を築いた時代があった。そこでこの地域に存在するほとけに関するもの一切、たとえば、寺院、僧侶などすべてをふくめて呼ぶ時、そういうのである。

仏の里六郷満山が開かれたのは、今から、約千二百数十年前。満山は、三山組織で経営されていた。本山《もとやま》、中山《なかやま》、末山《すえやま》というのがそれである。本山というのは、お坊さんたちの勉強に勤《いそ》しむところ。中山は、もっぱら修練道場だから、寺院は奇岩怪峰に富む山奥につくられた。末山は、修業を実践する布教場。したがって、庶民生活と密着している寺が多く、無病息災、豊作、商売繁盛などの祈禱《きとう》も行なった。

六つの郷は、大きく東の三郷と西の三郷に分れるが、古文書を繙くと、寺院建立は西の田染、来縄・伊美の宇佐神宮周辺から始まり、東の方へ移っていったようだ。富貴寺、長安寺、真木大堂など、西の三郷（国東、武蔵、安岐）には一〇の本寺があった。すべて天台密教の寺で、本寺、末寺あわせると六五か寺、盛時には八五〇を超す院坊があったという。茅葺屋根の寺院をとりまく奥深い自然は、修行者たちの心をひきしめ、修行へとかりたてたことであろう。

今では廃寺となったものも多く、荒廃して跡だけしか残っていないのもある。

ここでは、西の三郷に残る盛時の面影を訪ねてみよう。

●学問所として栄えた真木大堂

まず、真木大堂にお参りしよう。現在は講堂が残るだけだが、盛時は馬城山伝乗寺《まきさんでんじょうじ》といわれた本山本寺《もとやまほん》で、僧侶の学問所として栄えていた。規模は寺域、一〇キロ四方におよんでいたというから、他の本寺の広さもおよその想像はつくだろう。

一二世紀末焼けてから住職不在だったので、現在の管理は地区の人たちの委員会と自治体参加のもとにやっている。先年、文化庁の設計で、収蔵庫がつくられ、かつて、講堂の中におかれていた仏像を新しいお堂に集めた。堂内に入ると、正面に向かって並んでいる九体の仏像の姿が圧巻である。

中央、阿弥陀如来の坐像は、裳懸《もかけ》座の上にのる蓮座が珍しく、その上に結跏趺坐《けっかふざ》しているお姿は堂々たる半丈六仏。像高二・一五メートル。赤い衲衣に漆黒面長のお顔、螺髪《らほつ》は群青にぬられ大粒である。光背に六仏を配しているのは後世の補作らしいが、衣文の線といい、しわといい、実に自然である。

阿弥陀仏の東西南北には、持国天、増長天、広目天、多聞天の四天王が配されている。本末阿弥陀仏に従うのは観音菩薩と勢至菩薩と決まっているが、これは収蔵庫に集めたので変則の配置になっているのだ。いずれも藤原期の様式とみられている。

阿弥陀如来の右手にあるのは不動明王三尊の立像でこれがまた実にしっかりした造刻である。中尊の高さ二・四メートル。脇侍のコンガラ童子一・三四メートル。セイタカ童子一・

二六メートルで、全体的に肥満した体軀の刻み方や、裳の長いつけ方は、一二世紀後半の制作と推定されている。

左側には、大威徳明王像。像高は、台座の水牛から測って二メートルをこす。これだけ大きい大威徳明王は、奈良や京都でもそうざらにはお目にかかれない。六面の忿怒《ふんぬ》相は、パブロ・ピカソでもよく想像できなかっただろうし、両中指をたてるダンドの印相を見つめていると、遙かにきた幸せを感じさせせられるはず。

水牛にのった大威徳明王像（国定重文）

●山肌に刻まれた仏たち

豊後の国（大分県）は、昔から「豊後仏国」といわれて、信仰の厚い土地柄だったらしい。この国東半島から南に下って、大分市、臼杵《うすき》市、大野川周辺と、磨崖仏の宝庫である。日本の全石仏の八〇パーセントがここにあるといわれ、最近大分県が見直されてきた。

その中の一つ、熊野磨崖仏は、真木大堂から、谷一つ、山一つ越えたノコギリ状の山中にある。現在はすぐそばまで車でいけるので、わずか三分。駐車場からは五〇〇〜六〇〇メートルの山道を歩かねばならないが、歩くことの少なくなった現代人には絶好のトレーニングとなろう。

木々の間から忽然と現われる巨大な二仏を前にすると、汗はふきとんでしまう。向かって右が大日如来、左が不動明王（国定重要文化財）。如来の厳しい表情とは対照的に、不動明王はアルカイック・スマイルをうかべているように見える。こんな辺ぴな山中の岩窟に、いったい誰が、何の目的でノミをふるったのであろうか。二仏を前に空想をめぐらすと、時の経つのを忘れる。

ここで見逃してならないのは大日如来の頭上にある三つのマンダラだ。右、胎蔵界マンダラ、左、金剛界マンダラで、よく分からないのが中央のマンダラ。マンダラの拓本が、料金徴収所のすぐ上にある胎蔵寺に保管されているので拝ませてもらうといい。

山肌に刻まれた熊野磨崖仏国史跡

●国宝の中に座って仰ぐ阿弥陀仏

熊野磨崖仏を降り、山二つ越すと国宝富貴寺。九州では最古の木造建築物だ。仁王門をくぐり、石段一〇数段を上がると、宝形《ほうぎょう》づくりの見事な阿弥陀堂が参拝者の目を奪う。大きな扉をあけて外陣に入る。

阿弥陀如来坐像（本尊）

今時、国宝の建築物で、見学者を中に入れて案内する貴重な存在である。今に、人のはく息で壁面が変色するから扉の前でシャットアウト、という日がくるにきまっている。

　ほとけの功徳か、この阿弥陀堂は、中に座っているだけで心が落着く。が、天井から壁面にも目を注ぐべし。法隆寺の壁画消失後、日本では、数少ない「浄土変相図」や、三千仏、四周の四浄土のほとけたちが心を和ませてくれる。ここは無住の時代が長かったという。そのためか壁画の彩色の剝脱がはげしい。しかし、傷《いた》んでいるとはいえ、お堂の浄土は、まごうかたなく一〇〇〇年近くの昔に描かれたそのものである。

　内陣の中には高さ八五・七センチの阿弥陀如来坐像がある。小づくりで、ととのった顔貌は定朝様式といわれているが、金ピカでなく白木で木目があらわなのが実にいい。阿弥陀堂を出ると境内に古い石造品が多いので一つひとつ丁寧に見るのも興味深い。

　十王という名の地獄の裁判官もあり、鳥居を頭にのせている弁才天ほか、板碑《いたび》の祖形笠塔《りゅうと》婆《ば》、国東塔、五輪塔もあって、過去と現在との時間の交錯に陶然となるひとときをもつ。

　以上、これまでわずか三寺のほとけたちを紹介してきたが、その制作者、年代ともにいずれも不明である。が、これだけの阿弥陀堂、これだけの仏像を造顕《ぞうけん》するには、よほどの豪族か、権力者の財力によらなければ建つはずがない。寺伝によると、ほとんど全部養老二（七一八）年、仁聞菩薩の開基となっているが、この仁聞菩薩という方が、宇佐八幡の当体そのもの。国東仏教文化の華を咲かせたのは、宇佐八幡神という名のスポンサーなのである。

宇佐神宮の、かつて九州全荘園の三分の一を手中にしていた経済力と、教団の力は、衰えたりとはいえ八幡づくりの社殿（国宝）にその残映を偲ばせる。珍しいのは、富貴寺から、また一つ山を越えたところにある屋山（五四三メートル）の長安寺で、どの経文、儀軌《ぎき》にも見られない太郎天童子三尊がある。この主尊を拝観していると、国東の神秘さにうたれると同時に、謎が、ますます深まり、虜になってしまうこと受合いである。そして、石仏、石造品、磨崖仏、供養塔の魅力にとりつかれるのは、それからである。

（昭和五四年一一月　旅行春秋）

六　幻の竹田美人

夏の真っ盛り、「ぷらり散歩」は、豊後竹田市。よりにもよって梅雨あけの早かった今年の暑い夏だ。内陸部の底のような盆地の町を、でなくても暑いのに、炎天下に、なぜ、竹田の町を歩かねばいけないのか。「月の岡城」を、というのならまだしも、あるいは竹田市を象徴する「荒城の月」の原点にも出くわせるのになどと、さすがに、足が重かった。が、待てよ！　竹田市は、岡城のほかに……ある……、れっきとした「美人」がいるではないか。しかも、「竹田美人」という名の固有名詞で喧伝されているほどだから、それは、よほどの美人にちがいない。と思うと急にその「竹田美人」に会いたくなったから現金なもの。でも、「竹田美人」なる女性が、本当に、竹田盆地の里にいるのかどうか。なかば半信半疑ではあったが、私は、美人に会えることに期待をかけながら、暑さをぐっとがまんしての出発となった。

「竹田美人」のことは、随分古い話になるが、亡くなった作家の大仏次郎《おさらぎ》が、誰に聞いたのか、「竹田美人」を一目見ようとやってきて、当時、まだ町であった竹田町を訪れ、町長の案内で竹田の町をくるくる回るが、とうとう、竹田美人に出合わすことなくがっかりした話を随筆に纏めていたのを面白く読ませてもらった記憶がある。果たして「竹田美人」はいるのかどうか。

ご存じの通り竹田市は、どこから入るにもトンネルを抜けなければ、といわれている通り「蓮根の町」だ。トンネルの数七七か所というから、あるいは、日本一かもしれない。竹田が近づくにつれ、海辺に育った私には、山々の、青味をおびた岩肌が妙に珍しく耶馬渓とは一味ちがう異質の興趣に誘われた。

さて、めざすは「竹田美人」。大仏次郎の『竹田紀行』でも、結局のところ、それは「幻」であったようにバクが食うユメなのであろうか。というのは、二〇〇年前書かれた古川古松軒の『西遊雑記』にも、美人のことにはただの一行もふれてないからである。逆に、大仏次郎は、茶店の手打そばを絶讃し、古松軒は、「『榎《え》の葉《は》』の味は甚だ佳なり」と二人とも食い物を愛でているから皮肉である。

が、竹田にきてみて、私の前にその「竹田美人」がいたのだ。と書くと、「どこに?」と膝をのりだすだろう。いや、そう慌てることはない。市役所のホールにいたのだから。すると、はしたない輩は、すぐ受付嬢か、秘書室嬢かを連想するだろうが、市役所にいたのは、さにあらず、ホールに置かれてある「白百合」なのである。植木鉢だったがさすがに見事。しなやかで、気品があって、しかも、そこはかとない色香が漂う。で、上を見上げると、市花「白百合」と書いてある。なるほど、俗にいう「竹田美人」というのは手弱女《たおやめ》ならず、これだったのか、といささかがっかりもしたが、パッと開いた花弁の佳麗さはあたりをはらう。

植物とはいえ竹田の市花はさすがであるし、市花に指定されるほどだから、きっと、町中いっぱい咲き誇っているのだろう。ついでにいっておくが、竹田市にはこのほか、市木、市鳥というのもあって、市木は「カボス」。市鳥は「ウグイス」なのだそうだ。カボスの芳香と、ウグイスの美声に、白百合の華麗さを合すれば、これこそ「竹田美人」ではないか、と苦笑しながら自らを慰めた。で、市中を歩いた。が、残念ながら白百合を思わせる美人に巡り合わない。やはり、「竹田美人」は幻だった。

ところが、その幻にひかれたのかどうか、今年の一〇月五日からスタートするTBSの昼の連続ドラマ「愛を、ひとつまみ」の主人公に竹田美人がヒロインになるそうだ。演ずる女優は沖直美。新人なのでどんな女優か知らないが、話は、竹田市で小さな旅館と食堂を営んでいる家の娘が、昭和三一年、志あって上京、でもこと志とちがって料理に興味を持つようになるという昭和五一年までの二〇年間の生きざまをドラマに仕立てるらしい。

「おらが町」が、連ドラに出るなんてことは、全国の地方都市にとって垂涎のまと。それが、タナボタ。まったく、天から降ってわいたように竹田市に転がりこんできて、しかも、主人公に「竹田美人」？　が登場するのだから、今度こそ竹田美人を売り出すチャンス。茶の間に半年も竹田美人が出てくると、竹田の町は、それこそ、美人を求めて、全国から何万という観光客が押しよせてきてブームとなるにちがいない。その時の対応を、私は、市の助役熊谷恭直氏に訊いてみた。

岡城から見下ろすと、盆景のような一握りの蓮根の町に、収容人員は、民宿も含めて四〇〇人とちょっとという。その中で、バストイレ付きの部屋はわずかに三部屋しかないのが現状なのだそうだ。とすると、パンクしないまでも訪れた人たちは、岡城に上って、武家屋敷を通って、竹田荘を垣間みて、別府か、日田へと素通りしてゆくであろう。が、竹田市は、何といっても七万石の城下町だ。その上歴史が古く、寺あり、隠れキリシタンの遺跡ありで、周辺をふくめれば、二泊、三泊しても見足りないほどの歴史的文化遺産に富んでいる。きっと、テレビはそれらの観光財をくまなく紹介してくれるはずだが、紹介されればされるほど、対応の遅れが関係者のいらだちとなるだろう。

竹田は、腰を落ちつけて歩いてこそ竹田美人にも巡り会えるというもの。「サンチェゴの鐘」のロマンあり、「荒城の月」のセンチメンタル。清流、竹林、遠く久住、祖母、傾山を望見できる竹田の環境だ。生粋の「竹田美人」に出くわさない方がおかしいと思うのである。

（昭和五五年一月　西日本新聞大分版）

七　灯台下暗し、久留島庭園

台風まがいの空。外気はなま暖かく、走る雲が荒れていた。知人の迎えを待って三八七号線（宇佐—玖珠）を南下、というと、いかにも、上から下へ降っていく感覚にとらわれるが、実際は逆。院内の山道を上へ上へと登ってゆくのである。昨夜の風のせいか、くびれた木樹の葉が痛々しく、とくに、雨風にうたれた竹林は、物乞いする難民のように写る姿ものの悲しい。クルマが、宇佐郡の山郷を登りつめ、低いトンネルをくぐって急なカーブを下り始めてから、辺りの風景は、さすがに、一変して内陸の山の冷気が稜線を這っていた。左右に逼《せま》る山々が集魂岩の露出した岩肌をみせ、それを境界にして、杉林が多くなったなあ、と思うと、頂上が、幅広い茶褐色の粗岩のバンドで巻かれたように大岩扇山が左に見えてきた。

玖珠町、いやこの場合、「森町」と呼ぶ方が適切かもしれない。私が、今日森町を訪れたのはほかでもない。昨年、一昨年と訪問した時、強く印象に残っている末広神社の境内につくられている三つの石庭が、脳裡に刻みつけられていたからである。

末広神社の境内が、石垣を積まれた築城型式であることは世間周知のこと。久留島八代公通嘉が、分不相応な構えに改築した理由も、すでに、有名だが、末広山麓の石庭に、ひときわ心をひかれたのは五三年、この地を初めて訪れた時、郷土史家の江藤一可先生に案内された時だった。高さ、八メートルに及ぶ「童話碑」を眺めて、池泉に佇み、さらになだらかな参道を登って、「日月の技法」の石積みを拝見。また鞘堂の三島明神を拝み、その南方栖鳳楼の茶室が、万年山、九重連山を借景にしての、七・五・三・七に配置された石庭に驚き、さらに清水御門前の池泉を前庭に、五層の築堤を見上げた時、一万二五〇〇石の小藩で、よくも、これだけの堅塁が築けたものと、その日以来、私の記憶の中では、久留島藩の謎が、ずっと、余燼《よじん》のようにくすぶり続けていたので、いつかは再訪して、今一度、この眼で確かめ、また築城、あるいは池泉作庭の秘密にも逼ってみたいと思っていたのである。

目下、玖珠郡では、「三全総」の一環とやらで、お上か何かの尻馬にのって、もっぱら「童話の里」のパックづくりに、マスコミさえバカの一つおぼえのように勤《いそ》しんでいる。もちろん、日本一の口演童話家久留島武彦先生の偉業を顕彰として、子孫に伝えようとする試みなのだから、それ自体決して、悪いことではないし、ケチをつける積もりなどさらさらないが、久留島童話のほかにも一つ「日本一」のものがあることを玖珠郡の人は忘れているのではないだろうか、と、ふと思ったのである。

今、「童話碑」を背にして、東側の池泉（南北六四メートル、東西二三・五メートル）は、末広山山麓をたくみに利用し、山の斜面に、巨石を配置してつくっている枯滝だが、その石たるや、いずれも二メートル以上、中には、四メートルに及ぶ巨岩もあって、その数二〇か所を越すという。これほどの巨岩を一か所に配置した石組は、全国でも、そうざらにあるものではない。

なお水面から、岸辺にちりばめられた、というと、小さく聞こえるが、実際には、いくつあるのか分らぬ石が、無数にある、というのが、久留島庭園の実状なのである。今度の観賞には、江藤一可先生と高橋猪一郎先生の案内があったので、制作年代が、これまでの、文化年間八代公の時代だといわれていたのが、庭の研究誌「庭研」の吉河功氏の調査で、桃山風の作庭であり、しかも池泉の北側に建てられてあった藩公の屋敷から南北に観た時の景観が最高であることも、両先生を介して古河氏の論文で教えられた。

郡役所のあったという三島公園に立って、東から見た枯滝にばかり気をとられていた私は、歩いて四阿《あずまや》の方へいき、屋敷跡と思われる辺りに立って南北の池泉を眺めた時、まさに「池泉観賞庭園」に違いない、と改めて教えられる思いがした。豪放というのか、豪宕《ごうとう》というのか、庭に関しては極めて見聞のせまい私だ。せいぜい山口県常栄寺の石庭、すなわち雪舟庭の宏壮さしか知らないわけだが、あの雪舟庭は、富士山に擬した石を中心に八七五坪、さすがに雪舟が、まだ見ぬ明《みん》の国への願望をこめてつくった山水画的だけのことはある。枯淡の中に幽寂《ゆうじゃく》さがあって見事な回遊式庭園の典型だとは思わせるが何かしら豪快さに欠ける。すると、久留島庭園は、規模こそ小さいが、石の大きさだけでも桁違いの巨《おお》きさなのである。

時折、台風くずれの雨がパラついてくる。でも私は、いつまでも、この日本一の石庭から離れ難かった。池の右方には、伝説だろうが、「庄屋喜藤治泣かせの石」といって、長さ六メートル強、幅、三メートルの平天石がある。これこそ、藩主が、かつて末広神社に柏手《かしわで》を打つために屋敷の前に引き据えさせた巨石であろう。

「久留島庭園」については、すでに、西日本短期大学の池田二郎教授や、先述の古河功氏ら専門家の調査が始っているので、やがて、その価値が明らかにされ、この池泉作庭の謎の解ける日がくると思うが、手元にある『玖珠郡史』にも五一年、玖珠町発行の豪華な紹介誌にも、この池泉庭園が、日本有数の名園であることには、ただの一行もふれてない。「灯台下暗し」とは、こんなさまをいうのだろうか。玖珠町に、また一つ、吉河氏折紙つきの「日本一」がふえたことを確認できた「ぶらり散歩」でもあった。

（昭和五六年九月一九日　西日本新聞大分版）

八　ロマンをかきたてる宇佐風土記の丘

県外の人が宇佐を訪れた時、まず戸惑うのは駅館川という川の読み方らしい。この前まで役所のたてた標識に、わざわざ、「エキタテガワ」とローマ字がふられていたから、役人でさえその程度。まして、遠来の客ならばこの奇妙な名前の川の発音にたじろぐのは当然。読んで字の如く「ヤッカン川」だし、「駅」の「館」の字面に象徴されるように、昔、駅があったのである。

歴史民族資料館・宇佐風土記の丘

駅制は一三〇〇年前、律令制度のしかれる折、唐の制度を摸してつくられたものだが、この駅館は、もちろん宇佐八幡さまにお参りするための、着き、休憩し、旅装をととのえるためのものなのか。七世紀の宇佐は細かくは分らないが、いずれにしろ、大和朝廷成立の過程の中で疎かにできないところであったことぐらい想像はつく。

宇佐における「駅館」の初見は、文書としては正安三（一三〇一）年宇佐使和気篤成郷の『宇佐参宮日記』に出てくるのが初めてだが、想像するに、八世紀における宇佐宮の活躍から推して、それ以前まで、日本の正史に登場してくる場面こそ少ないが、宇佐の宗数的背景に対して、中央政権との交流は繁くなる一方だし、駅館の駅舎も、貴人、宗教者の往還で賑わったにちがいない、と思う。

私の家は、駅館川の上流を背にする時、左岸に位置し、河口まで一〇〇メートル足らずの川べりにある。水位が海面といくらも差がなく、往古は多分、「洲《す》」であったであろう、その低い沖積層の砂地から川の右岸の凝灰角礫岩が目立つ肌の荒い崖をのぞむと、高さ三〇メートルくらいの断層が一〇数キロに亘って、台地上、あるいは宇佐の段丘に連なって御許山の裾に至るまで、「原」となり、「盆地」となって起伏に富んでいるのである。

その台地を、砂地に住む人たちは、俗に「ホキ」と呼んでいるが、下から上を見上げるとき滝木と松と雑木の台地の中には、きっと、何かある、と子供の頃からメルヘンに近い夢を描いていたものだ。が、少年期から青年期、戦争の真っ最中に、あの台地上に何かあるのか？　と問いかけても教えてくれる先生はいなかった。昔から、その台上を「高森」、そして南を「上田原」と呼ぶが、南北に四世紀の古墳が、伏した土饅頭のように転っていて、千数百年の眠りについていることを知ったのは戦後のことである。

凄い！　そこは凄い古墳群の宝庫なのだ。地図の上を目ぼしいものだけ、ざっと鉛筆で押していっても三〇を下らない。それも、今はやりのヤマタイ国とやらの頃、魏の国でつくられたといわれる三角縁神獣鏡五面が出土した赤塚古墳という県下でも有数の前方後円墳を始め、大型古墳が踵を接する如く並んであるのだから壮観の一語に尽きる。世の中が平和になって、日本が文化国家を標榜する時、文化庁がこの重要な遺跡、いや文化財に目をつけぬはずはない。この高森の地に、文化庁が手がけて一〇番目の「風土記の丘」を建設することになり、実は総面積五三三〇坪、建坪一〇〇〇坪の「歴史資料館」が一一月一日オープンという運びに至ったわけだ。

下から、いつも、ホキを見上げていた私にとってはメルヘンのこの台地は、古墳の丘だったのだ。「風土記の丘」に指定され、「歴史資料館」が建設されるというので、もう九分通りでき上った「風土記の丘」を訪ねてみた。

資料館のホール正面には熊野磨崖仏のレプリカが実物大ではめこまれる作業も終わっていて、いかにもそれらしい雰囲気を醸し出すのに効果十分。というのも、過去、ちゃちな真木大堂の収蔵庫や、屋山長安寺の安っぽい収蔵庫の評判の悪さを挽回するかの如く、宇佐の「歴史資料館」のデザインは、切妻づくり、周囲の環境にマッチした色、それに内部の色調もテーマに合わせたタイルを使用していて、これなら他県から見学にきても胸をはれるな、と思った。まだ工事中なので資料室の中に安置されている太郎天像のレプリカや、実物大の富貴寺、それに国宝の「孔雀文磬」のレプリカ、「宇佐神宮」の一〇分の一のミニチュアなどは拝見しなかったが、宇佐文化圏をテーマに展示する環境づくりのために館長一同、「これにかけている」といった気合が、ピーンとはりつめた波長となって伝わってくる。

館内もさることながら、そこから見下す台上の環境が素晴らしい。北から、「赤塚」、「角房」、「車坂」、「春日山」、「免《め》ケ平」の古墳郡が眼下に、あるいは遠く横たわっていて、降りていって、タイムトンネルをくぐってみたい衝動にかられる。実際、千数百年前、宇佐地方を制していたであろう豪族の眠る大型古墳を目《ま》のあたりにして、さまざまな思いが、幻のように映っては消えてゆく。神武天皇御東征の折、「大供応」をしてもてなしたという宇佐津彦の墓も、もしかしたらこの中のどれかに違いなかろうなどの思いに耽けると、かきたてられるロマンに時の経つのを忘れてしまう。

口惜しいのは、七億七千万円かけたこの「風土記の丘」に、大正一〇年一〇月、六〇年前だ。心ない地元民によって盗掘された赤塚古墳の神獣鏡五面。当時のカネ三〇〇〇円で売りとばし一人宛六〇〇円ずつの分け前を懐《ふところ》に入れたという事実が宇佐市の恥部として残っていることであるが、願わくば、京都に在しているという、現在の持主は仏の心をもって返してほしい。今一つ、富貴寺の北壁のミロクの浄土の壁画を五〇〇〇万円でなければ譲ってくれないという話など聞くと、文化財とは、誰のためのものなのか憂鬱になってしまうのである。

しかし、県の事業に、宇佐市も協力して、桜、数千本、梅、一〇〇本、豊後梅、市花のつつじ、それに婦人会の手で大池に菖蒲園がつくられるという。せめてもの慰みだと思っている。


(昭和五六年一〇月三日　西日本新聞大分版)

九　屋山天狗の怒り

「仏の里」

確かにいい名前だ。豊後高田市も、随分、情操豊かなシンボルネームをつけたもの、と感心することしきり。実際、この里には、仏教文化の遺蹟、それに今なお生き続けている魂は奈良、京都につぐ文字通り「仏の里」で、日本人の心のふるさと、と世界に誇って、多くの友人を招き、そのほとんどの人たちを豊後高田市ファンにして喜んでいたら、一転、近頃では、「仏の里」も一八〇度の方向転換で、「汚濁の里」(?)とか悪名高き評判がたち、「善因善果」の教えがベソをかき、芥川龍之介の『蜘蛛の糸』ではないが「阿弥陀さんは、よく糸を切って捨てないもンだナア!?」と軽口をたたかれた。それは冗談にしろ、とにかく、恥ずかしい思いをさせられることが多かったのは事実。

ところが、去年、またまた教育行政の要《かなめ》にたつ人が、何の理由か、突然、その要職を去った。「善因善果」の法輪を転じる立場にいる人ならば、何も辞職することもなかろうと思っていたが、やはり「悪因悪果」がとらせた行動とのこと。マスコミの報道では、そのエゲツナサが、事細かに報じられている。

「悪因悪果」とは六道《りくどう》でいわれる「悪趣」のこと。すなわち畜生界、餓飢界、地獄の世界にさ迷う心のまずしさをいう。「善果」即「物果」へと仏の教えが精神的地滑りを起こしてしまったこの土地では、「悪趣」感覚のマヒとしか考えられないのである。昔、この里の人たちが、六道輪廻《りくどうりんね》のさ迷いの中で魂の救済のために、素朴な祈りをこめて、石に、地蔵さんを刻み、磨崖仏造顕のために骨身を削ったご先祖さまの姿を幻に描くだけでも、あるいは、魂の再生を願えるかと思うのであるが……。

でも、遠い遠い昔のよき時代、里人たちが、魂をこめて対面した仏さまに太郎天童立像がある。市の中央を流れる桂川を溯江《そこう》し、東に分かれる都甲山を両子山に向っていくと、正面に屋山というビュートの六〇〇メートル近い霊山があって、七合目あたりに天台宗の古刹がある。寺名を長安寺という。太郎天童立像はその境内にある。太郎天像は、地元の人たちからは、「屋山の天狗」と呼ばれているそうだが、像高一六〇センチ等身大の立像で、明治二年、排仏毀釈《はいぶつきしやく》までは奥の院である六所権現社の御神体だったそうだ。とすると、神像ということになるが、小池長之先生の説によると「天狗では修験で祀った神か仏教に帰依した姿であろう」といわれているが、いずれにしても、神仏習合の国東山嶽寺院の中におわす方だから、神像といっても仏像といっても誤りではなかろう。

長安寺には、クルマでも参拝できるが、歩いて屋山を登ったほうが風趣に富んでいていい。新郷というバス停で降り、徒歩で三五分。所用時間は熊野磨崖仏と同じぐらいだ。汗をかき、加礼川部落の左端に築かれた急な石段を上ると、中世の山砦《さんさい》を思わせる大きな石が積み重ねられてあって、数十センチばかりある蹴上げの段をまたぐように上ると、塁上になっており、右横に鐘楼が檜の香りも新しく建っている。

その前には、六郷満山寺院の占い型式を昔のまま残した本堂と、方丈と、庫裡を合わせた矩形の山嶽寺院が、屋山の静寂の中に佇んでいる。その静けさが、いつも、私の足を長安寺に向ける理由の一つになっているのである。数年前までは、太郎天さまは、奥の院からつれ出され、灰色のまま。一メートル足らずの両脇童子を従えて本堂に安置されていたが、本堂の北側に収蔵庫が新しく建てられてから、灰色は京都で洗い落とされ、白木の姿で納められている。

太郎天童立像の髪は、聖徳太子のようにミズラ。闕腋《けってき》の袍をまとい、右手に仙杖を持ち、左手に「複葉の小枝」を握って、じっと虚空を見つめている。上下の唇には、当時のままの紅が残っており、袖口や、裾などに装飾を施したあとが見られるので、造顕者は、きっと、その意味を知り、意義を弁《わきま》えての造刻であっただろうに、残念ながら、現代人には、左手にもっている三枚の葉の小枝さえ、皆目見当がつかないのである。幸いなことに、太郎天童立像には胎内銘が墨書されてあった大治五（一一三〇）年の造顕。頭部内側には不動明王の梵字が書かれている。なお多くの記が難解な書体で記されているので、専門家しか判読できないだろうが、私どもには、判らないほうがかえって神秘性を深め信仰心を募らせてくれるような気がする。

戦国武将であり屋山城主であった吉弘統幸も「太郎天童は大日覚王の後身で、悪魔降伏の不動明王の霊験である」といっているが、どうも、頭部正面の頂中央部に書かれた不動の種子がその鍵を握っているような気がするし、もし、不動明王の化身であるとすれば、「汚濁の里」の「悪因悪果」は、屋山の天狗の怒りと思うのである。

（昭和五七年二月二七日　西日本新聞大分版）

一〇 地方の時代のあるパターン 佐伯市立図書館

佐伯市に、すごくモダンで機能的な図書館ができた。レンガ積み、アイ色の切妻の屋根が何となく思索的でロマンチックだ。聞くところによると、大分市にある県立図書館につぐ設備というから、読書好きの興味をひく。というのも、私の住む宇佐市は図書館なんて、文化の次元を示す施設はいまだにないし、文化会館さえ持てないほどの「文化果つる」シティであるからだ。なお、悲しいのは、日本が、「文化国家」たらんとの理念を大上段に振りかざしての戦後の再出発だっただけに、あれから三七年の歳月を経てもなおかつ、低迷を余儀なくされている宇佐の状況を恥ずかしいと思うし、また、情なくも感じるのである。

せめても救われるのは、「風土記の丘」が完成したこと。まだ、環境まで整備されてないので何ともいえないが、すでに、「ハリボテ文化」、「コピー文化」なるニックネームを頂戴して残念だが、中身に魂の入るのもこれからの県民、市民の意識の反映次第となろう。古墳や文化財の保存では、慶州の古墳群や、国立博物館が、ずばぬけて立派だったので、よけい、宇佐の「歴史民族資料館」が悪口をたたかれる羽目になったのだろう。

さて、佐伯の図書館だ。二億八四〇〇万円かかったそうだが、石油ショック後の佐伯市を俯瞰する時、町の景気は、どう贔屓目《ひいきめ》に見ても「宴」の状態とはいいにくい、まず、「興人」

の徹退に、「臼杵鉄工」の倒産という最悪の波は「二平合板」さえローラーで引きつぶしてしまった。佐伯市の財政はもちろん、市民にとってバラ色の夢は灰色と化したまま。佐伯市民が、そんな、奈落の底のような状況にさ迷っていることを百も承知で、私には、憧れに等しい「文化」の香りをかぐわせてくれる図書館をつくるのだから羨ましい。

確かに、「文化」では腹はふくれない。でも、「こころ」が豊かになり、視野が開け、思考の次元が高くなることは何びとたりとも異存はないはず。そんな羨ましい佐伯市だが、私には、どうしても信じられない話が一つある。それは──。

もう、一五、六年も前になるが、故木下郁元知事が、文化講演で宇佐にきた時、「私は、その地方の文化水準を計るのに、古本屋の棚に並んでいる本を一つの目安にしている」という含蓄のある話をしたことを思い出す。それが、どこで佐伯市とつながるかというと、さらに続く話の中で、「県下のシティで、古本屋のないのは佐伯市だけであるし、従って、佐伯市がもつ文化性は残念ながら、低い」という意味の運びだったからである。今から、一五、六年前というと、中ノ谷のトンネルはまだ完成してなかった、佐伯市といえば、県北の宇佐からでは、何か、遠い他県の地方都市のように見えた。だから私は、佐伯市のことはもちろんよく知らないし、宇佐市よりは、もっと「文化果つる」町と思っていた。知らぬが仏で、今から思うと噴飯物だが、佐伯市こそ、日本一の蔵書を誇る「佐伯文庫」という名の図書館があって、その中に、四書五経始め、八万冊の和漢書が集められていた話を聞いたのは、ずうっと、あとになってからだった。

因《ちな》みに、昭和五六年一一月一六日に開館した図書館の蔵書数は一万五〇〇〇冊。百数十年前、「佐伯文庫」を創設した八代公毛利高標が、わずか二万石の小藩で、日本有数の漢籍を集め、しかも、四教堂という藩校を建てて藩民の育成を考えて未来に備えた具眼は畏敬に値《あたい》する。佐伯文庫に出入した藩士の中から明治初期の思想、政治、文化的指導者に、矢野竜渓が出たのは決して偶然ではない。

が、その後がいけなかった。八万冊のうち、二万冊を幕府に献本するのは致し方ないとして、あとの六万冊の行方が、よく分らないのだ。

その「佐伯文庫」の六万冊は、「どこにあるのですか」と、新館長に尋ねたら、「さあ……？」ときわめてあいまいな返事。何でも、残っている佐伯文庫の残骸らしい書籍と、藩政の資料など含めて一万二〇〇〇点ほどが、虫干しも思うにまかせず放置されていたらしいが、今度の新図書館では、それらを特別収納する収納庫も機能的な設計で完備したそうだ。

それにしても、数万冊をなくしてしまっているのは事実。その闕冊した原因を詮索してもいまさらムダだと思うが、私は、維新後、かつての文化都市佐伯が、幸か不幸か、海軍の根拠地に指定され、軍都と化し、いわゆる低文化都市への地滑りを起こしたからだと思う。軍人がまだ、文化性というロマンを心の中に持ちあわせていたのは、日露戦争当時まで。それ以後、ミリタリズムの、精神のバーバリズム（野蛮、粗野）は、歴史の示す通りである。

それに、高く掲げた「文化国家」への指標は、「経済国家」へと軌道修正されては、佐伯市だけが、その場外にいること自体土台ムリな話。それにしても、佐伯市が、かくもスマートな図書館づくりをなしとげことに、私は、「宴」のあとを繕う日本の地方都市の新しい方向を示す一つのパターンと思いたいのである。

（昭和五六年三月二〇日　西日本新聞大分版）

一一　銘菓臼杵煎餅のルーツ

三月初旬、東京放送のディレクター大山勝美氏と臼杵石仏を訪ねた時、市の観光課のF係長に案内してもらった。六〇数体、謎に満ちた一つひとつのほとけに畏敬と深い感銘をうけたのはいうまでもない、巡拝を終え、休憩所で一服する時、ウメ茶に、無造作に盛られたお茶うけを出された、ぷうーんと香る生姜《しょうが》のにおい。噛むと、かりっと音をたてた。やがて、口中に溶けてゆく柔い感触、そして、適度な甘さ。二時間ばかりほとけたちとの対面に軽い疲れがあったのか、器に盛られていた茶菓子が、何であり、また確かめもせず口中に抛《ほう》りこんだので、この、ほのかな香りと刺激と、甘さとに、改めて盆に盛られていたお菓子を見た。臼杵煎餅であつた。

直径、一〇センチ足らず、厚味が三、四ミリ程度だろうか。白い筋が白扇の折り目のように幾本もひかれていた。白い筋目は砂糖だった。お腹が空いていたのか、思わず二枚目に手が出てポロッと噛んだ。「旨い！」といったら、F氏が、「手づくりですからね」、すかさずいった。

「手づくり?……。今時珍しい」。お土産にいただいた臼杵煎餅は、左右を烏帽子折のようにつまんだ丸型のひとかた薄い煎餅だった。近頃、焼きものが少なくなったが、F氏と再会を約す時、「その手づくりする作業をぜひ見たいものですね」といって別れた。

その日以来、私は手づくりが頭から去らなかった。第一、お菓子にそう興味のない私は、特に最近オートメ化されたお土産品の多い時、況《ま》して、観光地土産に至っては、別府や国東で売っている商品の中に、とんでもない遠くの土地の製造者の名前があって、がっかりさせられることが多かったので、F氏の強調する「手づくり」という言葉に惹かれて臼杵までやってきたのである。

あいにくF氏は自慢の「手づくり」を持って北海道キャンペーンに出かけていて留守だった。それにしても日本の北の果てまで生姜の香りを漂わせにゆくとは大したバイタリティだ。仕方がないので、数軒残っている煎餅づくりのうち、観光課の紹介で協同組合にいってみることにした。協同組合と銘打つからには、恐らく何軒かの同業者が出資し合って経営しているのだろう。洲崎に新しく建っていた協同組合は、やはり、思惑通りだった。

元祖玉津屋、本家小野屋、それに富士製菓が加わり二〇人くらいの従業員でやっている工場だった。入ってみると、大きな機械が据えつけられてある。F氏の話した手づくりというのは、どこかほかにあるはずだ。と思ったが、半機械化の協同組合も参考のためのぞいてみた。六枚焼きの皿範《かたなべ》数個が、回転軸を中心に矢車状に据えつけられている。原料になる小麦粉と砂糖と、玉子とを適度に配分して捏ねるところにコツがあるらしいが、まず捏ねた原料を皿範に流す。蓋をして、片面が焼けたら皿範が、くるっと一回転する、皿範は六枚、あるいは九枚が一つになっているから、とても、一人では反転できない。その辺に機械化せざるを得ない理由もあるらしい。皿範の煎餅が焼きあがると、例の生姜と砂糖を調合してつくったミツが塗られる。このミツを塗る工程が、ここの工場ではまだ、手づくりなのだ。

一グループ四、五人が、シュロの皮を、紡績糸で無造作にたばねた刷毛《はけ》をつくって、さっと一《ひと》はけすると、でき上り、というわけだ。生姜のにおいがぷーんとたって、いかにもひなびて見えた九州でも、煎餅というと、「にわか煎餅」「瓦煎餅」くらいしかお目にかかれず、柔いのでは、下関の「亀の甲煎餅」があるが、今や、臼杵煎餅は、大分県の代表土産となり、九州の有名銘菓となっている。

でも、私が飛びこんだ協同組合は、どうみても、F氏の勧める手づくりのような気がしなかった。で、諦めきれず、名前がいいので元祖玉津屋を祇園南に訪ねてみた。

いってみて驚いた。「水道工事」の看板がかかっていた。私は家を間違えたのではないかと思いおそるおそる「元祖玉津屋さんでしょうか」と尋ねたら、「……そうですが」と答える御主人の顔は「うさん臭そうな奴」、といった目つきだった。勇気を出して「手づくり臼杵煎餅の元祖を見たいんです」。とたんに、難かしい顔がぱっとほころんで、「家内を呼んできましょう。すぐそこにいます」。そういう御主人の声は弾んでいた

奥さんは小柄だが、気さくな人だった。そして、御主人と二人して、昔のよき時代、それ

こそ、皿範には一つしかのらない、一枚一枚を、手でひっくり返して焼いていた当時の仕方を語ってくれた。文政二年の創業というから、ざっと一七〇年前だ。当主の原山幸市氏で六代目、もちろん協同組合の理事長でもある。

昔、稲葉の殿さまが入封する時に戦《いくさ》の用兵糧がわりに持ってきたのがそもそもの濫觴《らんしょう》であるが、手づくりも時の流れには勝てない。高成長に入るまで、夜中の二時から起きて、二人で一〇〇〇枚くらい焼いたという。「今は、お焼きにならないんですか」と尋ねたら、「お得意さんがありましてね、どうしても私の煎餅でなくては、という方がいるものですから」

「皿範は?」

「もちろん一枚焼きの小さな型です」

「一日に何枚くらい?」

「さあ四〇〇枚でしょうか」

幸い、不良品があったので、私はそれをいただいた。カリッと固く、生姜の香りが口中を充たした。

「惜しいですね」

「時代ですよ……」

なるほど「水道工事」に変身する時代だ。そう答えるお二人の顔が、いつまでも、瞼の底に残った。

（昭和五七年五月二九日　西日本新聞大分版）

一二　晩秋の耶馬渓谷を往く

秋本番――。

いよいよ耶馬渓《やばけい》の出番である。幕末の詩聖頼山陽が「耶馬渓山……天下になし」と紹介して以来、耶馬渓の名は天下にとどろいていたが、何といっても、耶馬渓は秋である。耶馬渓といってもいささか広うござんして、有名な青の洞門を入口に「耶馬十渓」といわれるほどその範囲は広大である。北は、福岡県の英彦山から、南は、大分県の玖珠・宇佐郡に及びその面積は約九〇平方キロ。中に、集塊岩や安山岩の奇峰、奇岩、渓谷、ビュート、メーサなど、いわゆる耶馬渓式風景が展開する奇勝地なのである。

なかんずく最もポピュラーなのが、青の洞門、羅漢寺、一目八景であるが、これは、ほんの一部であって、俗に、耶馬十渓といわれるほど、場所によって特徴があり、多様な彩りに富んでいるのである。

①本耶馬渓　②東耶馬渓　③麗谷耶馬渓　④津民耶馬渓　⑤南耶馬渓　⑥羅漢寺耶馬渓
⑦深耶馬渓　⑧裏耶馬渓　⑨奥耶馬渓　⑩椎屋耶馬渓

いずれも二〇〇万年前噴火した耶馬渓溶岩が浸蝕された独特の風景で、秋を探勝するには

耶馬渓の紅葉

絶好。クルマで回っても四日間は、優にかかるかと思う。

青の洞門にいくには、日豊本線中津駅からバスの便がある。洞門については、作家の原田種夫の一文があるので紹介しよう。

「山国川の岸辺をさかのぼってゆくと清流のほとりに絶壁となってそそり立つ山が見える。その山は、耶馬渓の中でもずばぬけて美しい、競秀峰《きょうしゅうほう》である。有名な青の洞門というのは、その下にある。洞門の中に入るとトンネルの右に、禅海が掘った旧洞門がそのまま残っている。岩肌にたくさんのノミのあとが刻まれていて、三、四十年も、営々として岩をうがった苦心の跡が、はっきりとわかる。岩屑を川に落としたという光取りになった不細工な窓がつづいている。ここが青の部落なので『青の洞門』というのである」

一目八景と称される

曽木の、青というところにあるので青の洞門と呼ばれているが、青の洞門の物語は、菊池寛が大正八年に発表した小説『恩讐の彼方に』で有名になった。さらに、戦前は国定教科書の巻一二に掲載されていたので知名度は倍加された。青までの二一二号線はバイパスができて、今では下を流れる争流川（山国川）をはさんで、対岸から競秀峰の全貌が望まれるので、屹立した山肌に紅葉がちりばめられた岩峰の美しさはこの季節の白眉である。

青の洞門から三キロばかり登ると羅漢寺に着く。羅漢寺は、一三〇

青の洞門

〇年ほど前、支那天台山の僧建順が刻んだと伝えられる五百羅漢像ほか二七七〇体の仏像が安置されている古刹であるが、古川古松軒が九州を巡歴した折の見聞記『西遊雑記』にも書かれている羅漢寺耶馬の中心地である。

既述の二つは、耶馬十渓の中でもほんの玄関口、さらに歩を進めて山国川をさかのぼると、途中、酔仙岩や朝天峰などの耶馬渓風景を堪能することができるが、約一〇キロで柿坂に着く。ここは、本耶馬渓から深耶馬渓に向う分岐点で、文政三年、頼山陽が、雲華上人の招きで中津に下る時、立ち寄った場所である。川の向いの岩峰に生える松を描こうとして描けず、筆を投げた故事から擲筆峰と名付けられた岩峰は、現在、鉄筋コンクリートに建て替った町役場のためクルマから

羅漢山中腹に建つ羅漢寺

見るのは難しい。

柿坂を左折して深耶馬渓へ向う。今は水没してダムと化している山移村の風景は、山国の中でそれなりに旅情をそそる。ダムから約二、三キロいくと一転、青の洞門とはまったく異なる風景が展開してくるので別世界にきた感がする。節理の際だった岩には、海望嶺とか、七福岩などの名がつけられているが、この新耶馬渓溶岩の渓谷は、大正に入ってから発見されたので、頼山陽も古川古松軒も訪れていない。もし二人が、この景色を見ていたら、また違った感興が湧いたものと思われるほど絶景なのである。

この辺り一帯は麗谷耶馬渓ともいわれ、秋、紅葉の季節が最高にいい。さらに進むと玖珠町に出るが、途中、一目八景や錦雲峡の風景は、まるで、紅葉の錦織の中をゆく感がある。谺《こだま》の底は、新耶馬渓溶岩の一枚岩で、流れる清流は紅葉を映して美しい。曲折する谷をめぐり、集仙岩を経てトンネルを抜けると南耶馬渓である。

一一月初旬だと、稲刈りの終わった稲田には、稲架にかけられた稲の束の並ぶ牧歌的風景が広がって、大岩扇山、小岩扇山のビュートを背景に、しばし、旅心を誘われるというものである。このコースは、耶馬十渓中のハイライトであるが、この道に入るには三つのルートがある。中津駅からバスでくるのと、大分自動車道を日田市で降りて二一二号線を中津へ向って下る方法、それに、久大本線の豊後森駅で降り、バスで麗谷から、一目八景柿坂へと、既述した逆のコースである。麗谷耶馬渓の反対方向は裏耶馬渓があるが、立羽田の景は、約一キロの間、屛風をめぐらしたような奇岩の峰が続いている。西の方、津民耶馬渓。奥耶馬渓は、旧耶馬渓溶岩と変朽安山岩の風景で、川底に穴のある猿飛の甌穴は珍しい。『西遊雑記』の古川古松軒は英彦山から羅漢寺にいくのに、この二つの谷を通っている。

耶馬渓には、夏目漱石が、明治三二年の正月に訪れているが、あまり知られていない。宇佐八幡宮に参詣、翌日、羅漢寺を詣でている。その時通った道が、中津に引き返して山国川沿いにきたか、宇佐から、代官道を分け入って、青の洞門から羅漢寺へ抜けたかは、漱石研究家の謎となっている。

凩や　岩にとりつく　羅漢路

ほか四〇数句を物している。

耶馬渓路は、また、晩秋の黄葉が殊のほかよく、紅葉の散りた後、岩峰のところどころに、一つ、ぽつんと逝く秋を惜しむかの如く銀杏の木が黄をはきつけている風景は、旅情を誘うこと一入なのである。

（平成七年　旅の手帖NO8）

一三　富貴寺には

「富士には、月見草がよく似合う」

太宰治が『富嶽百景』の中で垣間見せた視覚的ワンショットである。対峙《たいじ》の妙を言いえて天才の面目躍如たるものがあるが、大分県には、造形の優美さと歴史の古さでは九州一だといわれている国宝富貴寺が、国東半島の山ひだに千古の韻を響かせている。

もし、富貴寺を、前景に何かをおいて描くとすれば、その気品に相応しい点描は何なのか。富貴寺の素材は榧《かや》の木だそうだが、狭い寺域には、宝形づくりの軒《のき》を優に超す銀杏の大木や、菩提樹、丈余《じょうよ》の榧の木が茂っていて、夏は蟬の群声など、また石造品を入れれば小道具に事欠かない。でも、巨木の茂りは、決して国宝の阿弥陀堂とは調和しないのが富貴寺の凄さである。

もう二〇年も前になろうか。村松梢風氏の子息で「教育の森」の村松喬さんが講演のため

人物の右は浩宮様

東京から来県されたことがある。ぜひ富貴寺を拝見したいとのこと。二月中旬、厳寒ではあったが、でこぼこの兎道《うさぎ》をクルマに揺られてお参りした。今ほど国東仏教文化が知られてなく、人影一つ見えなかった。

石の仁王像を左右に幅広い石段を登ると椎の木の脇に、凛と咲いている豊後梅の一輪が目に入った。八重の淡紅色《ときいろ》は見事だった。花に近づきその可憐さの奥に視線を移すと、淡彩の大堂が佇《たた》ずまっている。カメラを構えて、思わず、

「太宰ですね！」

といったら、村松氏がすかさず、

「富貴寺には豊後梅がよく似合う……、アングルですか？」

と洒落てくれた。

豊後梅が、県花に指定されたのは、それから二、三年あとだったような気がする。

（昭和五九年　生活の設計二月号）

第三部――旅情エッセー

一　くにさきの不思議

一年前、T氏と初めて会ったのは豊後高田市にある「国東半島観光センター」だった。三人座ればはみ出しそうな名ばかりの仏の里の案内所だったが、向かいあってT氏と話す時、この人が、どんな職業なのかまったく見当がつかなかった。お世辞にも高級とはいえないレザーの旅行鞄一つ。それにつかれた背広姿だったので名刺を交換するまで、その人が、東京からきた医者とは、とても思えなかった。一〇年前といえば、すでに所得番付に医者の名前が連らなる時代だったはず。だから、名刺を見てもう一度地味なT先生の風態を見つめ直した。が、やはり、医師には見えなかった。

その頃、国東半島はアンノンブームの影響か若者たちで溢れていた。でも、大抵のアンノン族がナップザックにガイドブックを入れていたので観光するお寺はきまっていた。まず、国宝「富貴寺」、国指定「真木大堂」の九体の木彫仏、同じく熊野の山の中にある日本一の磨崖仏、そして、半島の中心に位置する「両子寺」という巡拝順序だった。この道は、今、定期観光バスが走っているメインコースである。しかしその頃は、どの山道を登っても兎道に近く、乗用車でいこうものなら、よほど点検しておかなければエンジントラブルはしょっちゅうだった。それに、案内板がないから目的のお寺が分からない。国宝級が最も多い豊後高田市など、案内板どころか汚職の方が忙しく「仏の里」ならぬ「汚職の里」としてマスコミに勇名をとどろかせるほどだった。案内板までアタマが回らなかったのだろう。

確かに国東半島の仏教文化は、奈良、京都につぐ文化財の宝庫だと思う。多くのマスコミ人たちが先を争《きそ》ってやってきた。何冊かの書物や何本かの映画やテレビもつくられ、おかげで全国的にも少しは知られ、観光バスも乗り入れられるようになり急成長をとげたが、そんな人気も、五年前をピークにここ数年下り坂なのだ。地元の関係者たちは、どうして？ と首をひねるが、考えてみると当たり前のことで、ピークの時に、根本的な対応を誤っていたからだ。T先生も同じ意見だった。

T先生は、いつの時でも医者らしくなかった。医者といえば、ハデな装いを想像しがちだ。が、先生はまったく違う。第一、財布を持ってない。お金は、紅、緑、青の三色でデザインされた鮮やかな図書券袋に入れてある。拝観料を払う時は、三色の紙袋から恥ずかしそうにお札をぬき出す姿が、どこかのＯＬの仕草に似ていた。

そのT先生が年に二、三度「くにさき」にやってくる。その時は前もって東京から電話がかかってきて、私の予定を尋ねてくる。「また……ですか？」と訝るほど先生は同じほとけの前に、もう何度手を合わせたことか。そのたびに私は、先生は随分「くにさきのほとけ」がお気に召しているのだ、と思っていた。不思議なのは、先生のお参りの仕方が変わっているることだった。

お寺に着くとほとけの前に正座して一礼合掌する。そして、レザーの旅行鞄から尺八をとりだし、おもむろに一曲奏するのである。尺八は、いんいんと響いて素人の私でさえ引きずりこまれる凄さがあった。時ならぬ尺八の音に、寺によっては驚いて住職さんがとび出してくることがあるが、先生は、なにがしかのお布施をそうっと置き一礼して立ち去ってゆく。私は後ろにいるのでよく分からなかったが、尺八は由緒ある代物のようだった。

国東半島には、年間数十万人からの人たちが訪れるから、いろんな方たちがいるはずだ。面白いのは、割とお医者さんの多いこと。それも地味なお医者さんに限るが、それが私には不思議に思える一つでもある。T先生は大抵一泊。帰りは、汽車で東京に戻っていかれるが、その後、必ず難しい専門書をどっさり送って下さる。宗教書、教典、歴史書だ。私は、書籍の小包のヒモを解くたびに、国東の地元にいて仏教文化の研究には恵まれているはずなのに、私の不勉強が、観音さまの眼で見られているようで恐縮してしまうのである。

また仕事が仕事なので、私は何本かの映画やテレビの撮影に協力したが、まだ、どれ一つとして国東の神髄に逼る作品ができてないような気がする。この春から、国東に籠っていた仲間も、ついに筆を投げて去っていったし、国東って、一体、何だろうり!? というのが私の辿りついた疑問である。だからある時、T先生におそるおそるそのことを尋ねてみた。先生は笑って、「奈良や京都ではホンモノを拝ませてくれませんからね」と答えた。そして「不思議なことがあるんですよ。東京を発《た》つ時、もう、ダメと思っていた患者が、国東から帰ってみると持ち直していましてね……」ともいう。とすると、T先生がほとけに手向《たむ》ける尺八と瀕死の患者との間は、見えない糸で結ばれているのであろうか。山の中で、千古の時を耐えているほとけたちは、里人の祈りの中で魂が通い続けている証《あかし》かもしれない。
分かるのは、尺八の色とT先生の眼が同じように澄んでいることだけである。

（昭和六〇年九月一九日　毎日新聞西部版）

二　くにざきの精進料理

私が、国東半島の山々が霊場であることを初めて知ったのは、先年、亡くなった豊和銀行の赤松敏明さんに教えてもらってからだった。両子寺は、もちろんその中の一つだが、当時、豊和銀行の行員研修は、両子寺でやっていたそうだ。

早朝、山坊をあとにして、両子山の山頂まで登る。標高七二一メートル。遠く、中国・四国まで望見できるわけだが、降りてきて「止観」の業をやり、終わったところで朝粥。中間は、住職の講話や研究会などで下界を忘れる。そのあとでいただく精進料理がまた佳絶《かぜつ》だそうで、とてもうまかった話も、確か、その時に伺ったような気がする。うまいものとなると目のない私のことだ。早速に、と思ったが、もともと不信心にできているので、とても「止観」の業など、私には耐えられそうにないし、両子寺の精進料理も、こんな体たらくでは話を食うだけ、とあきらめていた。今は、山坊も会館に建てかえられていて、「業」を積まなくてもおいしい精進料理がいただけることになって、私は、何度かその功徳にあずかることができている。

一〇年ほど前まで、国東半島は陸の孤島といわれてきて、交通事情は最低。また苦労して古刹を訪れても食事をする店もなく、餓飢道に落としこまされ、確かに、忙しい現代人の間尺にあわないところとして有名であった。が、近頃は道路もよくなり、海岸線まで出ると食堂もできて、贅沢をいわなければ、まず、用を足せるぐらいにはなっている。ところがここ数年、半島にブームが訪れてからいけない。どこへいっても、同じようなだんご汁に、似たような山かけ。それに、他所《よそ》でつくった刺身こんにゃくときては、折角やってきた人たちをがっかりさせるだけである。そんな時、寺で饗する精進料理には、さすがに本物が多い。

去年の夏だったか、あるバス会社のガイド嬢一〇数人と、六郷満山の霊場を巡ったことがあった。二泊三日。まず、国見町にある千灯寺から不動窟へ、さらに岩戸寺、文殊仙寺、成仏、赤根と、峰々を越えての三〇キロの行程は、炎天下を歩くだけで私には業となった。そして、地蔵峠から天念寺川に出て、太郎天さまの坐す長安寺で終わったが、それは、喪っていたものを思い起こしてくれる郷愁の旅ともなって忘れられない。その時、岩戸寺で食した精進料理は、田舎の祭りを思い出させる味つけで、今も懐かしい想い出の一つになっている。

文殊仙寺では、寺の畑に栽培したこんにゃく玉を、湯掻いて黒い皮をむき、石臼でついたのを出してくれたが、ざくっと歯と舌にこたえる感触がいい。長安寺で、直径一四、五センチもある孟宗竹を、スパッと割った器に、季節の香のものを数種入れて食膳に出された時は一驚した。またここでは、蓮根のすりみを団子にしたすまし汁の味が、今でも舌の奥に甘く残っている。

近頃、両子寺には仕事のことで参拝することが多くなったが、食事の時、副住職がやってきて、食前観と食後観を唱和させる。瞬時、業に入った気持ちにさせられるが、これだけでも「止観」の縁をかすめたことにはなる。こんなに、私の足が国東に向くのは、きっと、倦んだ消費生活へのアンチテーゼなのであろうと思っている。

（昭和五一年八月　広報おおいた）

三　「くにざき」か「くにさき」か

国東、を呼ぶのに「くにさき」と発音する。いつ頃から「ざ」を「さ」と清音で発音するようになったのだろうか。私たちの子供の頃、いや、少なくともごく最近まで、国東は、「くにざき」と濁って発音されていたような気がする。それが、この頃は、県北はもちろん、地元の人たちでも「くにさき」と清音で発音するように変わってきてはいないだろうか。

国東半島の外辺に住み、半島を西から毎日のように眺める私は、国東は、あくまで、「くにざき」半島であって、決して、「くにさき」半島ではなかった。それが、「に」にアクセントをおく「くにさき」に変わっていったのは、安岐町に空港ができ、半島が、観光面で脚光を浴び、宣伝マンたちが、また、ＮＨＫのアナウンサーたちが、アクセントの位置を変え、

「国東物語」の夜間撮影風景

「さ」と清音で読むようになってからであるが、私には、妙に、いきがっているように思えてならない。だから、コマーシャルにしても、ドラマにしろ、「さ」を清音で発せられると、焼酎を、日本酒といいくるめられるような違和感を覚えるのである。

方言というのは、その土地の心が、言語感性として、フィーリングに滲み出た時に、自然発生的に生まれてくるものである。だから、正調の山形弁とか、岩手弁や、西と東とではまったく異なる九州を、プロの俳優たちが、いくら名優でも音程の微妙のところでニュアンスが異なるのは、土地の香りを伝える発音は、その土地でなくては理解できないし、土着の人でなくては、肌にふれる表現たり得ないからだと思う。

幸いなことか、不幸なことか、国東半島が観光地として離陸してから、国東を訪れる人がカーブを描くように上昇してきている。この地が、奈良、京都につぐ仏教文化財の宝庫であれば、また現代が、アンサーティンティな時代であればあるほど、出口を失った現代人が、この山里を、魂再生の回帰点にと欲している姿を見ると、今後、国東がいい意味でも悪い意味でも注目されることは目に見えている。

早い話、ここ数年、大分県観光協会の音頭とりもあって中央のマスコミ人たちがどれほど国東半島に足をふみいれ、読み物に、写真に、映画に、テレビにと、扱っていったことか。中央の人たちが国東に目を向け、それを世界に紹介してくれることは、無意味だとは思わない。しかし、今まで紹介してくれた媒体の中で、真に、くにざきの心はもちろん、風物さえ

「国東物語」・隆大介氏と著者

それらしく転位して活写してくれた映画、テレビが幾つあっただろうか。

峰入りの行はいうに及ばず、鬼会の祭事でさえ、ほとんど、やらせではなかったか。「仏つくって魂入れず」とはこのことで、できてきた作品に、どことなく空虚さの漂うのは、型だけにこだわって、真髄にふれようとしないからである。

今後、真の姿の国東半島を紹介してくれるのなら、少なくとも、国東に住みついて、海風をまともにうけ、雪に閉じこめられ、歴史の一齣《こま》を意識し、寺にこもって止観してこそ、半島の時間と空間とが感得でき、真物が写しとられると思うのである。

今、撮影中の映画「国東物語」の制作態度は、それに近い気がする。脚本家、監督が、一〇年にわたる歳月、国東の魂を観照しつづけ、山、石、木、火、金の一つひとつに、おのれの魂を同化しようとしている。千燈寺の不動窟で、主人公の一人が、悟りの境地を開くというシーンを撮るのに、スタッフたちは、伊予灘から昇る瞬間の太陽を待つために、重い機材を窟のある場所まで担ぎ上げ、一一月下旬の、寒い夜を徹して、その一瞬のために日の出を待っているのである。あるいは雪で足元の悪い峰々を、精巧なカメラをきずつけないように、這うようにして最高のロケーションを探し回る姿などは、中世の修験者を想像させ、むしろ二〇世紀の現在に修験者がいるとすれば、かくやと思わせるほどの魂の入れ方なのである。

映画は、熊野磨崖仏の石段、旧千燈寺の仁王さん、岩戸寺の講堂、富貴寺の阿弥陀堂をつなぎあわせて、往時の旧千燈寺を再現して見せているが、道がせまくて、撮影のための電源車が入らない岩戸寺は、わざわざ国東町から電線をひいた。そのための費用だけで七〇万円。

でも一九八四年の国東の姿が、この映画におさまっていると思うと、現代人が、数百年前の先祖の造顕した仏教遺跡に心をうたれているように、数百年後のわれわれの子孫たちが、この映画を観て、きっと何らかの感動を覚えるにちがいない。面白いことには、撮影スタッフたちの発音が、数十日間、国東の山々の間で映画を撮っている間に、「くにさき」が、「くにざき」と変わっていったことである。

（昭和五九年三月　国東半島・宇佐の文化）

両子寺参道

四　国東が、見える風景

●秘境ブームで「光」

江戸時代後期、古川古松軒《こしょうけん》（一七二六～一八〇七年）という医者がいた。

幕府の命をうけ諸国を回った。残している著作に有名な『東遊雑記』、『西遊雑記』がある。題名の如く江戸を中心に、東北と西国、九州を歩き、交通、風俗、物産、史跡など、細かく観察しているルポルタージュなので、人によっては幕府の隠密だったともいう。だが、読むと、

宇佐神宮勅使門

二〇〇年前の日本の状態が細々《こまごま》と書かれているので面白いし、また参考になる。

豊前の国は、小倉から歩き、英彦山に滞在、羅漢寺に向っている。まだ、耶馬渓という名称がつけられてない時代だ。代官道らしき道を通って宇佐八幡さまを参拝、のち豊後に入り、立石藩から、さらに日出藩、森藩の飛地である頭成《かしらなり》（現、豊後豊岡）を通り、天領別府へと抜けている。ただ、残念なのが国東半島には足を踏み入れてないことだ。それでも、三浦安貞（一七二三〜一七八九年）こと梅園の人物にふれ、天文学者と規定している件など当時の情報度が分って、いい。

その頃は、国東半島の大半が親藩の杵築藩（松平）で、中に天領三か所、あとは延岡の内藤、島原藩、松平の飛地だったので探索する必要はなかったのか。古松軒が、もし仏教者であったなら必ず訪れたであろう。なお、彼は天文学の梅園にも興味を持たなかったらしい。三浦梅園の業績は没後百数十年、明治の末年になってようやく知られたわけだが、嬉しいことにその頃の国東の風景を詩藻の中に随分歌っていることだ。

梅園は、国東半島の一番高い山、両子山（七二一メートル）の山麓「富清」に生まれている。長崎と中津遊学だけで終生国東半島を離れることがなかったが、今から思うと、ケタはずれの思想家がよくもこんな山嶺の中にいたものと思う。著作は、岩波書店刊行の『日本思想大系』（六七巻）の中の一冊におさまっているが、難解なので、註を施す作業に手間取り、六七巻中、最後の最後に出されている。国東半島については、そのほか、ほぼ同世代の瀧澤馬琴（一七六七〜一八四八年）が、『両子寺略縁起』を著している。『大宰管内志』や『豊後国志』は別として、管見《かんけん》だが、藩制時代はその程度の著作の中にしか国東がPRされてないし、明治維新後は、アメリカにあるという幻の村「ブリガドーン」のように、『名所図絵』の中でも半島の魅力はまったく知られてなかったようである。

それでも『名所図絵』には宇佐八幡だけが紹介されている。意外なのは古松軒が、天下の宇佐八幡さまを「風景更になく面白からぬ所なり！　人家は、上方の乞食小屋の如く」と記してあることであるが、二〇〇年前の宇佐・国東半島の状態がどんな有様であったか、およその想像はつくものと思う。

さらに明治三〇年、鉄道が大分県に敷設されてから、国東半島はいよいよ「ブリガドーン」になってしまった。「ブリガドーン」とは、三〇〇年に一回、夜の明ける村だそうである。ひどい話だが、昭和三〇年代は、国東半島は「陸の孤島」と呼ばれた。蔑視されているのか、同情されてのことか、世間からとり残されたにも等しい存在と堕してしまっていた。ところが、昭和四〇年代後半からブームが爆発的にやってきた。例のディスカバージャパンで「秘境国東半島」に光が当たり始めたのだ。国の東と書いて「くにさき」と発音させるので読めない人が多かった。でも、国東半島の知名度は一気に上った。そして、不思議な地名、国東半島には、訪れる人が多くなった。観光客は年々増えつづけ、今は年間一〇〇万人に近づこうとしている。半島の人口は一〇万人そこそこ。約一〇倍である。孤島とか秘境といわれるわけだから、どんな辺ぴの里かと思うだろうが、誤解してはいけない。何でも正しく知らなければ恥をかく。私自身、国東半島に関してはいまだに恥ずかしい思いをすることばかりだが、まず、国東がいかに古くから高い文化度をもち、またそれがなぜなのか、という疑問が私をひきつけるのである。

●「国崎」から「国東」

会社の入社試験で「コクトウ」と読まれた国東だが、九州で、中央政権に一番先に知られていたのは国東である故事を知っている人は少ない。というのは『豊後風土記』和銅六（七一三）年に国東が記載されているのだ。原文は漢字なので古典大系の和訳を引用させていただく。

国埼の郡《こおり》、郷は六所《ところ》
里は一十六なり。
昔者《むかし》、纏向《まさむく》の日代の宮に
御宇《あめのしたしろ》しめしし
天皇《すめらみこと》の御船《みふね》
周防《すおう》の国の佐婆津《さばつ》より発ちて渡《わたり》たまいしに、遥か北の国を覧《み》て、勅《の》りたまひしく
「彼の見ゆるは、蓋《けだ》し、国埼ならむ」
とのたまいき。
因《よ》りて国埼《くにさき》の郡といふ。伊美の郷（郡の北にあり）同じき天皇、北の村に在して、勅りたまひしく
「北の国は、通路《みち》遙かに遠く、山と谷とは阻《さか》しくて、深くて、往還稀なり。
乃《すなわ》ち国を見ることを得つ」
とのりたまいき。因りて国見の村といいき。
今、伊美の郷と謂うは其の訛《なま》れるなり。

風土記が、千二百数十年前、元明天皇の勅命により編纂された地誌であることは夙《つと》に有名。その中で残っているのは五つ。中でも、完本としてあるのは出雲風土記だけである。それにしても、景行天皇（一二代）が熊襲《くまそ》征伐で下向の際、初めて目にした九州の地が「くにさ

き」であった。佐婆津というのは現在の防府市らしいので、私は、防府市にいってみた。そして、海岸の砂浜に立った。天気のいい日だった。なるほど、国東半島の山々が手にとるように近くに見えた。泳いでいけそうな気がするほど波が静かだった。きっと天皇は陣を休め、そんな穏かな周防灘を渉《わた》ってきたのであろう。でも半島であることが、分ったかどうかは書いてないので知る由もないが、どうも、その頃の国東半島は、山と谷は険阻。でも「国が在った」と勅りたまわっているので、国の組織らしい体制はしかれていたのであろう。

「風土記」で、「国」という字を使っているところは、ほかにない。ただ、「国」といっても、どの程度の国を想定していいのか、残念ながら『豊前風土記』が現存してないので想像するしかないが、もし、これより南三五キロの地にある宇佐八幡宗教圏の実像が少しでも書かれていたなら、あるいは当時の「国」の容子《ようす》が分っていたかもしれない。いずれにしても国東は、京都より、奈良より、知名度の点では高かったのは確かだろう。

で、「国埼」が「国東」に変形する過程だが、これは、九州の最も東に位置しているところから「埼」が「東」という漢字に変えられたらしい。因みに日本書紀は「国前」と記している。それに国東は、くにさきと発音するが、土地の人はくにざきと濁って呼ぶ。この辺りは、一体に濁音まじりで発音する習慣が多いようだ。

今でこそ陸の孤島という人はなくなったが、国東半島は小倉から南下する国道一〇号線を宇佐駅の手前で左に曲る交叉点が入口である。タコの頭が、東北に突き出ている感じの円《まる》い半島なので一周することができるが、それを鉢巻き状にとり巻く道は二一三号線である。二車線。途中、トンネルが一六あって景観はいい。だからバスに乗っても、歩いても、鉢巻き状をいけば目をつぶっていても杵築に着く。時間はクルマで二時間弱みておけば十分だろう。

鉢巻きの外は海だ。北西が豊前海（周防灘）、東は伊予灘。北は五〇キロばかりで中国地方だ。日によっては、徳山周辺や祝島などが手にとるように近く見える。東西三〇キロ、南北三五キロだから面積は九〇〇平方キロ強。九〇〇平方キロといえば、九州では、天草の下島がほぼそれに等しい。現在は、二郡に分れている。半島を中心に東が東国東郡、西が西国東郡、その中に二市七町村あり瀬戸内海国立公園の南限でもある。国立公園だから、もちろん、風光明眉、さらに学術的に優れたものが多いはず。

従ってある程度の文化度をお持ちの方にとっては「宝の山」なのである。さらにそれらの人たちにとっては、国東というより、「六郷満山」という別名で知られている。近頃では新人類でさえ国東と呼ばずに「六郷満山」という。まさしく「ブリガドーン」の夜明けである。

その「六郷満山」とは一体何なのか。

●六郷満山の由来

もう二〇年も前の話。大分県というところは短文芸の盛んな地方で、俳句の松山市に似て短歌の結社の多いのが特徴である。例えば、

古への　流轉の民か　いひけらく

国のはてなる　ここは国東（山本保）

なんていう名歌もある。

そのほか、国東を詠みこんだ歌は数えきれない。一体、国東半島の何が歌人たちの作歌意欲をそそるのか。四季の風景は言わずもがな、それよりお寺が多いのだ。ケタはずれに多い。天台宗寺院だけでも六五か寺。他宗を合すれば半島内ことごとくお寺といっていいほどだ。珍しいのは、天台宗、真言宗に限って深い山の中にある。観ただけで絵になるし、想念するだけで一首浮かんでくる。

三浦梅園が、日夜両子山を仰ぎ、また両子寺に参詣して思索、詩想を深く刻んだ理由が納得できる気がする。そんな環境なので、全山どこでも歌会の会場に適している。

二〇年前だ。ある結社が東京在住の有名な講師を招いて歌会を開いた時、参加者の一人が三一文字の中に「六郷満山」という固有名詞をよみこんだ一首を披露した。さて、東京からきた講師は、まったく聞きなれない言葉に出会ったので六郷満山の意味を訊ねた。ところが、その歌人いわく、「『六郷満山』とは、国東半島の中央に連なる山々のことです」と、いとも簡単にいってのけた。当時はそんな返答をしても、まだ誰も疑問をもつ人は少なかった。

国東半島が、豊後風土記に「国東の郡、郷は六所」とあるように、六つの郷からなっている。当時の郷の正確な戸数は分らない。でも、地図に従って南から見てゆこう。

田染《たしぶ》郷、来縄《くわな》郷、伊美郷、以上現在の西国東郡。国東郷、武蔵郷、安岐郷、と現在の東国

東郡に相当する。この六つの郷、これが「六郷」なのである。では、「満山」とは?

国東半島九〇〇平方キロの中には、山あり谷あり川ありだが、とくに、半島の中央に聳えたつ両子山を頂点に円錐型の半島は、東西南北に、二八の谷と川があるといわれている。その山の中に、天台宗の寺院六五か寺と僧坊八五〇があったのだ。寺には、本尊があり、仏像、仏具、石仏、磨崖仏、石塔など、また、ほとけを守り、仕える僧侶がいる。さらに信仰者たち。それらの仏教者が造顕したと思われる野仏などなど、その数、六万九三〇〇体ともいわれているが、それらのほとけたちを護ってきた村人たちをも含めて「満山」というのである。

天念寺耶馬(豊後高田市)

では一体、九州のこんな僻地が、なにゆえに「六郷満山」なる仏教地となり、またそれ相応の文化をつくり、育て、守り、二〇世紀末の今、衰微したとはいえ、なぜ、今日まで残り、中には、国宝の寺院あり、あるいは国宝級の仏像、国東塔が数えきれないほど残っているのはなぜなのか。
なお不思議なのは、例えば、国宝「富貴寺」でさえ、その建立した人、造立した年代も、不明なのだ。もちろん、何のための造立か? 目的も謎のまま。伝承によると、養老二（七一八）年、仁聞菩薩が開基したとあるが、日本仏教史にはただの一行も登場しない人物だし、つまびらかではないのだ。はっきりいって、国東半島仏教文化は不明の部分が多い上、謎から謎に包まれているといいきっていいだろう。

それは、「邪馬台国」が不明のゆえにロマンをかきたてられる如く、「六郷満山」も、謎の部分が多すぎるゆえに、ロマンに溢れているといっていいだろう。

長安寺鐘楼

それに、国東半島は、東から見ても西から眺めても姿がいい。分け入ると幽玄、秘境といわれるゆえんである。

（昭和六一年一二月　リゾートユウ通信創刊号）

五　川筋気質

全長四〇・六キロ、駅館《やっかん》川は、宇佐市郡を流れる多くの支流を集めて宇佐平野を北流、周防灘に注ぐ二級河川である。

院内町の三又《みつまた》で本流になり駅館川と呼ばれている。記・紀に出てくる宇沙、あるいは兎狭川がそれで、川は古代から知名度が高かった。でも、駅館川という名称の起源は不明なのだそうだ。中でも、平野部左岸の一二か村は、川筋と呼ばれて宇佐平野の中核的存在、藩制時代は天領としての特権をもち、宇佐神宮の夏越祭りでも他村を圧して川筋気質の名をとどろかせていた。

戦前まで、夏越祭りは喧嘩祭りといわれるほど粗暴だったからしいが、立役者は何といってもその川筋男たちだった。宇佐八幡さまの夏祭りはご存じの通り、三殿の御輿の先陣争いになるので、いきおい、輿丁《ようちょう》たちは気が立ち喧嘩になる。時代によって担ぐ輿丁の地域は異なったが、一の御殿は向野《むくの》郷、二の御殿を高家《たけい》郷、三の御殿が辛島《からしま》郷で、俗にいわれる天領の川筋だった。

御輿かきに選ばれた輿丁たちは、一週間、駅館川の水と周防灘の潮を汲んで斉戒沐浴、女を断ち、家を出て一か所で暮らす。精進を怠けるとケガをしていた。だから一〇年もお役を勤めた輿丁は神職に等しい扱いを受けていたのに、時代が下がると血の雨が降るように荒《すさ》んできたのはなぜなのか。

昔から、駅館川は厄介川といわれるほど旱魃と洪水に弱かった。というのは駅館川の水量が決定的に少なく、宇佐平野を潤すには絶対量が足りなかった。彼らにとって稲の成育は死活問題だし、体を張ってでも水を確保しなければならない川筋の人たちの運命は、宿命的だったのだ。そんな状況が二〇〇年も三〇〇年も続いたらどうなるだろうか。とくに、川筋の人たちの、優越意識が強く、バーバリックな性格がつくられたのは宜なるかなと思う。喧嘩祭りの異名も、辿ってゆくと水の遺恨に原因がありそうだが、今では、川筋気質の名さえ知らぬ人が多くなった。駅館川総合開発事業の完成がこの地域の人たちの気質さえ優しく変えてしまったような気がする。

（平成八年一月　ＮＥＯ　ＯＩＴＡ一八号）

六　天下御免の酒づくり

大分県の新年は、神社の歳旦祭から始まる。八幡さまの総本社宇佐神宮では、午前零時、西大門の開門と同時に数千人の参拝者が、どっとつめかける。三殿の弥栄《いやさか》と、一年の息災を祈願する。いただいた御神酒を手に、家に帰り神棚に上げ、家族一同で新年を寿《ことほ》ぐ。氏子たちの八幡信仰は、こんな素朴な仕方だが、もう何年も続いている。

同じ頃、国東半島の両子寺《ふたごじ》では、除夜の鐘を合図に高さ二メートルに及ぶ護摩を焚く。両子寺といえば、「子授け観音」で有名だが檀家の人たち一同と両子寺の申し子たちが、息災を祈る護摩焚きに参加し、住職の汲むにごり酒にほろ酔いとなって年を迎えるのである。

「葷酒《くんしゅ》山門に入るを許さず」とはいつの時代の話か。大晦日から新年にかけて白酒《しらき》、黒酒《くろき》を供える寺院は意外に多い。真玉町の黒土にある椿光寺でも、弘法大師が主尊であるが、ご霊酒をいただき、無病息災、商売繁盛を祈る信者の線香が引きも切らない。

同じく新年を、足をのばして大貞《おおさだ》公園にゆくと薦《こも》池畔に建つ薦神社に着く。国指定重文の楼門が篝火に映えて荘厳である。ここでは、夜ぴいて神楽が奉納される。参詣者には飴湯や甘酒がふるまわれる。あらたまる年へ寄せる庶民の祈りは今も昔も変わらない。

正月が終わると赤松峠の麓に建つ願成就寺《がんじょうじゆじ》では、妙見尊を拝む火渡りの星祭りが行なわれる。妙見さんは北斗星で豊漁の神である。信者にふるまう御神酒は縁起物ゆえ所望者が多い。

春は、八幡講の黒酒に数千人の氏子たちが集い、夏は、日田市八坂神社の除疫祭に山鉾が担がれる。秋になると宇佐神宮では「宮水祭り」の神事がある。それは出来秋の米で酒づくりが始まる事始の祭りでもあるが、地元銘醸家「民潮」には、河野八重吉権宮司の筆による宮水祭りの絵巻物が残っている。宮水祭りの伝統は、現在、民潮酒舗当主と銘酒「龍梅」の醸造元藤居商店に受け継がれている。一一月中旬、宇佐神宮神官三人が、宮水を汲んで豊後に下ってゆく風景は叙情的である。

大田村どぶろく祭・県無形民俗文化財

また、出来秋の収穫から仕込む酒の祭りには、全国でも珍しい白髭《しらひげ》神社の「どぶろく祭り」がある。頭屋行事といって県の無形民俗文化財に指定されているが、国の保存対象にされていて貴重である。

頭屋《とうや》というのは祭りが神社主導ではなく、地区の人たちの組織で運ばれる祭りのことだが、二地区八六戸の氏子たちが米を持ち寄り清水寺の水で仕込むという。杜氏は地元出身。できたにごり酒は一〇月一八日、一九日の祭りの日、参拝者にふるまうというユニークな祭りである。

どぶろく祭りが特異なのは、神社が酒造免許を持っていること。免許は明治三〇年一一月におろされているが、もう一〇〇年経つ。酒ができると税務署員が検定にきて酒税を徴収していくというから罪にならない。平成三年の検定量は四八〇リットル、約一〇万円の酒税を納めている。

酒をふるまう祭りは県南にもある。千歳《ちとせ》村柴山八幡社の「霜月祭り」である。別名「ひょうたん祭り」。祭りの主役が赤い狩衣を着て、長さ一メートルもある大わらじを履き、数十センチの瓢簞を頭に被る。なおかつ手には五、六リットルほど入る瓢簞を持って先導するのが呼び物になっている。主役の瓢簞さまがついでくれる酒をいただくと一年は無病息災という。豊かさと娯楽の少なかった農村に、ユーモアーと利益《りやく》を望んだ農民の知恵であろうか。

ユーモアーといえば湯布院塚原に「甘酒祭り」がある。またの名は「かかあ天下祭り」とも呼ぶ。一二月中旬、地区でつくった甘酒を神前に供えた後、座元で直会《なおらい》となるが、女衆を上座に座らせ、男衆が下働きを務める面白い祭りである。約四五〇年の伝統を持つという。女衆のほんのり頰を染める姿にも興味があるそうだ。

酒づくりの神秘。その過程の偶然性が神への信仰となっているが、祭りの型はどうであれ、その素朴さを失ってはならない大分の祭りと酒である。

（平成四年三月　大分の旅三〇号）

第四部——城のある風景

一　桜花爛漫　府内城

城には、桜がよく似合う。大分市の府内城の城址《しろあと》が見たくなり訪れた時、たまたま桜が満開、雨あがりでもあったし、堀端は、染めあげられたような美しさだった。これがツツジではきつすぎるし、モミジではさまにならないから妙である。

大分駅下車。真っすぐ中央通りを歩いて陸橋を右折すると、もう、城址の石垣と白壁と角櫓《すみやぐら》が見えてくる。今のメインストリートが昔の内堀りだったそうだが、つい、一〇年前まで電車が通っていた。時代の流れで、大分市は目まぐるしいほどの変わりようなのに、府内城だけは、位置も堀もそのまま。この、昔のままであるということが、現在の大分では、何物にも代え難いほど貴重なのだ。

府内城趾は公園になっていて、「大分城趾公園」と呼ばれている。調べてみると「大分城」なる呼称は、慶長二（一五九七）年、領主福原直高が、築城にかかった時以後、そう呼ばれていたが、記録がないにも拘らず、なぜか現在は「大分城趾公園」という。それこそ、「府内城趾公園」か、「荷揚城趾公園」、あるいは「白雉城趾公園」と呼ばれるべきなのに、いつの頃からか「大分城趾公園」となっている。歴史がねじまげられたようで淋しい気がしないでもない。

城には、栄枯盛衰がつきもののようである。府内の場合も、「荷揚城」、「白雉城」と変わったように、城主の転変ぶりは惻隠と、哀惜の情に事欠かない。豊後の覇者大友家が、四〇〇年の歴史の幕を閉じてからのち始ったのが府内城の歴史である。

大友屋形は、上野の台地に館があったわけだから、でも私は、大分の歴史を回顧する時、「もしも、あの時は?」の仮説をたててみる。関ヶ原の合戦で、もし西軍が勝っていたら、日本の歴史は、今までとはまったく逆であったろうし、するとどういうことなのである。そうすれば、豊後一国は大友家に安堵されていたであろうし、すると、大分市には、今の熊本市のように、大きな城趾が残っていたにちがいない。が、幸か不幸か、歴史の歯車は豊後を分割して、いずれの藩も二、三万石、いわば、金魚鉢のように小さく纏められてしまった。その中で、関ヶ原以前だが、福原直髙は一二万石を与えられて府内に封土されてきている。

以後、早川、竹中、日根野と城主が変わるごとに削られて、最後は、二万石そこそこの小藩に落ちぶれてしまった。でも、その割に城の構えが立派なのは、福原政髙一二万石時代の築城であるし、福原のバックに石田三成がついていて、いうなれば、福原直髙の運勢の一番強かった時に築城したからである。可愛がってくれた秀吉の死後、家康ににらまれて失脚。続いて早川長敏が杵築から入城したが、関ヶ原の合戦にまきこまれ、僅か一年で除国。その論功行賞に、豊後高田一万五〇〇〇石の小城主から、智将竹中重利がのりこんでくる。この時三万五〇〇〇石。四層の天守閣を完成させ、城下町を、外壕の中にもってきたのはこの人である。また、天守閣や、石垣の指図を加藤清正に仰いだというエピソードもこの時の話。

当時、二八の櫓が城下を睥睨《へいげい》していたというから、小藩の多い豊後の中では、やはり、群をぬいていたことは確かだろう。元禄七年、黒田藩の取材旅行でこの地に訪れた貝原益軒は、「城は町の東北の方にありて頗る大なり……町も頗る広し、万の売物備《みちた》れり」と『豊国紀行』に書いている。

竹中重利の子重義が、家督をついで、今のKDD事件のようにつまずいたのが長崎奉行の時だ。密貿易の罪を問われて切腹、断絶という筋書きは昔も今も変わらない。ただちに、日根野吉明を下野国壬生《みぶ》から迎えるが、運悪く世継ぎに恵まれず一代で断絶。この四代の間は、福原入府以来、僅か数十年でしかなかった。以後二〇〇年、維新までは文字通り大平。その治世を大給松平が預かったのである。

しかし、遠く四国、国東半島、由布、霊山が望まれたという天守閣が焼失したのはこの間の寛保二年で、その後天守閣の再建はならなかった。江戸城の天守閣が、明暦の大火で焼けおちた時、老中保科正之が「天守閣は無用の長物」といってその再建をあえてしなかったのも、時代が、すでに天守閣を必要としなかったからだろう。府内城が、それにならったかどうかは知らない。

でも、天守を欠く今の城趾も、落ちついた風情があって私は好きである。

（昭和五五年四月一九日　西日本新聞大分版）

二　中津城転変

　梅雨晴れのある日、中津城を訪ねた。角櫓《すみやぐら》を背にして五層の天守閣を昇ると、四周に展《ひら》ける眺望は佳絶であった。北を周防灘にとり、東は国東半島の山々に連らなる宇佐の連山をパノラミックにおさめ、南は八面山など、山国川水系の山脈は、雁股山、英彦山、求菩提山の英姿を右へ右へと移動させて、雄大な豊前平野の要の、この地に築城をくわだてた慧眼《けいがん》の士は、一体、誰だったのか、と思わず問いたくなるほどだった。

　その疑問はすぐとけた。天守閣を降りて、城郭の背面を流れる山国川の河口に立ち、丈余の石垣を見上げると、天守を支える石垣と、その右方、川岸沿いに築く石積みの石の大きさが、素人目に見ても、はっきり分かるほど、差が、違いすぎるのである。なぜか？　と思って前を見た。案内板があった。向って右側、すなわち、川に近い方の石積みは、黒田孝高築城の折、近辺にある古墳の石など、なるべく巨《おお》きな石を選んで積んだという。いわば、戦乱に備えての石積みなのだそうだ。左方、現天守台の石垣は、黒田の築いた石に比べ、子供のように可愛い。なるほど、細川忠興が入府したのは、関ヶ原合戦以後、すでに大勢は決していて、もう、大きな戦《いくさ》は考えられないはずだし、案内板にも、その石積みは平和な時代を象徴する旨《むね》記されてあった。太平は三〇〇年続く。その間、城主の変わること四たび。中津城の石垣は、その有為転変のはかなさを問わず語りに語っているのである。

黒田孝高は、豊臣秀吉の中国攻め以来、秀吉の参謀長として奇才を発揮してきた。九州攻めが終わった時、中津に封土された。孝高の功績から見て、大友義統の豊後一国安堵、小早川隆景の筑前一国ほかの論功行賞に比べて、いささか、選外佳作とされた感なきにしもあらずだが、孝高は、じっと辛抱した。そして、次の戦機に賭けるべく、中津の地から天下をにらむ時、山国川に臨む丸山の小丘こそ意に適《かな》う地だったのだ。

周防灘の海水がよせてくると河口に浮かぶように見える中津城が、「海城」と呼ばれたゆえんである。また、東南の隅を要にして、扇型につくられているので、「扇城」とも呼ばれるが、とくに、方位と、石とに配られた配慮の程は、当時、折あらば天下を狙う孝高の野心が、まだまだ、衰えてなかったことを証明する。

豊臣秀吉には、怖れる武将が二人いた。一人は、徳川家康であり、いま一人は、黒田孝高であった。そのことは、孝高自身よく承知していたのであろう遠慮して天守閣はつくらなかった。

また、秀吉が死んで二年後、関ヶ原の合戦では、孝高は徳川方につき、家康の度肝をぬくほど働きすぎた。恩賞は、筑前、筑後におよぶ五二万石を与えられて、大大名五指の一つに入った。従って、中津城は築城半ばのまま。続いて、丹後田辺城から、細川忠興父子が、豊前八郡と、速見、国東二郡あわせて三二万石（三九万九〇〇〇石の説もあり）を拝領して小倉城に入国した。その時、中津城は、支城として一子忠利の居城となった。元和六（一六二〇）年、忠興隠居して忠利と居城を交替。三斎と号するのはこの時である。

現在、残っている天守台の石積みは、その間に築かれたものだ。寛永九（一六三二）年、突然、肥後藩主加藤忠広の領地が没収され、あとへ、細川忠利が転出した。名家細川は三三年間中津にいたわけだ。細川候転封後、東九州要衝の関守は、やはり親藩でなくてはいけなかったのだろう。小笠原長次が播州竜野から八万石で封ぜられてきた。長次は、家康の曽孫忠脩《ただひろ》の嫡男という血筋であった。長次は、水道工事を完成させたり、善政をしいたが、二代、三代と太平になれ奢侈《しゃし》遊蕩《ゆうとう》に惰してゆくうち、財政逼迫し、七公三民という苛政を強いた。結局、代替りして二代目長邕《ながまさ》に世継ぎなく改易。享保二（一七一七）年丹後宮津から奥平昌成が一〇万石で移封されてきた。

奥平は、長篠の戦いで有名な長篠城主であった。天守閣に、鳥居強右衛門の掛軸が展示されているのはそのためである。以後、明治四年廃藩置県に至るまで、一五六年間、「最も繁昌した治世であった」と『中津歴史』に書かれている。でも、明治御一新の時、親藩であるにも拘らず、巧みな転進ぶりを示して他藩にさきがけて藩籍も奉還した。城にあった櫓二二棟もいち早く壊すほどの恭順ぶりだったという。城跡に残して新政府の政庁として使われていた建物は、明治一〇年西南の役の時、中津隊の焼きうちにあって一物もなくなった。

今ある天守閣と角櫓は、昭和三九年中津城最後の城主奥平昌邁の孫、昌信氏が建てたものである。

（昭和五五年六月二一日　西日本新聞大分版）

三　日出城・杵築城雨中紀行

私は、古城にひかれる。その城郭が、どんなに大きくても、また、小さくても、かつて城主の生きざま、死にざまが、栄枯の陰影を色濃くおとしておればおるほど、ロマンの世界にみちびかれる。府内城の転変もそうだったし、中津城の石塁も、私の目を捉えて離さなかった。その点、郷土には、熊本城や、姫路城のように、名城と銘うたれる城は少なく、一括して云々されるだけに、いささか、寂寥感をコンプレックスとして感じなくもない。

日出町にある日出城跡もその一つ。地元の人たち以外ほとんど知る人もないだろう。「城下がれい」が有名なので、「城下」というからには、たぶん、どこかにお城があったんだろうくらいの認識で、日出町を歩いてみると雰囲気が城下町風なので意外の感をいだくのである。城跡には、別府湾の西北の一隅、鹿鳴越《かなごえ》が裾をひろげる海に近い台上に今でも、歴史を実証する石塁が残っている。その湾上にまで続く崖上には、明治七年まで、三層の天守閣が建っていたそうだ。残っておれば、城は、別府湾の風光が、一望にのぞめる位置にあるので、正面に高崎山、左方に、佐賀関が遠望できたのに、と思うと、さすがに、その日の雨がにくらしかった。でも、足下をみると、長雨に倦《う》んだ夏草におおわれている石垣の一つひとつが、歴史を偲ばせてくれて、憐みをさそう感慨もまた一入であった。

杵築城

日出城は、別称を「暘《よう》谷城」というそうだ。藩制時代の、初代城主は、豊臣秀吉の甥っ子木下延俊と聞いて、ふと、奇異の念にとらわれた。というのは、遠戚まで根絶されたはず、なのになぜ、豊後のこの地に、木下延俊だけ生きのび得て封土されてきたのか。もちろん、関ヶ原合戦の時、木下延俊は、弟の小早川秀秋とともに徳川方についた。戦功として、一五年後に引火した大阪冬・夏の陣で、延俊は、兵五〇〇人を率いて大阪城を攻めた。戦国を生きぬくには、血を血でぬぐう生きざまを茶飯事とする生き方に躊躇していては、身がもたないのだろう。

その後日出藩に、秀頼の一子国松が、囲われるというロマンが生まれるが、その謎の真相は、

勘定場の坂

このあたりの心情に原点があるような気がした。また、日出町には大きな川がなく沃野《よくや》に恵まれなかったようだ。大がかりな農民の逃走があったのも宜《むべ》なしとしないが、立石藩五〇〇〇石に分封された延引に、国松の影と、豊臣の栄光を慕うロマンへの憧憬も、貧困ゆえに抱く願いだったのかもしれない。本丸跡に立つと、いろいろ思いがかけめぐる。城跡には小学校が建っているが、古城で学ぶ環境を私は羨ましいと思った。

昼には、名物の城下がれいを賞味した。終わって、雨の中を杵築城へと向かったが、途中、崖くずれで二一三号線が不通。杵築城跡には北の台から入っていった。今ある天守閣は、昭和三〇年代、天守閣ブームの余燼を拝して建てた鉄筋コンクリートの三層である。大友の配下木付頼直が、市の北辺にある竹ノ尾城から、八坂川河口の縁にそそりたつ台山に居を移して築城にかかった時、天守閣をつくったという記録など、もちろん、あるはずがない。木付氏滅亡後、杉原、細川、小笠原と変わっても、天守閣建造の確かな話を寡聞にして知らないが、天守内の展示品の中に、領内古図の復元写真があって、その中に天守閣らしきものが描かれているから、あるいはそれらしきものがあったのかもしれない。とにかく、雨、沛然《はいぜん》というありさまなので、天守の回廊からの展望は、ただ、天気がよければ眺望佳絶ならん、と想像をたくましくするだけであった。

眼下に、八坂川の流れは濁流を逆か巻かせていたが、なるほど入江から河口、そして数十メートルをこえる台地の上に建てられた城ならば、堅城と呼ぶに吝《やぶさ》かではない。天正一四年、島津勢が攻めてきた時、岡城と杵築城だけ落城しなかったというから、台山は、やはり要害の地なのであろう。別名「勝山城」とも呼ばれるのは、その戦《いくさ》に勝ったからだという。

寛永九年、細川のあとをうけて小笠原忠知が入封した。この時期、中津城、小倉城とも小笠原の一族で固めた。江戸から見て、北九州、中津、別府湾を結ぶ東九州の地は、戦略的に三つの重心を必要としたのであろう。忠知、島原の乱に出陣後、正保二年三河に転封、あとを、松平英親襲封して、松平の治世は幕末まで続いた。現在の城下町は、ほとんど松平氏時代につくられた町並だそうだが、武家屋敷が残っているというのでその道も通ってみた。昔のものが、そのままあるということは、そのこと自体、かけがえのない歴史的遺産であり、文化遺産である。日出の城下町もそうだったが、二つの城跡を比べてみる時、鉄筋の天守閣より、天守のない荒城に、より心をひかれるのはなぜであろうか。

（昭和五五年七月一九日　西日本新聞大分版）

四　所堅固の城　岡城

城は、雄藩ほど有名である。が、豊後竹田市の岡城は、小藩の割に名前が通っていて名声が高い。規模は小さいが天守閣のシルエットが芸術的だとか、郭が多くて文化史的に価値が

岡城の石垣

高いとかいうのならまだしも、「荒城」なるがゆえに高名なのが岡城らしくていい。いうまでもなく、滝廉太郎の名曲「荒城の月」のメロディに負うところ大なのであろうが、その荒廃ぶりが詩的なので、曲にふさわしい人気があるのだろう。確かに、天守閣が聳えているわけでなし、詩にうたわれている月見櫓が残っているわけではない。あるのは石垣だけ。石塁だけでこれほど人口に膾炙《かいしゃ》されている城跡も珍しい。

　この荒城が、かつて史上に名を残す堅城だったときく。天正十四（一五八六）年、岡城一七代城主志賀親次《ちかよし》が、攻めてきた島津の軍勢に取り囲まれ、二度まで危機に直面しながら見事に撃退。しかも、五〇〇人を越える死傷者と、損害を与えて、豊臣秀吉の目のとまるところとなり、四回も感状をもらっている。さらに、天正一七年、新年の賀詞言上のために、大友義統、田原親賢、志賀親次と、三人うちそろって上京、聚楽第を訪れた時、豊臣秀吉は、親次のみ招き入れて、重臣の居並ぶ前で、「戦《いくさ》とは、親次の如くするものじゃ」と褒めたというから、弱冠二四歳、親次の強将ぶりもさることながら、岡城の、要害としての堅固さはどこからきているのか。

話だけでなく、やはり、この目でそれを確かめたくなった。で、岡の台地に立ってみたが、凡庸の目には、岡城の秀抜性など見抜けるはずもない。ただ、城の北と、南に流れる稲葉川と白滝川に囲まれて、あたかもそこだけ岩盤が盛り上がったかのようになっている数十丈の台地。しかも、四面絶壁のビュート上に城郭が築かれているので、素人目にも頷けるはず。なお、「大野川発見の旅」という文化映画を見ていると、空中撮影した映画の岡城のカットは、深い谷と、断崖のすごさが眼下に俯瞰されているから、軍学者のいう「所堅固の城」とは、こういう城のことをいうのか、と思わず溜息が出るほどである。

そもそも、こんな天然の要害の地を選んだ武将は、一体、誰だったのか。緒方惟栄《これよし》である。源平の時、頼朝と不和になった源義経を九州に迎えんとして、選んだのがこの地だったという。やがて、惟栄は、宇佐神宮を焼きうちして罪におち流刑、変わって、志賀氏が入封する。以後、志賀時代二百数十年、主君大友義統の朝鮮の役での失策による除封に、一族の親次も連座して改易。岡城は、中川秀成に明け渡される運命となる。で、一つのロマンを想定するのだが、智、勇、剛と、三拍子そろった親次が、もし、あのまま、岡城の城主でいたら、竹田はどうなっていただろうか、という仮説をたててみたくなることである。

一六歳でキリスト数受洗。キリシタン武将として戦国を生きていく絶頂の時代、例の、豊臣秀吉に謁見《えっけん》の時には、その前の年、禁教令が出ていたにもかかわらず、胸にロザリオをかけて拝謁《はいえつ》したというから、とても、なみの武将のよくできることではない。それに比べると、同じキリシタン大名でも、大友義統は、禁教令が出たとたんに棄教、秀吉の前ではクルスを観音像につけかえて出ていったというから、二人の武将としての資質がおのずから分かろうというもの。親次を失ったことは、竹田にとっては、やはり、惜しい気がする。また、親次は熱心なクリスチャンだったためか、その影響を受けた領民も多く、現在、竹田市に「隠れキリシタン」の遺跡が多いのはそのためである。

文禄三（一五九四）年、播州三木城から、これも朝鮮の役でエラーした中川秀政の弟秀成が、一三万五〇〇〇石から、七万四〇〇〇石の岡藩に左遷されてくるから、武将稼業も楽じゃない。その時、秀吉は、秀成には三木城のかわりに、淡路の洲本と、伊予の宇和島と、この岡城の三つを示して、「そのうちどれがいいか」といったという。秀成が、岡城を選んだのも、堅城としての岡城に、格下げされた無念さの憂《う》さをはらしたかったからかもしれない。

中川氏入封後、城郭は、親次時代の倍にふくらみ、西の方へと拡大され、天守閣も建ち、城下町も整えられて、中川家一二代の基礎が固められた。天守閣は明和六（一七六九）年、久貞の時代、地震で石垣とともに毀《こわ》れたが、安永三（一七七四）年、復旧された。しかし、藩籍奉還の時、勤王の藩士小河一敏の意見で他藩にさきがけて毀されている。その後、天守の再建はないが、岡城は、天守がないからこそ岡城趾なのである。いつまでもこのままでいてほしいと思った。

五　石畳に潮騒をきく

（昭和五五年八月一六日　西日本新聞大分版）

玖珠町の角埋《つのむれ》山麓にある三島神社は、別名、末広神社ともいうが、この社《やしろ》が、城郭づくりになっていることを知っている人は意外に少ない。私もいつか、土地の人に、末広神社は、久留島侯の館だったね、城郭づくりじゃないんですか？　と訊ねたら、そうですか？　と、怪訝《けげん》な顔が返ってきた。いつの場合でも、土地の大事なことを尋ねると、どこの町でも、案外、正確に答えてくれる人のいないのは、岡城の空井戸の場合でもそうだった。とくに近頃では、太平洋戦争のことでさえ忘れてゆくものが多いから、まして二〇〇年も、三〇〇年も昔のことになると、いくら、地元の人たちでも知らないことの方が当たり前なのかもしれない。

玖珠町の末広神社の境内は、末広山という角埋山の山裾に当たる小さな丘陵の中にあるが、この辺りに石壘があって城郭の体裁をなしているということを聞いたのは、郷土史家の江藤一可先生からだった。いつだったか、冬の霙《みぞれ》のふる寒い日、先生のお宅で、熱いうどんをすすりながら、末広神社築壘の話をうかがった時、私は、寒さを忘れて感動さえおぼえたものだった。

確かに、四段構え、五段構え、さらに西北の角埋山に続く石壘と陣屋の構築の仕方といい、石の積み方は、東側の「日月の技法」という珍しい積み方をしていて、どの石壘一つとってもみても、「これがお宮でございます」というには、あまりにも、体裁が城郭づくりすぎていた。

社であるはずの末広神社を、なぜ、誰が見ても城郭づくりと分かるようなつくり方をしてしまったのか。

豊後森藩といえば、豊後八藩の中では、最も小さな城持ちではないか。僅か、一万四〇〇〇石で封土されてきた久留島康親という侍大将の出自は、瀬戸内の海賊で、河野水軍の一族ときくが、もともと、内海の暴れん坊だったのであろう。運が向かず、関ヶ原の戦いでは西軍についた。当然、除封になるところ、何の縁でか本多佐渡守のとりなし、九州僻遠の、この玖珠の地に、まるで佐渡守の顔を立ててやったかのように、安堵されてきたわけだ。

久留島が、まして外様とあっては、生きのびてきたのが不思議である。だから、「お情けには応じよう、だが、城郭づくりなどもってのほかだぞ」というのが、戦国の覇者徳川のポリシーであったらしい。悲しいかな八藩の中、城のないのは森藩だけなのだ。

森藩は、三〇〇諸侯のうち、尻から数えて六八番目だった。何かにつけて肩身のせまい思いを強《し》いられたであろう。でもなぜか、五代光通、六代通祐、八代通嘉と三人の殿さまが幕政の大番頭に重用されている。七代通用は早世したので、役職につく暇がなかったが、森藩が、小藩にしては、歴代幕府から登用される人材の出たことは、何かいわれがあってのことであろう。

時代が下って化政時代、時あたかも高度成長期であった。幕府を始め、諸侯に至るまで万事が派手にふるまわれる時代だった。東海道往還の途上、どこを通過しても、天守閣や城郭のない国持ちなんて、ない方が珍しいくらい。殊に、進取の気性に富み、血の気の多かった通嘉公が、末広山を、偽装してでも格好よくしようと企んだのは、当今、家をモダンリビングにしようとしているのとよく似ている。

通春の時、ゆえあって一万二五〇〇石に減ってはいるが鶴見から採れるミョウバンや、日出生台に移植した朝鮮人参の栽培などで蓄積される富は、通嘉公の積極性に拍車がかかったにちがいない。形こそ、敬神崇祖を旨とする末広神社ではあるが、末広山の小丘は石塁で築く砦となった。高さ数メートルに及ぶ石塁の積み方は、まごうかたなく、角をノミで刻んだ「打ち込みハギ」である。石も、足りない分は他国から運ばせたという。しかも四、五トンをこす巨石は、一日に四、五メートルくらいしか動かせなかったというから、財政方や工事方の苦労は推して知るべし。それを強行させた通嘉公は、それだけ、主君らしい気位の持主だったのだろう。

前述したように、久留島家は、もともと、瀬戸内の海賊。それが、運悪く関ヶ原の賭けに負けたため、陸に上がった河童のように、玖珠の山奥に閉じこめられてしまったわけだから、歴代の久留島藩主たちの体内の中には、憤懣《ふんまん》の血が煮えたぎっていたのかもしれない。ということは、八代通嘉公の時代になって、一族の血が、一気に噴出したとはいえないだろうか。

海賊に特有な細心と豪放さが、逆巻く血をおさえがたく、塁に芝草をはわせるというカムフラージュまで、あえて施してまでしても、築城にかける執念をもやしたのかもしれない。
今、塁上に立って、巨杉の群れから降るような蟬の声を聞いていると、それは、遠くに望む九重の山々を、また栖鳳楼の石庭を、大岩扇、小岩扇、あるいは、万年山の台上をはるかにこえて、遠くに騒ぐ潮騒の音に似ているから不思議であった。

（昭和五五年九月二〇日　西日本新聞大分版）

六　臼杵城玄想

太平洋戦争中のことである。新派の名女優だった故水谷八重子が、「小太刀を使う女」という芝居を演《や》った。また同名の映画にも主演したことがあった。当時、女優として絶頂期を迎えていた八重子の美しさは、誇張が抑えて演技されていたので、少年の私は、八重子の控えめな美しさに魅了されるし、しかも「小太刀を使う女」が、臼杵美人を主人公にした物語だっただけに、臼杵の女たちは、みんな、八重子のように綺麗なのか、と錯覚したものである。

劇のストーリーは、西南戦争の時、政府軍についた旧臼杵藩士や婦女子たちが、精鋭を誇る薩摩軍を迎えて、臼杵の城下町を守る話である。その、女主人公の「律」に八重子が扮して、薩摩軍に立ち向かい、健気にも、小太刀を使って奮戦するヒロインの勁《つよ》い美しさが、三〇数年前の、白黒映画ではあったが、少年の私の瞼にやきついていて、臼杵城と城下町、そして、もし臼杵美人という名の美女たちが、八重子の演じる「律」の勁さと婀《たお》やかさをもっているならば、一度、といわず訪れてみたいと思っていたものだ。その後、「小太刀を使う女」は、昭和三六年にも、京マチ子の「律」でつくられているから、この臼杵女は、役者にとって、よほど、魅力的な役柄なのであろう。

その臼杵城、あるいは、丹生島城といった方が、歴史好きの人たちには通りがいいようだが、これは大友義鎮が、府内の館を、妻と息子の長寿丸（義統）にまかせて、府内から数十キロ離れているこの地に、城壁を構えたからである。人は、府内を長寿丸にまかせたというが、この時、長寿丸は、数え年五歳。義鎮も、禅僧怡《い》（惟）雲和尚の手で薙髪して宗麟と名のったばかり。三三歳であった。よほど胸中に、期するものか、身近に動揺のきざしがみえたからだろう。

時代は、あたかも下剋上の真っ最中。豊前、豊後、筑前、筑後、肥前、肥後の六か国の守護で、南蛮人からは豊後王と呼ばれ、足利将軍家の相伴衆五人のうちの一人に加えられるほどであったから、その勢威と名望は全国的なもの。だが、海を隔てて、中国を制覇してきた毛利元就の運勢には、金を溶かす火焔の強さがあった。「たかが、地頭上がりが」と小バカにしたいい方は許されない。しかも、門司城は毛利軍にとられている。永禄年間という時代は、そういう厳しさがあったが、大友家にとって、門司城の毛利は、のどにささった骨だった。そこを拠点に、いつ毛利が島津と呼応して宗麟を挟み撃ちにするか分からない。まだ、織田信長は、美濃一国だけの主だったし、豊臣秀吉などは蛹《さなぎ》のような存在だったが、そんな時、京に上るには四国路を征くのが、最も近道、史書は語らないが、三三歳の宗麟としては、あるいは、その道に一番近い豊予海峡の臼杵の丹生島こそ、守るによし、攻め上るにも絶好の場所だとは考えてみなかっただろうか。

その頃の丹生島は、臼杵七島の一つで、四方海、陸地とは、一つでつながるという海城であった。宗麟は、そこに本丸を築き、部下や町人を招き、南蛮船も出入りさせて府内につぐ町づくりが始まったのである。最盛期の人口が六万人前後だったというから、今より栄えていたわけだ。

そんな臼杵を訪れたのは、旧臘《きゅうろう》、雨のそぼ降る日であった。どうも、私の城下町探訪になると、いつも雨にたたられて感興が半減してしまうが、宗麟逝きて三九六年。大友家滅亡のあと、入封した福原直高も、どちらかというと戦国の余波にさらわれて悲劇に終わった。そして、大田一吉が藩主としてやってきた。が、これも、大友、福原時代の敗戦処理が片付かぬうちに関ヶ原戦に巻きこまれて除封。本格的に入封してきたのは、美濃郡上八幡から移封してきた稲葉貞通である。以後、藩籍奉還の時まで一五代。現在の臼杵の城下町は、その間に完成されたものである。

臼杵城のあった丹生島を見てみると、物語の素材として、「小太刀を使う女」や、宗麟時代の波瀾に富んだ時代の動きや、今、ベストセラーになっている『将軍』のネタ元になっている臼杵の往時が目にとまるが、それ以外では、天保の改革をなしとげた一一代雍通《てるみち》の時代をあげたい。

農業経済が唯一の基盤でなりたっていた徳川期は、どの藩でも、商業革命の波がひたひたと押しよせてきつつあった時代の潮騒の音に気がつかなかった。長年にわたる参勤交替の出費に加えて、江戸と国元との二重生活。さらに打ち続く飢饉、勅使接待役、課役などなど、出費は金利を産み、五万石の石高の小藩が、この頃になると二六万石という厖大な借財の重荷にあえいでいたから、会社でいえば倒産したにも等しいわけだ。その経営不振をデフレ政策で乗り切ったのが、四〇〇石とりの村瀬兵衛通吉であった。彼の経営手腕は、現代の石油ショックによる企業の減量経営の見本のようなものであるが、諸事にわたって厳しさを要求した政策は、きっと藩士や町民、農民の怨嗟のまとになったことだろう。

今の臼杵城跡には、二つ、三つの櫓、それも綻びかけたものしか残ってなくて、昔を偲ぶよすがにとぼしい。それより、これほどの歴史をもっていた臼杵城跡にきてみて、何の情趣も哀愁もわかなかったのは、必ずしも雨のせいばかりではないような気がした。

（昭和五六年一月一〇日　西日本新聞大分版）

七　冬の佐伯城址

国木田独歩には、佐伯市を舞台にした小説やエッセーが数篇ある。その中で、『源叔父』や『春の鳥』は、なぜか、もの悲しく、また結末も悲劇的である。佐伯の城下町、中でも、そのシンボルである城山をこよなく愛していたという独歩の意識の底には、どうして哀切さが低音となって鳴り響いているのか。とくに精薄児の死を扱った『春の鳥』は、一つのメルヘンにもなっていると思うが、白痴なるがゆえに、自分も、鳥のように空を飛べると錯覚して、あの鶴谷城址の天守台の石垣から鳥のように飛び立って墜死してしまうという最後の余韻。独歩の眼には、城山は、それほど、寂しい城址として映っていたのであろうか。

私はいつか機会があったら、『春の鳥』の主人公六さんが跳躍台にしたという城山の天守台の跡を訪れてみたいと思っていた。これまで、私が城址を訪問する時は、いつも雨だった。ところがどうしたことか、今度は割と、いい天気に恵まれた。この分なら、佐伯市民会館の建っている城山の麓から、標高一四四メートルあるという頂上の天守台には、楽に登れるであろうし、そこからの眺望も、運がよければ四国、あるいは南の方、傾山まで見えるだろう、と期待に胸をふくらませて出発した。大分県といっても県北に住んでいる私たちは、同じ県内だとはいえ、県南の都市には遠い。だから、これまで佐伯を訪れたのも三、四回ぐらいだし、所要時間にしても、私のところから四時間ぐらいかかるほどなので、ちょっとした旅行気分にひたれる。妙といえばおかしいぐらい妙である。

佐伯市は南に、百数十キロ下るだけあって、山陰型気候の影響の強い県北と違い、さすがに暖かかった。第一、山の色、川の色、海の色からして、冬の県北に見られる鈍《にび》色と異って、柔かい明るさが漂っている。しかも、嬉しいことに城山は、冬というのに緑が濃かった。暖帯緑照葉樹の生い茂った山を私は羨ましい気持ちで眺めた。

お目当ての鶴谷城は、この城山に築城された山城をさしていうのである。三の丸門が、わずかに往時を偲ばせるが、城山の麓に、独歩のエッセー『豊後の国佐伯』城山の一章から抜萃した文学碑が建っていた。

「佐伯の春先づ城山に来り、夏先づ城山に来り、秋又早く城山に来り、冬はうそ寒き風の音を先づ城山の林にきく也。城山寂たる時、佐伯寂たり、城山鳴る時、佐伯鳴る。佐伯は城山のものなればなり」

例の有名な一文が深く刻まれていたが、わずか二万石の城下町佐伯は、独歩の名文で不滅になった、と私は思う。

天守台跡に登るには、山の麓に三つのコースが示されてあるが、私は真ん中の道を選んだ。クロキが青ぐろく茂り、大きなシダの葉先が、石垣や山肌の間に緑をそえている。頂上までは、約二十分で辿り着けた。なるほど、眺望佳絶。しかも山城にふさわしく山険である。西の丸、二の丸、本丸、さらに北の丸と、天守のあった本丸を首に、まるで鶴が羽を拡げたような佇まいに、じっと眼を瞑っていると、往時の様子が幻のように浮かんでくる。

いわゆる佐伯城、別名鶴谷城は、今から三〇〇年前、初代毛利高政が、関ヶ原後、日田から移封されてきて、栂牟礼《とがむれ》城から、この八幡山の地に築城したのである。築城にかかった日数に二説あるが、慶長七年着工、同一一年完成というのが妥当のようである。いずれにしても、戦国末期を生きぬいた毛利高政が築く、山城の典型である。西の丸や、二の丸から、本丸の石垣跡を見る角度には、荒城に特有のあわれさがあって、竹田の岡城の風情を思い出させてくれた。天守台の石垣は、野面積みで、硬砂岩だそうだが、城山の自然石をそのまま利用して、なお足りない石は、平地から運びあげたものだそうだ。

因みに、天守閣は三層だったという。あいにく傾山と四国は、かすんで見えなかったが、鶴見崎や灘山、それに番匠川、佐伯湾に浮かぶ島々、そして彦岳など佐伯を囲む山々は、手にとるように鮮やかに見えて、独歩が愛惜してやまなかった理由が分かるような気がした。それにしても、独歩は石垣から、どうして『春の鳥』の哀切な発想が浮かんだのか。青い海の佐伯湾を彩る島々から、どうして、『源叔父』の悲しい筋ができたのか。

明治二六年七月から、僅か一一か月しかいなかった独歩なのに、当時の独歩が逸速く近代を、また原罪を意識しての悩める眼から城山を眺めていたとすれば、佐伯人の、いつかしらぬ間に形成されてしまっていた小藩意識という心のひずみが、独歩の意識のひだに哀しみとなって、しみついたのかもしれない。


（昭和五六年二月二一日　西日本新聞大分版）

八　高田城残影

私が、豊後高田市の高田城址に興味をひかれるようになったのは、「別冊文藝春秋」に発表された石川淳の小説「算所の熊五郎」を読んだ時からである。昭和三一年だからかれこれもう二〇数年になる。

「豊後高田は邊陬《へんすう》の地である。算所はさらに僻村である。そこの田舎芝居の役者の名が世に聞こえないのは当然だろう」という序節から「豊後国は、鎌倉より桃山に至るまで、およそ三百数十年、大友の拠るところであった。鎌倉のはじめ、高田重定は、大友能直より国東郡高田の邑をさづけられ、芝崎に城をきづいてこれを高田城と名づけた。城廓すでになく、今日わづかにその跡をとどめる」

旧かなづかいを固執しているところはいかにも石川淳らしい。物語はさらに、

「文禄二年（一五九三）豊臣秀吉大友氏を亡ぼして、高田の地は竹中重隆を封じた。のち慶長六年、関ヶ原のいくさをはって、徳川家康は重隆を府内（大分）に移封した。そして、高田は主をなくしてのこされた。それより三十余年後寛永十六年豊前竜王城松平重直は江戸幕府に請うて高田の地の荒れたるを修め、ここに移り住むこと数年、また他に移封された。地はふたたび主をうしなった」

なお、小説の主人公「算所の熊五郎」は、慶応三年正月三日に没、と記してあるから、熊五郎の活躍した時代は幕末、すでに、二〇〇年前島原藩の飛地になっていたわけだ。だから、熊五郎は、国東一帯、あるいは御前座の行者として島原でも人気が高かったようである、豊後高田では現在でも「算所」という地名は残っているし、また、でしゃばりのことを「算所の熊五郎ンごたる。出らん幕がねえから」と、今でも日常言葉に使われているが、算所の役者衆の生活や組織がどのようなものであったか、それらに精しい人に出くわさないので知る由もないが、ただ、「算所」という土地が「高田城造營のとき、按づるにおそらく慶長三年竹中重隆に依る城壘増築のとき勘定方が住んだところであるという」とも推理しているところから見ると、城廓に近い場所にあるに違いないと私は思って高田城址を訪ねる気になった。

竹中重隆というのは、豊臣秀吉の参謀として有名だった竹中半兵衛の息子である。半兵衛は三六歳で他界した。その時、重隆は一六歳だった。文禄の役で失敗した大友氏が滅びたあと、逆にその功で高田の地に一万五〇〇〇石で入封してきたのが、実は、青年重隆なのだ。で、高田城の築城にかかったが、八年間いて、関ヶ原の合戦となり、東軍についた重隆は、功をかわれて府内に移封された。周防灘を西に、南は三〇メートルの断崖、すぐ下に桂川が流れている。東北は台地になっているが、城山を西端に、海からの護りには、まずまずの砦になるとして、高田城の築城にかかったものと思われる。もっとも、高田城のこの地には、重隆より四〇〇年前、一一九七（建久三）年、大友氏についてきた高田掃部助重定が、この城山のある芝崎の地に館を定めていると『豊後史蹟考』にも書かれてあるので、やはり、中世には要衝の地であったのだろう。

高田の館を竹中重隆が増築するようになった時の城の規模は、東南三〇〇メートル余、南北三〇〇メートル弱というから、ほぼ正方形。一万五〇〇〇石の平城としてはまずまずの構えであろう。重隆は、もっぱら築城につとめたらしいが、府内移封後は廃城同様となった。それから三〇数年後に、宇佐郡の竜王城にいた松平垂直が入封してくるが、すでに、城跡のいたみがひどく、垂直は、幕府に請うて修復につとめた。が、重直また移封されたため、城はふたたび主を失ってしまった。そして、二〇数年後の寛永九（一六六九）年、どうしたわけか、島原藩の飛地として、島原領に編入されてしまう。以後維新まで、島原藩の体制下におかれる。そんな高田城転変を思う時、なぜか、もの哀しさにさそわれてくる。

今、城址といってもそれらしい風情はきわめて乏しい。桟橋を渡ると正面の石段と石塁が、僅かに城址の面影を偲ばせてはくれるがそれも、重隆時代のものか、島原藩の陣屋になってからのものなのか定かではない。石段を登ると県事務所があり、さらに小学校が北隣に建つ。昔の本丸跡だそうだ、小学校の正門を入ると、すぐわきに「是より東南島原領」の石碑が立っている。島原領になってから代官所が置かれ、陣屋として使われていた名残りである。その先に内濠があり、さらに追手口を歩いてゆくと、外濠につきあたる。今は中の通りといって、切通しの県道に中断されている。木が茂っているので、いくらかは、昔の跡がしのばれるが、ゴミと老廃物の捨て場さながらになっているのは、腐乱した高田市政を象徴しているようで、石川淳がきたら、さぞや、嘆き悲しむに違いないと思った。

それにしても高田城が、早くから主を亡くしたのは、城が城砦としての役目を果たしてしまったからだろうし、それは、「算所」が栄えるほどのどかであり、高田の人たちが、文化的だったからかもしれない。

（昭和五六年三月二一日　西日本新聞大分版）

第五部——神社仏閣と史跡の旅

一　無限の境地へ　補陀落山清水寺

新春、といえば初詣で。昔から変わらぬ日本人の美風である。今年もまた、宇佐神宮では除夜の鐘が撞《つ》かれると西大門が開き、昔流にいえば宇佐郡三六か村の氏子たちは、その年の五穀豊穣を祈り、そして息災、今風にいえば交通安全、いやネズミ捕りにかからぬ幸運？を願う輩もいるかもしれないが、とにかく、開門時のなだれこみは凄い。

宇佐八幡は過去三度の災難にあっている。とはいえ、いつの時代でも伊勢神宮と並ぶ二所宗廟《そうびょう》。歴史の古さ、規模の大きさ、どこから押しても西の大廟なのである。この僻遠の地で年間二百数十万人の参詣者は問わず語りに社格を象徴するが、宇佐周辺にはそのほか、霊場、聖地がケタはずれに多い。中でも和気清麻呂に神託を授けた大尾山の大尾神社は、本殿に東面する山上にあり新春早々歴史散策するには最適。でも、荒れ方がはげしく参拝する人がないので、逆に寂寥感一入《ひとしお》の情緒をさそう。

もちろん、お正月だから宇佐の三殿に拍手をうち御神酒を受けて三社詣でに出かけるのもいい。周辺には数えきれないほどの末社が鎮座するが、少し足をのばすと中津市の薦《こも》八幡社や、豊前市にある嘯吹《うそぶき》八幡は、篝火《かがりび》の中、夜っぴいて神楽が奉納される。とくに薦八幡のアメ湯、嘯吹八幡のにごり酒は腸《はらわた》に沁み何となく年越しの気分にさせられるから不思議である。

日頃はともかく、正月は、神仏に願かけ巡りするのが流行となった戦後だ。八幡さまに願をかけた後、天気に恵まれれば、私は、宇佐市長峰地区にある「清水寺《せいすいじ》」参拝をおすすめしたい。汚されてないと、どっと押しかけるのが当世観客気質らしい。実は、そっとしておきたいのであるが、「観《ミ》ックス」欄なのであえてご案内することにしよう。

　長峰といえば歴史の古い村。近代では小説家横光利一の出身地といった方が分かりが早い。宇佐神宮から若干北よりの山沿いになるが、清水地区の丘陵沿いに寺は建っている。宇佐神宮参拝を終え、一〇号線を北上、二〇分も走ると中津市との境界にさしかかる。道路わきに緑色の立札があり「清水寺2キロ」という文字が白ヌキされているので見落とすことはまずないはず。左折して、工事中の北大バイパスを横切り、また農道に出ると、やがて古びた石の門

清水寺

柱が目につく。「補陀落山清水寺」と陰刻されている。

補陀落山といえば観音さまの浄土だ。案の定、寺のご本尊は千手観音だった。道は、クルマ一台やっと。両脇はくぼんだ麦畑で、鄙《ひな》びとはこういう風情をいうのだろう。正面目いっぱいになだらかな山陵がうねっている。門柱から山門が目に入るので清水寺はすぐ分かる。山門をくぐり本堂の前庭をぬけると「乳《ち》ノ水《みず》観音」と呼ばれる石彫の観音があった。そこでは、清水が涸れることなく湧出していて、不思議なのはその量が一定していることだそうだ。文殊仙寺の知恵の水にしろ、霊水というのは不思議なことが多い。だからご利益があるのかもしれない。

「乳ノ水観音」から石段を上がると平重盛の家来、あの「一谷嫩軍記《いちのたにわかばぐんき》」の宗清《むねきよ》が主命を奉じて京都清水寺《きよみずでら》の千手観音を勧請したというご本尊が、福寿海と書かれたお堂の中に立っている。明治に入って多くの村々の仏像が失敗したように、ここの千手さんも、一部、色が塗られているのが惜しい。造顕は室町末期と推定されている。どこか大田村宝陀《だん》寺の千手千眼観音に面影が似ていた。

さらに石段を上ると三三観音の石像が揃っている。筑紫三三観音の二番だった。それにしても参拝客をついぞ見かけない。それだけに朽葉の落ちる音が聞こえて、佇んでいると無限の境地に誘ってくれる。国東の寺々の俗化した当今、貴重なお寺となった。

（昭和六一年　ミックス一月号）

二　漂う藩邸ムード　高寿山願行禅寺

再びお寺で恐縮です。今回は大分市中戸次にある高寿山願行禅寺にお参りした。お寺といえば、大分県内で隠れている個性的な場所といえば、どうしても寺院に足が向く。

分県は「豊後仏国」といわれるほどの仏国土。耶馬渓の羅漢寺から臼杵の石仏、あるいは奥豊後の磨崖仏を巡拝してゆくと、とても一週間や一〇日間では事足りない。しかし、わざわざ願行禅寺を訪ねたのは、この臨済宗妙心寺派の禅寺の本堂に、旧臼杵藩稲葉公藩邸の大広間が移築されていると聞いたからである。

臼杵藩は五万石。大分県では中津、竹田につぐ大名だ。稲葉氏は、野上弥生子先生の『迷路』に出てくる阿藤子爵のモデルなので、よけい興味が引かれるが、旧臼杵城址には、門櫓と畳櫓しか残ってないので、昔の建築物の一部がこんな形で命脈を保っていると聞けば気をそそられること一入なのである。

●過去に二度も大火に

訪れたのは昨年暮れ。早すぎる寒波に襲われ、零下を割る寒い日だった。寺の住職入不二信義和尚には、約束した日以外、なかなかお目にかかれないとか。シャツを重ねて出かけていった。国道一〇号線を下り、白滝橋を渡って旧道に入る。横江山を眼の前に見て町並を抜けると願行禅寺はすぐ分かった。参道の敷石をはさんで並んだメジロヒバも震え上がっていたし、寒さも覚悟していたら和尚さんは、私のために書院をあたためてくれていた。

禅寺の開基は不明。というのは天正一四年、残念ながら、あの戸次川の合戦の時、寺は焼かれ縁起も焼失していたからである。創建は、たぶん室町末期だろうというのが入不二和尚の推論だったが、やがて、仁山和尚が中興。この人は、大友、島津両軍の累々と重なった屍を葬った方というから、やはり、奇特な禅僧なのである。

そんな話を伺ううちに目を鴨居に向けると田能村竹田の「願行寺真景図」が視線にとまった。幅六〇センチ足らずの小さな山水画だ。でも幕末の願行禅寺の様子がうかがえる代物だった。「同じ絵がもう一つあるので、どちらかが贋物です」と和尚さんは笑っていたが、この寺は、明治二年にも大火に見舞われているので、歴史の古い割には寺宝になる仏像が少ない。しかし、大火のおかげで大広間が頂戴できたわけである。その間の事情を詳しく知りたいと思ったが次の機会にした。

●見事な本堂の構え

本堂は案の定、見事な構えだった。一〇〇畳をこえる広さ、柱の一本一本、欄間の形の大らかさ、そして須弥壇……。どう見ても多くの禅寺と比べて一味違う。面白いのは、須弥壇の部分（九メートル）が、その昔、殿さまのご座所だった由。臼杵城は、慶長の初め福原直高が築城しているから、あるいは、その頃の物？　など遠い昔に想いを馳せた。廊下には駕《か》龍《ご》が一丁下がっていた。これも稲葉公拝領のものだそうで、先代はこの駕龍にのって壇家に出かけていたのだそうだ。

本堂には、正面の障子戸を隔てて幅広い廊下がある。これは下級武士の控えの間だった由。臼杵城時代、大広間には上級武士しか入れなかったらしい。須弥壇の左には上関の間があって毘沙門天が祀られている。そのほか、お顔のいい渡来の観音仏もあり、二度の火難に遭遇している割には拝観するものが残っている。

境内には、明治の大火にも焼け残った山門、鐘楼、経蔵、それに石彫の三三観音などあり、書院の北は枯淡な泉水が築庭中だった。完成すれば春は絶好の景観を誘うだろう。夏もまたよしで、昼、夜ともにしのぎやすく一匹の蚊もいないとの話だった。

（昭和六一年　ミックス二月号）

三　寅さんが惚れ込んだ臼杵の福良天満宮

臼杵市は恵まれた町である。海あり山あり、川、段丘。観光地としては可能性の条件に溢れている。それに、日本一の石仏群。なお歴史的遺産になり得る城下町の家並など、市の観光課から発行されているパンフレットをめくっても、産物は、一村一品どころか、フクから椎茸まで含めると数十品をこえること確実。その上、文豪野上弥生子の生家が保存されていると聞けば、『迷路』を読む人は「主人公省三」への思いが募るであろう。したがって、ない物を探す方が難しい。強いて探せば温泉ということになるか。

●魅せられた山田監督

この町は、市の観光課がしっかりしているので、観光品は網の目をたぐるように紹介され尽している。変に斜にかまえると二番煎じに堕してしまう。もちろんマスコミで、石仏群の紹介されてきた度数は数えきれないし、そのほか松竹映画「寅さん」も一〇何回目にやってきた。以来、監督の山田洋次氏は臼杵市のファンになっている。

ファンといえば大分県には隠れたファンがいて湯布院、宇佐、国東、日田、別府、竹田など、各分野で高名な方たちが、よくフラッと来県する。臼杵では、山田氏がその中の一人になっている。

臼杵は、臼杵城址、深田の石仏、町並などなどと、町そのものが観光品であるだけに、未紹介の場所を発掘するのに、まず困る。だから今回は、「寅さん」の山田氏が気に召したという平清水の「福良天満宮」の境内から臼杵の町並を俯瞰することにした。

天満宮は、一〇号線から分かれ臼杵へのバス路線をゆくと二〇分足らずで平清水に着く。クルマの寄りつきの悪いのが難点だが、右側、平清水の台地のとっかかりに天満宮の鳥居が建っているのですぐ分かる。石段を直角に二、三度上りながら曲がると境内が開けている。

その中央に、大きなしめ縄をかけている社が天満宮だ。

●梅が似合う境内

天神さまは、梅がよく似合う。鰐口《わにぐち》をたたいて左に歩き、手摺りにもたれて眺める臼杵の町並は実にいい。「甍《いらか》の波」という表現を使ってもサマになる風景が眼下にあるからだ。また臼杵は寺の町ともいわれているから、左から見て大橋寺、その右に三重塔で有名な竜原寺など、町並を圧する伽藍《がらん》の屋根が名所図絵を見るように懐しいが、今の日本でこれだけの瓦屋根を俯瞰できる町は、そうざらにはないと思う。

「雨の日はとくにいいですね」と市の藤原一弘さんが説明してくれた。

天満宮からの眺望だと北を望む町並だけだが、臼杵城址に立つと南の二王座辺りまで芝居の書割《かきわり》を見るようで風情に富む。屋根瓦の果てに稲葉公の菩提寺である月桂寺とか、多福寺の佇まいが遠望できて見あきない。踵をかえすと津久見島が目の前に浮かび、野上弥生子の『森』の一節「霧隠れ」の冒頭の名文が反復されるほどロマンチックな風景が開ける。

丹生城は宗麟の後、福原、大田、稲葉と三代にわたったが、今は二つの櫓を残すのみとなって淋しい。でも、桜の木千本が春の臼杵を賑わしてくれている。最近では臼杵の活性化をはかってか、もともと城内にあった鬼門の卯寅明神を再建した。東北の方角にあったので「卯寅稲荷」と呼んでいるが、古くは『稲葉家譜』にも載っている由緒ある社である。地元の人が商売繁昌を祈って浄財を集めて、昨年秋建立した由、城址周辺は、やはり城下町の心意気が息づいているのだ。

（昭和六一年　ミックス三月号）

四　県道宇佐・本耶馬渓線は「千円札」の旅

夏目漱石が宇佐八幡を参拝、俳句八句を残したのは、今から八七年前の一月二日である。

「兀《こつ》として　鳥居立ちけり　冬木立」

寄藻《よりも》川を渡ると見上げてもなお高い大鳥居は、今よりもっと大きく見えたであろう。二日夕刻、漱石は宇佐駅（現柳ヶ浦駅）に到着。すぐ参拝している。駅から宇佐八幡までは駅館《やっかん》川を渡って六キロぐらい。徒歩か、乗合馬車でお参りしたかは、さだかでない。だが当時の柳ヶ浦駅の前は道幅三メートル足らず、駅前通りには乗合馬車があり、馬車はその頃六〇台ぐらいあったという話は、昭和の初めまだ現存していた当時の車夫だった人たちから直接聞いた話だから確度は高い。

問題なのは夕方から宇佐に参拝した漱石が、その後どこに宿をとったかということなのだ。宇佐町に泊まったか、あるいは四日市に出て町中に旅宿を求めたか、また再び柳ヶ浦に引き返し駅前のどこかに泊まったかは漱石研究家の謎になっている。漱石、その年の旅程は残された文献からみると、宇佐→羅漢寺→ロノ林（泊）→守実（泊）→大石峠→日田という道順になっている。

「凩《こがらし》や　岩にしみつく　羅漢路」

という句が残されているので、宇佐の次は羅漢寺にいったことは確実である。その時どの道を通ったか。柳ヶ浦↓中津↓羅漢寺説。四日市から麻生谷を抜ける代官道と、今のところ二説あるようなので、今回は現在、県道宇佐・本耶馬渓線となっている旧代官道を通る「千円札の旅」と洒落てみた。

今年は寒いので四日市から左折、代官道をいったが、漱石が宿をとったという桜峠付近には雪が残っていて刺すように冷たかった。だが途中コニーデの稲積山の景観あり、旧家の山口邸があったりして、結構冬景色の探勝には事欠かなかった。とくに山口家の白壁に囲まれた一〇〇年以上も経つ古い佇まいは、何か失われた時が追想される雰囲気が漂っていて、お邪魔してゆっくり拝見したい思いにかられた。

明治三二年は凄い寒波がきている。漱石が夕刻宇佐を出て約一七、八キロの道を歩いたにしても不案内の道では三、四時間はかかるはず。従って漱石が桜峠に旅宿をとったという説には、クルマ社会の今から見ても今一つ説得力にかけるような気がした。ましてや一月の落日は、六時はもう真っ暗だ。やはり宇佐か四日市に泊まった方が妥当のように思われる。翌日、代官道を歩いたという方が確度が高い気がした。

桜峠からは下りになるが今は、杉林が両脇に逼り、時々遠くに竹林のそよぐ風景は、冬枯れの景色の中で竹林がこんなにもみずみずしく冴えわたる常緑樹であることには気がつかなかった。屋形川に沿うと、右の方に八面山の集塊岩の鼻の屹立している姿が見え隠れする。直進すると山国川の樋田で国道二一二号線に合流するが、四日市からだとわずか三〇分足らずの時間であるのに、ちょっとした旅の気分にさせられるから、案外ドライバーの穴場になっているかとも思う。

代官道というのは藩制時代、日田に郡代がおかれて以来、四日市の代官所まで通じていた石畳の道である。実際は桜峠から道祖原《さいのはら》、城井峠の山道を口ノ林まで抜けていたらしい。一説によると、漱石は城井峠を通ったに違いないという人もあるが、天明三年、英彦山から四日市に出た古川古松軒は平田に出て、樋田―桜峠らしい道を通っているので、漱石より一二〇年前には既に廃道になっていたのかもしれない。

樋田から四、五分。大分県観光地の目玉である青の洞門や羅漢寺は目前である。

「巌頭に　本堂くらき　寒かな　漱石」

（昭和六一年　ミックス四月号）

五　城山のある風景　佐伯

文学散歩という名の旅がある。野田宇太郎あたりから始まったので、もう、ずいぶん長い歴史をもつ。一人旅、道づれ旅、あるいは気の合った同士バスをしたてて、小説の主人公が歩いた場所を訪ね、そのイメージを脹《ふく》らませて追体験するという趣向は、三〇年ほど前東京の同好会が発案し、地方へ伝わり、九州では二〇年くらい前が最盛期だったように思う。ブームというのはシャボン玉のようにはじかれやすいが、地味に続けている旅行社もある。

今回は、大分バスが企画している「文学散歩」で佐伯訪問。文豪国木田独歩の足跡を追うことにした。

県北に住んでいると、大分市から南は、よほどの用事がないかぎり旅をすることなど、まずない。たとえば、蒲江とか、米水津《よのうず》なんていう場所は同じ県内にありながら地図の上でしか知らないのだ。だから独歩が終生忘れなかった佐伯も、それらの人たちには近くて遠い町になる。その逆もあり得るわけだから地元の人にとっては「なーんだ、城山……」と一蹴する市民もなかろうが、内陸部や県北に住む大分県民にとっては「南にいった」という感触を満喫すること受合いである。

「佐伯の春まず城山に来り……」と佐伯を散文詩でうたいあげたのは明治二六年、一年足らずだったが、東京から佐伯にやってきた若き国木田独歩の吟唱である。独歩は「文学界」による浪漫派文学の旗手。めりはりのきいた文体は代表作『武蔵野』で証明ずみ。文語体の『源叔父』、口語文の『春の鳥』、『鹿狩』など、作者の佐伯に対する愛情は『武蔵野』のそれに匹敵して恋慕一入の感が強い。

今、公園になっている城山の頂上（一四四メートル）は、かつて、毛利藩二万石の天守閣が建っていた。文化会館のある三の丸公園の入口付近には観光協会の肝いりで鶴谷城の復元看板が立っている。見ると、僅か二万石にも拘らず岡城七万石には及ばずながらも、規模の予想外な大きさに驚く。灌木の多い登山道を三〇分ほど歩いてゆくと石垣が見えてくる。石垣のほか何一つ残ってない天守あたりに立って、毛利藩二七〇年の盛衰を懐古すると、「荒城」の情緒がこもごも去来する。

ある時期、全国的に盛んだった観光のための天守閣建造ブームの時、あの味気のない鉄筋コンクリートの天守閣を、よくぞ、建ててくれなくてよかったとつくづく思う。佇むと、眼下に竜川の清流のほか、山と海が望見できる四周の眺めは浪漫的にして佳絶。また城址を徘徊すると、『春の鳥』の主人公、六さんや、源をぢ、紀州とそれぞれの作品に登場してくる人物の、せつないほどの悲しい話の書かれた背景が理解できるような気がした。

「佐伯は城山のものなればなり」といいきっている如く、四季、城山は佐伯の象徴だが春は桜の名所になる。県北からも、内陸からも、わざわざ訪れるだけの風情はととのっている。山を下りる時、ふたたび思った。この荒城の寂寥感こそ千金。まちがってもコンクリートの天守などを再建しては、ぶっ壊しになるとの思いにかられた。城山を下りて左に曲がると旧藩士邸の家並が絵のように美しい。その一隅には、独歩が下宿して六さんと遊んだ坂本家もあった。もう少し歩くと毛利藩の菩提寺「養賢寺」の青銅色の甍《いらか》が目に入る。風格とはこういう端然さをいうのだろう。裏に回ると歴代藩公たちの墓地があり、これが二万石かと思われるほどの墓石群に驚く。

城山のある佐伯の風景は、終生、独歩の脳裏から消えることがなかったのである。

六　国東半島の白眉　長安寺

（昭和六一年　ミックス五月号）

本欄には、まだ一度も国東半島が登場していなかった。あまりにも宣伝されすぎて見過ごされていたためか。ディスカバージャパンやユース・ホステル全盛の頃、国東のどの道を歩いてもナップザックを担いだ若者が目に入った。が、ここ四、五年、一人旅する青年たちを見かけることがない。どこに消えてしまったのか。国東ブームが去って一〇年近く経つが、その間に国東半島は秘境ではなくなったらしい。入れ込みのピーク時、六〇万人を超す観光客で脚光を浴びていた国東観光は、下降線を辿る一方なのだ。原因はもちろん、いろいろあるだろう。

たとえば、「国東めぐり」といえば、旅行社は「富貴寺」と「真木大堂」の二か所に偏って、さも、「くにさき」を回ったという集客方法がその一つ。さらに半島ブームの最盛期、関係市町村がトポスに対する認識が薄く、また、歴史的遺産をもてあましての哲学の不足が、今日の低迷を招いたとしかいいようがない。事実、富貴寺も真木大堂も往年の面影はなく、売りもののダンゴ汁などお世辞にもうまいとはいえない。

とくに昨今、観光の多様化が著しいので、半島は観光的デザインなしでは客はつきにくい

長安寺本堂

長安寺・奥の院の秘仏太郎天童子像

のである。便利さと不精とになれた贅沢な都会人は、せめて旅へ出た時ぐらい土地の本物をたしなみたい欲望にかられている。そんな魅力の味覚づくりをなまけているところにも問題がありそうだ。

だから今回は、観光社おしきせのコースをわざとはずしてみた。東西三〇キロ、南北三五キロのこの半島の中には、まだまだ情感に富む場所がいっぱい残っているはず。その白「長安寺」にいってみよう。富貴寺にお参りして、山と、谷一つ越せば長安寺だ。第一、あの山を越える時の自然が実にいい。頂《いただき》に立つと長安寺のある「屋山」が典型的なビュートであることがよく分かる。下ると都甲《とごう》谷だ。谷に沿う新城バス停から歩いて三五分。クルマだと七、八分で長安寺に着く。長安寺は中世の惣山《そうざん》だっただけに、山道の途中、院坊の跡と思われる石垣が塁状に重なっているので、否応なく歴史の世界に吸いこまれてゆく。

逆に、豊後高田市方面から登ると、天念寺川をさかのぼり、「川中不動」から険しい山道だが所要時間四〇分。最後の五分が胸突き八丁で、息が切れるかと思われるほど。それだけに展望台に立ち、振り返って豊前海を見た時、登る時の苦しさが吹っ飛んでしまう。寺の手前には、バス五台は優に収容できる駐車場がある。参道をゆくと左方に収蔵庫が建っている。収蔵庫は、真木大堂にしろ、ここにしろ、「文化庁というところはどうしてこうもチャチな建物を設計するのか」と怒っていた遠藤周作氏の言葉を思い出す。文化財を格納するのだから雰囲気より実質を、といえばそれまでだが、少なくとも、「秘境くにさき」を惹句《じゃっく》としている以上、もう少しムードの漂う収蔵庫はできなかったのか。

だが、中身がいい。レプリカが宇佐民俗資料館に陳列されているが、それは、似て非なるもの。霊のこもっている本尊は迫力が違う。扉を開けて「太郎天童子像」を目の前にすると足が竦む。八五〇年前の造立。時空を超えた霊力をつくづく思うのはこの瞬間だ。本堂、これがまた六郷満山形式を伝える最後の建物で約六〇坪。廊下で家の四周を囲む建築様式は珍しい。さらに山砦式の庭前に立つと西は阿弥陀の浄土。その夕景は抜群である。

（昭和六一年　ミックス六月号）

七　池泉庭に数十個の巨石

大分県には名園といわれている古庭園が十幾つある。玖珠町の旧久留島氏庭園はその中の一つ。訪ねた時は森閑として人ひとりいなかった。

そこは、童話祭で有名な三島公園の南側、末広山麓にある。東西三三・五メートル、南北六四メートルの池泉庭は、高さ二メートル、あるいは四メートル級の石が数十個。因みに公園のシンボルである童話碑は、高さ八メートル。この石碑も昔は池の渕に敷かれていたのを、日本一の口演作家久留島武彦翁顕彰のために移し替えたのだそうだ。八メートルというと、熊野磨崖仏の不動明王と同じだが、横に倒すと巨象の大きさには感じるであろう。

そんな石が西の端にも、もう一つ。案内板を読むと石の由来が書かれている。「庄屋喜藤

城壁づくりの三島神社清水御門

治泣かせの石」とか。何でも運ぶ日数にリーチがかかっていて、男を泣かせるほどの難物だったという。ついでに、こちらは高さ六メートル。

庭は、どこから見ても趣に富む。が、やはり、西側の四阿《あずまや》の辺りから池泉を見おろし、東端に建っている五重塔を望む角度が一番いい。あらかじめ観光協会か、教育委員会に案内をお願いしておくと石の一つひとつを説明してくれるはず。歴史的遺産や、美術品的観光は、説明者が有ると無いとでは随分違う。だからポイントを聞きながら池の畔を回遊すると、改めて納得できる。

いつかバス旅行で耶馬渓にいった帰り、末広神社にお参りしようということで、お城のようなこの不思議なお宮に参拝した時、こんな山奥に、こんな見事な、いや、日本でも珍しい名園のあるのを知って、みな異口同音に驚声を発していたし、バスガイドでさえ、「まったく知りませんでした」と恐れ入るほどだから、いかに宣伝されてないかと、勿体なく思った。

なお、石垣に沿って社殿近くにゆくと、久留島藩八代通嘉公が建てたという茶室「栖鳳楼」がある。その前庭がまた実にいいのだ。九重連山を借景にした枯山水で、大きな平天石が七・五・三・七の型に配置されている。ここも、あらかじめたのんでおけば開放してくれる由。二階の座敷に座って、四囲を見渡すと、日本美の粋《すい》、わび、さび、それに八代公の心意気が何となく伝わってくるような気がする。山麓の池泉庭にしろ、この栖鳳楼の枯山水にしろ、もっと専門的に知りたかったら、吉河功氏の『旧久留島氏庭園論考』を一読するといい。その他、説の違う池田二郎教授の『旧庭園調査報告書』も参考になる。

栖鳳楼から三島神社に参り、山を下ると中程に清水御門がある。下りきって池を渡り、振り向くと左側にも一つ石組の池泉庭がある。古い灯龍の並ぶ広場に立ち城壁のような大手門を見ていると、末広神社のあるこの境内は、どう見てもお宮には見えないのだ。『玖珠郡史』によると、栖鳳楼も、この庭も、幕末文政年間、八代公の造園になるらしい。池田教授は『旧久留島氏庭園』も、同年代幕末の築庭とみているが吉河氏の意見はまったく違う。いわゆる、童話碑側の庭は、少なくとも元和（一七世紀前半）以前、福島正則の縁戚にあたる久留島公は、小藩ながら雄藩と並んで大阪城築城の任にあたっているので、きっと、巨石移動の技術を修得していたのだという説。でなければ、こうも豪宕、桃山式の石組ができるはずがないという。いずれにしても、予備知識をもって観ると何度でもいきたくなること受合いである。

（昭和六一年　ミックス七月号）

八　県内唯一、落日の見える海

日本語は陰影に富む言葉が多い。

「朝」を例にとってみよう。黎明、薄明、曙、朝ぼらけ……と、ワープロを打っても選別に困るほど。その上感心するのは、表現のそれぞれにタッチの差のあることだ。私たちの先祖が豊かな情感の持主だった証拠である。でも、黎明とか薄明とか聞くと、どうも戦争を想い出す。なぜなら、旧軍隊の「作戦要務令」の中には、「黎明攻撃」とか「薄明攻撃」など戦闘用語があったような気がするからである。

曙の対照に薄暮がある。これは夕焼けをいうリアリズムだが、この夕暮れにも、黄昏、斜陽、夕映え、と指を折るのに遑《いとま》のないほど。で、今回はサンセットヒル。大分県は九州の東端にあるので、来光を望む場所は至るところにある。でも、太陽が海に入る場所は、まずないといいきっていい。ところが、あるから不思議なのだ。そこは国東半島の真玉海岸で、豊前海に沿うリアス式海岸だ。崖の上、あるいは、丘陵の上である。

昔から太陽が海に沈む場所は、観光地に適している。佐世保の弓張岳はとくに有名だが、九州の西海岸は開聞岳の麓までほとんど条件に適《かな》っているはず。水平線上にきらめく火箭が光の饗宴を演じてくれるが、見る人によっては、荘厳、神秘、あるいは謙虚な気持ちにさせられる。人力が逆立ちしても追いつかない大自然のパフォーマンスである。もちろん、内陸で見られる九重の草原に沈む夕日も感動を誘うが、海に入る落日には平安の装いがあり、時には人間の死を思わせて、厳粛にもなる。

国東半島は、国道二一三号線にとり囲まれているので、日出町から入ってもいいが、真玉海岸の場合は、国道一〇号線を北上、宇佐駅で右折、陸橋をわたり豊後高田市を通った方がいいだろう。バスなら宇佐駅で降り、豊後高田行きに乗り、豊後高田でさらに伊美行きに乗り換え、小林停留所で降りると目的の場所につく。

途中、真玉トンネルまでは遠浅だ。豊前海の遠浅は四キロ沖まで潮が引くので、干潟が絵になる海岸である。写真家たちが好んで題材に選ぶところだ。豊後高田から一つ目のトンネルをすぎ三分も走ると、もうリアス式海岸の様相を呈してくる。海に岬が突きでていて、国道は、あたかも岬を縫うように上ったり下ったりする。岬までくると、国道をはさんで山側は丘陵で、海側は断崖となっている。この丘の上や崖の端から、豊前海に落ちる入り陽《ひ》が拝めるのだ。

さらに「耶馬台国は沈んだ」で紹介されている粟島神社まで降りるとなおよい。桜並木を通り四、五〇段の石段を下ると、朱塗りのお宮だかお寺だか判らないが建物がある。社だけならお宮、ロウソク立てのあるのを見るとお寺とも思える。でも、台輪のある鳥居があることからみると六郷満山宗教の影響が濃いのだろう。
面白いのは、人工か自然が判らないが、二メートルを越す穴がスポンとあいている石畳がある。海幸山幸の神話が連想されるが、時刻を見計らってこの突端に立つと、太陽はまさに光芒《こうぼう》を放って豊前海に落ちてゆく。ただ、冬至と夏至には方位差に六〇度の開きがある。もちろん、太陽が北に傾く夏至前後でなければ、この大自然の演出に遭遇することができない。いずれにしても、六月をはさんで二か月くらいは海の落日が見られるはず。自然は千変万化なので、海、空、雲が五色に変化する光景は、月並だが筆舌に尽くし難い。時々船の小道具が舞台に色をそえるので、一日として同じ落日はない。太陽が沈んでなお残照が二、三〇分続く。一人だけ楽しむには勿体ない。いくたびにいつも誰かを誘えばよかったと思うのである。

（昭和六一年　ミックス八月号）

九　今も残る戦争の傷跡「掩体壕《えんたいごう》」

八月一五日は敗戦の日。今から四一年前。というと昭和二〇年になる。因みに昭和二〇年の、そのまた四一年前をたぐってみよう。明治三七年である。日露戦争の真っ最中だ。四一年前一兵士だった私は、当時、日露戦争は遥か遠い日の歴史のように見えていた。が、太平

残存する掩体壕

洋戦争には、同じ四一年前でも直接従軍していただけに、戦《いくさ》の印象が鮮烈に甦ってくる。これは、日露のうち合いが、本土を遠く離れた異国で行なわれ、太平洋戦争は、日本本土が戦場と化したからだと思う。

戦争の傷痕は、内地が戦場になっていただけにまだ結構残っている。大分県にも至るところその残滓《ざんし》を留めているところがあるはず。とくに大分市は随分ひどい目にあっているわけだが、今は戦火の片鱗を探すことさえ難しい。でも、宇佐市の傷痕はなまなましい。

殊に大分市と同様、海軍の航空隊があり、戦争末期には特攻基地となり、数次にわたって八幡護皇隊という特攻隊が、西南諸島に向かって出撃していったからである。飛行場の跡は水田となり、四一年後の今は昔の面影を偲ぶよすがもないが、それでも、戦争末期、特攻機「桜花」という自爆のための飛行機を空襲から守っていた掩体壕が残っている。市内の辛島地区周辺に七つあり、その中の一つは保存状態もよく四一年の歳月を感じさせない。

まだ昭和四〇年代は、航空隊の正門や裏門が残っていて弾痕の著しい石柱が放置されていたのを記憶する。だが、戦争が遠くなってゆくにつれてそれらは邪魔物のようにこわされた。今は、物置がわりに使われる掩体壕が若い人たちに違和感をもたらすようである。それはコンクリートの空洞で入口には自爆機の機体が出し入れできるようにつくられている。

この戦争の遺物の文化財？を観るには、大分市からだと一〇号線をバスで北上、駅館川をわたって「法鏡寺」で降り、豊後高田行きに乗り換え、「川辺」停留所で降りるとよい。国鉄だと「柳ケ浦」駅が近い。タクシーを拾えば運転手は大抵地元の人なのでくまなく案内してくれる。四一年前を知っている運転手ならなおさらであるが、戦争をまったく知らない運転手でも、成熟時代に不釣り合いのコンクリートの掩体壕を見ると何らかの感慨にとらわれるはず。

掩体壕のことは、小説『雲の墓標』（新潮文庫）に書かれているのでお読みになると感慨一入であろうし、さらに足をのばせば、旧航空隊の跡から、名横綱双葉山顕彰碑の場所（布《ふ》津部《つべ》）までクルマで一〇分。そこは、すぐ目の前が周防灘で護岸の堤防に沿って海に向かうと、不思議な台座が海面に頭をのぞかせているのがくっきりと見える。それは九曜《くよう》の紋様型配置と思えばよい。中央に直径一〇メートル近いほどの円筒型の台座があって、その周囲に直径二メートルは優にある鉄柱が、台座を遠くからとり囲むように佇立《ちょりつ》しているのが望見される。この異様な海の置き物が何であったか、地元の人でもほとんど知る人がない。

豊田穣の小説『夏雲』の中で、飛行機の急降下爆撃の時、高度三〇〇〇メートルから目標めがけて四五度の角で突っ込む件《くだり》があるが、実は、この台座もその中の一つで、大きさは巡洋艦の幅を擬していると聞く。地元の人たちは今もこの台座を「マト」と呼んでいる。干潮の時は歩いていけるが、台座の回りだけは潮がひかず、そのためか、もぐって漁るアサリ貝はとくに美味という。戦後四一年、かつての一兵士から見ればさまざまな思いにかられて感慨無量だが、若い人たちはそれが何ものだったかも判らない、また知ろうとしない。四一年後を思うとなおさらの感を深くする。

（昭和六一年　ミックス九月号）

一〇　歴史を刻む今市の石畳

熱しやすく冷めやすいのが日本人の性癖らしい。つい、この前まで、温泉ブームで鄙びた山あいの湧き湯に若者が殺到していた。一巡したのか、近頃は一八〇度転換して「街道」に目が向いている。五街道が殷賑《いんしん》を極めていたのは一〇〇年前までで、歌川広重の「東海道五十三次」が生まれたが、新幹線で走ってみて広重をこえる傑作が描けるかどうか。今では一世紀前の片鱗を探すのさえ難しい。それでも「全国の街道町並２５０」なんていうタイトルで、熱しやすい人たちの気をそそろうとしているガイド誌があるから商魂たくましい。

街道といえば、大分県は小藩分立ゆえ、規模こそ小さいが探して歩けば十指をこえよう。江戸時代には参勤交替という制度があった。肥後街道はその代表だ。ニュアンスは違うが、日田市から諸藩に向かう代官道などは街道のミニ版だろう。肥後街道は、「大津」の杉並木が有名だった。豊後路に入ると松並木。久住町には今でも当時の面影が残っている。加藤や細川侯は、ある時は両関を渡ったが、主に阿蘇路、久住、今市、野津原、鶴崎の道を通っている。しかも、細川は雄藩だったので行列が長かった。往き五〇〇人、還りは六〇〇人を越えていたから宿場の対応は、旧陸軍の大演習を迎えるほどの気の使い方だったに違いない。

維新後一二〇年、ほとんどの街道が廃《すた》れていく中に、まだ、往時を偲ばせる場所が残っている。野津原町の「今市」の石畳もその中の一つ。クルマ社会になってから今市もあわや破壊しかけたが、地元の人たちの熱意で保存されることになった（県史跡）。道をはさむ建物も、新建材の多い近頃、ここは割と街道の雰囲気が残っている。

私が訪ねた時、見かけたのはクルマ三台だけ。真夏だったので東から西端の丸山神社まで歩いて休憩。珍しい彫り物のある楼門を仰いで、また、もときた道を下ってみた。石畳は、上町と下町に分かれていて全長六〇〇メートル。道幅は九メートル弱。石が敷かれている幅は二メートルだ。でも、お茶屋の前だけは石の大きさが一五、六センチ長かったという。今では考えられないことだが、この石畳を歩けるのは町並の町民だけで農民はもっぱら裏道しか通れなかった。面白いのは道が二回、鈎《かぎ》に折れ曲がっていることだった。

今市の石畳

石畳の道は、ほかにも日田市から宇佐へ抜ける伏木峠にも代官道だったらしい長い道がある。ここは、大石峠が開通してから通るクルマもなくなった。私も、もう一〇年近く通ってないので、伏木峠の石畳がまだその当時のままかどうか確かめてない。ぜひ残しておいてほしい遺産の一つである。

往時は、いずれにしてもワラジ履きだから随分踵にひびいたことだろう。なぜ、疲れやすい石畳にしたのかと思ったが、今市の場合、標高五〇〇メートル。冬になると霜柱がたつ。陽がさすとぬかるんで歩ける状態ではなくなるので石を敷いたのだそうだ。それにしても長崎奉行所の目付たち、それに、細川の殿さまのお通りの時は、今市は、そのつど休憩処になり、中川藩の係りが罷りでていた記録が『中川家資料集』にある。その侍は、きっとストレスがたまったことだろう。

島崎藤村の『夜明け前』には馬籠の宿場の様子がリアルに書きこまれていて興味深いが、当時の今市も似たような接待だっただろう。馬籠の方は文人がいたのか、庄屋が芭蕉の句碑を建てる件《くだり》がある。「送られつ　送りつ果は　木曽の穐《あき》」

今日まで残った今市の石畳だ。誰かの句碑でも建てたらと思った。大分市からだと四四二号線。バスなら金地から約一時間。石合で降りるといい。

（昭和六一年　ミックス一〇月号）

一一　宗麟のふるさと　津久見

「津久見？　どこを観るんです!?」と、からかわれた。だが津久見にはひかれるものがあった。白水甲二の『大友宗麟』が印象に残っていたからだ。とくに、津久見での宗麟終焉の様子が文学的に書かれているのでよけい憧れていた。再録してみよう。

「宗麟は衰弱した。五月二十日、死期の迫ったのを自覚して、妻のユリアにいった。

『津久見に帰ろう』

神父ラグナとユリアとが付き添い、駕籠は臼杵の町を離れた。かつて受洗の日、陽光に輝いていた鎮南山が、同じようにこの日も初夏の日に輝いていた。津久見峠をこすと海が見えて来た。……津久見に着いて三日目に臨終が来た。両手を、天に向け、『アンマ（霊魂）を、

大友宗麟の墓地

たのみたてまつる』

これが地上に残した最後の言葉であった。天正十五年五月二十三日、五十八歳である」

私が気になったのは、この三日目という数字だった。どの資料をとって三日目という確信にみちた叙述がなされたのだろうか。出典を見ないと落ちつかないのがいつものクセ。私は津久見市を訪ねることにした。

津久見市は、今年五月、「宗麟公回顧四〇〇年祭」を盛大に催した。臼杵丹生城と宗麟ならきわめて自然に頷けるが、セメントとミカンの町津久見となると、どうしても宗麟とのピントが遠くなる。そして、誰に聞いても宗麟と津久見を関係づける資料は信憑性にとぼしいという。果たしてそうなのか。とにかく現地を確かめることだと思い、まず、岩崎泰也市長を訪ねた。なるほど、「四〇〇年祭」をぶち上げただけのことはある。豊富な資料が揃っているのだ。知らないのは私だけ。私は恥ずかしかった。「宗麟ユートピア構想」というのが目玉だが、津久見駅前にはすでに銅像が建てられているし、大友公園の整備、資料館の建設など、今ある中田の墓地をふくめてすごい力の入れかたなのだ。もともと大友宗麟は大分県を代表する人物なので資料が多い。だが、これも玉石混淆、とくに野史の類もあって選択に困るが、市内解脱寺文書の価値は抜群だ。でも、ほしいのは宗麟が国崩しで島津軍を敗走させてから、津久見に帰ってゆくその日の記述なのだ。

私は、市内中田にある宗麟公の墓地にいった。二〇段ばかりの階段を上ると小高い丘がある。中は平たく削られ、周囲に杉の大木が数十本、三、四基の五輪塔が右端にあって、正面に墓石が建っている。この建立は、幕末、臼杵豊城の建てた墓だが、向かって左側に、元大分市長上田保氏らの肝いりで建てられた洋式の墓がある。総大理石で、正面に刻みこまれた十字架が強く目をひいた。

宗麟と津久見との出会いは、耳川の戦いに敗れ、敗走の途中、津久見に立ち寄ったのがその初めといわれる。四年後、嫡子義統に禄をもらい、居を妻ユリアと津久見に移した。その間の資料は、フロイスの『日本史』（豊後篇Ⅲ）にあり、とくにラグナ神父が一〇数頁にわたりその時の有様をていねいに記している。宗麟の死因は戦火で流行したペストということになっている。でも、元日赤病院長の荒巻逸夫先生は『大友宗麟死因・考』でチフス説を発表している。

「三日目」は確認できなかったが宗麟の晩年、津久見との関係が深かったことは否めない事実だ。「宗麟ユートピア構想」は六四年に完成するという。バスだと金池から臼杵経由で一〇本。津久見から西の口行きに乗り換え長幸で降りると墓地がある。

（昭和六一年 ミックス一一月号）

一二 広瀬武夫のふるさと 竹田

「遙かなるペテルブルグ」というラジオドラマがある。昭和五一年度の芸術祭に、NHKの伊藤豊英が制作した傑作だが、話は、主人公広瀬武夫海軍大尉（後、中佐）とロシアの海軍少将令嬢アリアズナとの恋物語だ。軍神広瀬中佐に恋人アリアズナのいたことは、島田謹二著『ロシアにおける広瀬武夫』に精しいが、あの時代、旧軍人を素材に選んだ伊藤の感覚に驚嘆したのを覚えている。

その作品が評判になったのは、音だけで聞かせるドラマを、軍人としての広瀬の言葉遣いはともかくとして、アリアズナの言葉遣いと「恋文」だ。原文は多分ロシア語のはずだから。日本語に翻訳、さらに候文に直した格調の高さがいまだに印象に残っている。候文には使い方に男女の区別があるが、現在、ほとんど遺物と化しているその型を見事に生かして情緒と情感をもり上げていた。

その時、私はふと子供の時、参拝したことのある広瀬神社の思い出が記憶の底から甦ってきた。豊肥線が全通して間もない時だった。また広瀬神社が創建された（昭和九年）翌年だったような気もする。当時のスタンプ帳をみたら二銭の切手をはった広瀬神社の印章がデンとおされてあるのを見て、昭和史の長さに一入の感慨をおぼえた。

敗戦処理は、日本の良い面も悪い面も一挙に拗《ほう》り出し改革してしまったので、国民学校では広瀬武夫の話は真っ先にスミで消されて歴史の彼方に葬り去られてしまったはず。でもあれから四〇年経ち、日本人の心もようやく落ち着き、正邪の判断がつく時を経たような気がする。日本の歴史が洗い直される日のくることに私は希望をもつ。

ところで、今回は観光地竹田を象徴するユリの町に建つ広瀬神社に足を向けた。たまたま広瀬武夫記念館が、この五月二七日（旧海軍記念日）に開館したばかりなので、参拝後、島田謹二氏を歓喜させた「宝の山」を丁寧に見ることができた。旅順港の湾口が三〇〇メートル足らずしかなかったことも、会館の二階に展示されているパネルで改めて確認した。三〇〇メートルといえば、戦艦大和の長さだ。商船福井丸を指揮した広瀬武夫は、閉塞作業を終え帰還寸前、直撃弾を受けて劇的な最期をとげたわけだが、展示物を見ているとさまざまな感慨が逼って声をのむばかりだった。また一人おいての妹の登代さんが宇佐市のW家に嫁していたことも確認できたし、長い間、疑問だったW家にある写真の謎も解けた。

戦後、一旦葬り去られようとした広瀬中佐だったが「ミックス」でも装い新たに取り上げられているし、大分合同新聞紙上にも中沢とおる氏が「文人・広瀬武夫」の連載を始めた。きっと、人間広瀬武夫の事実が県民の前に伝えられるであろう。

竹田市は観光に力をいれているだけあって訪れると好感がもてる。五七年、映画「乱」のロケハンに露払いとして行った時、市観光課の本田耕一係長に案内してもらった。その時、カボスの苗木を所望した脚本家の井手雅人氏に、本田さんは早速苗木を送った。その苗木が成長して実がなったと知らせがあったのはこの夏だった。そんな話を思い出しながら広瀬神社への石段をあがった。立派な社殿である。参拝して境内から市街を見おろすと、竹田市が観光地として着実に整備されているのがよく分かる。七万石の城下町の町並、田能村竹田の竹田荘、歴史資料館など、そしてマスの養殖場など、名水は無限のようだし、土産品もうまい。これに、有名な岡城址を入れると、十分一日のコースとなる。豊肥線でゆくと豊後竹田駅。歩いて一〇分だ。バスだと大分から熊本特急を含め二一本。ターミナルから歩いて五分で広瀬神社につく。

（昭和六一年　ミックス一二月号）

第六部――おおいたの文学プロムナード

一 還らざる青春 宇佐航空隊の学徒―阿川弘之『雲の墓標』

「私の家の、すぐ裏側は飛行場だったんです」

何の屈託もなく語る近藤千代美さんの声は、まだ、幼さが幾分残っていた。

「で、空襲のことは?……」

「おばあさんから聞きました。飛行場が、B29にやられた話。そのあと、畑田の周辺も焼けだされたとか。……そんなにひどかったこと、この本『雲の墓標』を読むまで知りませんでした」

同行してくれた奥村俊久君も同じだった。彼の住まいは、航空隊の庁舎の建っていた柳ヶ浦校区にあったが、両親に戦争体験はない。空襲の話も、祖母から聞く昔話程度だったらしい。二人とも、四日市高校二年生。奥村君の方は、阿川弘之の「雲の墓標」は一気に読み了《お》えたそうだ。

「どうだった?」とたずねると、「よく分からないところもあったけど」と、前置きして、自分たちの町が戦場だったことに驚き、新たな感動に誘われたらしい。その二人と一緒に、私は、「雲の墓標」の、あの清冽な文章の跡を訪ねることにした。

私が「雲の墓標」を読んだのは二七年前、昭和三〇年である。やはり、本格戦争文学が世

宇佐航空隊兵舎跡（落下傘調整所跡ともいわれている）

に出るには、いつの戦争の時でも、一〇年の経過が必要らしい。ということは、作家たちの原体験、あるいは生な体験を文学化するには、それだけの距離と、カタルシス（浄化）する時間が必要だということだ。「雲の墓標」は、アクチュアリティ（事実）の積み重ねには違いない。が、単なる戦争ルポルタージュと異なるのは、全篇の底流にロマンがひそみ、ロマンは、エスプリに支えられて、文学としての香気を放っているからである。また、その本質こそリアリティ以外の何物でもないわけだ。

作者もいっているように、この小説は、戦後、学徒出陣として出征、死んでいった戦没学生の日記をもとにして構成した作品である。文体は、日記体に手紙文を織りまぜた混合文。昭和一八年一二月一〇日、「在学徴集延期臨時特例」という緊急勅令によって、徴兵猶予延期を中断された法文系の大学、高専の学生たちが、急きょ、入隊するところから始まる。話の経《いと》は、京都大学文学部、萬葉集研究グループの四人の友人たちが、呉市の大竹海兵団に入隊、一か月のジョンビラ水兵姿から、短剣をつる予備学生になり、土浦航空隊、出水航空隊で飛行訓練をうけ、宇佐航空隊へと転勤。宇佐空での生活が三分の一をしめる。

その間、敗色濃くなり、宇佐空では、ついに、B29が大挙しての空襲をうけ、ここでは、絶えず、戦争に懐疑的だった親友の藤倉少尉の殉職を目のあたりにし、また、沖縄へ特攻出撃してゆく坂井少尉始め、多くの戦友の、飛びたつ瞬間の「泣きそうに崩れる顔」を垣間見るリアリズムには思わず胸をつかれる。読んでいると、飛行時間一〇〇時間にも満たない技術未熟な予備学生たちが、布切れのように捨てられてゆく戦争末期の様相が、淡々とした文体で書かれていればいるほど、小説の内容は、迫真性をもって迫まってくる。

今、私たちが、自分の子供をその歳にする年齢に達してみて、出撃を前にして、わが子に面会にくる親御さんたちの心情が痛いほどよく分かるわけだが、別府では、主人公の吉野信次郎が、出水航空隊時代に出会った蕗子さんに、同僚には後ろめたい気持ちを抱きながらも、黄楊《つげ》のクシを送る件《くだり》など、今の若者たちはどう感ずるかと思い、吉野が、蕗子さんによせる慕情の切なさを尋ねてみたら、二人の高校生は、「美しい」と答えてくれた。あの、古めかしいパターンの恋を、美しい、と感じてくれる二人の顔は印象的だった。

時々雨が降ってきたが、私は四〇歳も年下の二人の少年少女を連れて宇佐空の跡を回った。まだ五、六年前までは、弾痕も痛々しく残っていた北門の門柱や、黄色いタイル張りの正門があったが今はない。空《むな》しい、とはこんな姿をいうのだろうか。そういえば、吉野が綴った宇佐空解隊式の数行は、彼の死の前章だけに、さらに空しい。

「日没時、軍艦旗降下、穴の前からはるかに敬礼する。隊内の建造物はすべて崩壊し、しずかな入陽のなかにゆるやかに降りて行く最後の旗を見つめて感慨無量であった。宇佐はきびしかったが、一方やり甲斐もあった。ちかくに別府をひかえて、いでゆと食い物とにもめぐまれた。またここから、実に多くの友をおくり出した。彼等はもう還ってこない」

やがて、百里が原航空隊に移った吉野は、特攻隊に指名され木更津空から出撃。両親への遺書の中で、蕗子への愛をうちあけつつ、その面影を抱いて還らざる人となるのである。


（昭和五七年　広報おおいた二月号）

二　城山賛歌　独歩の感性を育んだ佐伯―国木田独歩『源叔父・春の鳥・鹿狩』

国木田独歩は、明治四（一八七一）年千葉県銚子に生まれた。父が裁判官だったので、居を転々と移した。東京、岩国、柳井、萩と、成人するまで二、三年おきに転居を余儀なくされた。一六歳、東京専門学校に入学したものの、ふるさと感覚には乏しい。あの頃、鹿鳴館時代の東京はもちろん、岩国、広島、柳井、萩にしろ、いずれも風趣に富み、追憶するには申し分ない古い町ではあるが、彼の作品には、なぜか、大分県佐伯市に限ってその叙景が多い。

処女作「源叔父」に始まり、「春の鳥」、「鹿狩」、「小春」など、佐伯がもつ自然を背景に、実在の源おじや、紀州、六さん、坂本家の人たちを登場させ、佐伯の風物をこよなく愛した硯滴《けんてき》が、作品の行間に溢れている。例えば、「仲の谷（注・臼坪地区）に至る。影ひややかなり、梢頭に光輝あり、小鳥所々に囀る」とか、城山はもちろん、「吾が書斎の前面に立つ元越山」も、番匠川、灘山、大入島、果ては黒沢に至るまで、さながら独歩の生まれ故郷かと勘違いさせられるほど、独歩文学に生き生きと描かれているのである。独歩の佐伯滞在は、僅か一一か月そこそこだったのに、作品の中での風物や人物、生活は、なぜに手にとるように鮮やかなのか。

城山から番匠川を臨む

独歩が、佐伯にきたのは明治二六年九月である。佐伯出身の先覚者矢野竜渓の推薦により、鶴谷学館の教頭としての赴任だった。月給二五円。巡査の月給が一六円の時代だから、佐伯周辺をくまなく歩くゆとりはあった。弟収二をつれ、元家老だった坂本家の二階に下宿し、三〇人ほどの生徒たちに英語と数学を教えた。時代はすでに資本主義の勃興期で、「坂の上の雲」を夢みる理想にもえ、独歩も、キリスト教的ヒューマニズムの精神を培いつつ佐伯の青年たちの教育に当たったが、この年若い浪漫主義者の情熱を理解するには、佐伯の町はあまりにも辺境すぎた。つまらぬ誤解が元で独歩は佐伯から追われる運命を強いられるが、佐伯が、独歩の人間をいかに感性豊かに育んだかは、死後発表された「欺かざるの記」を繙《ひもと》くと、その思索のあとが手にとるようによく分かる。

独歩にとって、佐伯は、望郷の里と錯覚されるほど愛着おくあたわざる地と化していたのである。だから独歩は、佐伯を書く時、詠ずる如く、吟ずる如く、あるいは、文語体で、また散文詩に、湧き出ずる想念は泉のようだった。

碑文に有名な「佐伯の春は先づ城山に来り、夏先づ城山に来り、秋又早く城山に来り、冬はうそ寒き風の音を先づ城山の林にきく也。城山寂たる時、佐伯寂たり。城山鳴る時、佐伯鳴る。佐伯は城山のものなればなり……」。この不朽の城山賛歌は、独歩が佐伯を去った翌年、「国民新聞」に「豊後の国佐伯」と題し、三回にわたって連載した断章である。

「佐伯」を、「城山」のものといいきるほど城山を愛し、佐伯の自然にひかれた独歩だが、城山の天守台跡に残る石畳の上を歩いては、鳥のように空を飛びたい思いをおさえきれず、飛び降りて死を急ぐ六さんの哀しみをメルヘンの如くに描き、また、葛港から大入島を眺めては、実在の源おじを悲劇の主人公に仕立てたり、後年、葛港から舟を出し、鶴見半島まで鹿狩りにゆく大人たちに混じって、鹿撃ちをたのしむ牧歌的な景物《けいぶつ》を、少年の眼を通して描いているものの、身内になる男の自殺でしめくくる筋立てなど、どの作品をとってみても、暗く、哀切で、メランコリックな余韻さえ謎めいて見えるのはなぜだろうか。

私はこの、独歩のメランコリヤの謎を、佐伯に住む二人の女性が解いてくれるような気がして、親子読書サークルの徳永貴子さんと、図書館司書の磯崎八千代さんに、独歩を愛するがゆえに彼の深層を包む「パンドラの匣《はこ》」をあけてもらいたい思いにかられた。

独歩が起居した八畳間

先日、二人に案内されて坂本家を訪問した。白梅が満開で、芳香が武家屋敷の土塀に沿って流れていた。一坪ほどの玄関を上がると、人ひとりやっと昇れる階段があって昔のままだそうだ。二階に上がると、弟収二のいた三畳間があり、独歩の八畳間が東側に続いていた。部屋は、明治二六年当時のままだそうだが、奥庭には、城山が泉水の西側にそそりたち、土蔵のかげからは、ひょいと六さんが出てきそうな面影を残していた。城山に上り、独歩が愛してやまなかった佐伯の周辺を俯瞰して、二人に、今の佐伯をどう表現しますか、と尋ねたら、「佐伯は、独歩をおいて考えられない」という返事がかえってきた。私は、「パンドラの匣」をあけてもらう勇気をなくした。むしろ、独歩と佐伯をこよなく愛している二人の女性に羨望の念さえ抱いて、この、山と川と海の美しい町をあとにしたのである。

（昭和五七年　広報おおいた三月号）

三　ペドロカスイ岐部　くにさきが生んだ殉教の人―遠藤周作『銃と十字架』

お手紙ありがとう。遠藤周作さんの「銃と十字架」をお読みになったそうですね。行間に溢れる貴女の感動が漣波《さざなみ》のようによせてきて、私も、一気に読了。まだ、興奮が静まらない次第です。しかも冒頭、「今まで全く縁のなかったキリスト教が、この本によって近づいてきたのは事実です。まして、こんな劇的な生き方を自ら選んだペドロカスイ岐部という人物が、私の住む国東半島で生れ育ったと聞けば、なぜもっと積極的に勉強しなかったかと悔まれます」と、貴女は書かれていますね。ずばり同感。私も実は、キリスト教とは無縁な人間です。でも、この本に出会ったことによって、四〇〇年前、日本人として初めてパレスチナ

生地・岐部城址に建てられた十字架

の聖地を訪れ、生涯を「十字架」に棒げたペドロ岐部という一人の郷党人の偉大な物語が、時間と空間をこえて、私の想念を濾過しては、金色に染めてゆくような気がするのです。

確かに、ペドロ岐部を生んだ国東半島は、いろんな意味で大変なところですね。六郷満山という神仏混淆の栄えた修験霊場であるかと思うと、寺院とはまったく対角線上に位置するカトリックの聖者をも育む土壌もある聖地です。大友宗麟の時代には貴女も書いていますように、豊後では三万人もの受洗者がいたり、ペドロ岐部の生まれた国東半島の岐部の地域だけでも、天正一二（一五八四）年には一族たち一五〇人が洗礼を受けているんですね。ちょっと、ここで気になることがあるんですが、私見を述させてもらってよろしいでしょうか。

一二世紀前後、あれほど隆盛を極めた浦辺の仏教地に、切支丹の改宗者が数多く出たということは、この時代、六郷山宗教は、人々の魂を救えなかったのではないでしょうかと、ふと思ったことでした。で、天正一二年で思い出しましたが、この年は、例の「天正少年使節」がローマへ向って出発した年です。この作品の主人公ペドロ岐部は、宗麟が、豊臣秀吉から日向一国の城主に封じられる「処置状」を見て八日目にこの世を去るのです。五月二三日のことです。その年、残念ながらペドロ岐部の誕生した月日は確かめられていません。が、宗麟の家来の、父ロマノ岐部と母マリヤ波多との間に一人の殉教者が生誕するのも偶然ではないような気がいたします。バチカン宮殿では国賓級の待偶をうけた少年使節も、七年の労苦の旅を経てマカオまで辿りついた時には、すでに宗麟亡く、秀吉の天下です。その上、関白は切支丹を禁ずる布告を発するし、宣教師を国外に追放、信徒たちは、予測できない暗い未来に、ただ、オラショを唱えるばかりでした。

少年使節もようやく帰国できたものの、伝導を隠れ蓑にする宣教師の布教活動を「銃」と見る関白の心を気づかって彼らは有馬の神学校で勉学に勤《いそ》しみますね。岐部一族も、一時は浦辺水軍として勇名をはせた時代もあったわけですが、関ヶ原後は、国東半島を去り、肥後に移住するのです。そこで、ロマノ岐部夫婦の二人の子供、ペドロとジョアンは有馬の神学校に入学します。きっと少年使節たちとも机を並べたことでしょう。

だが、貴女のおっしゃる劇的な生きざまが展開されてくるのはその後です。ペドロ岐部は、大阪冬の陣が終わった二七歳の時、宣教師ともどもマカオに追放されてしまいます。「死の準備のためにつらい修業をし、死ぬ為に日本に帰ってきたペドロ、殺されるまでの、見つかるまでの短かい日々を、信者の為に罪の告白を聞き、幸福が必ず訪れると教えるペドロ。そして、恐れ怯えていた穴吊りの刑。信じていた先輩に裏切られ見棄てられたペドロ。烈しい肉体的苦痛」

と、追放されて一六年後、坊の津に潜入してから、弾圧下の日本でのペドロを、貴女は高調した文章で訴えていますが、ペドロは、こんな苦しみを本当に誰のため、何のためにやったのでしょうか。ペドロの最後は、神学校で教わったポルロ神父や、式見神父とともに仙台で捕えられ、審判の時を江戸で迎えます。入牢して、あの残酷な穴吊りの刑をうける時、神は「之ほどまでに私の肉体を痛めつけても沈黙しているのか?」と、悲痛な呻きを主になげかけ二人の恩師と先輩は棄教してしまいます。それを見てペドロは劇《はげ》しい衝撃を受けますね。さらにペドロは腸《はらわた》が露出するほどの拷問にあいつつも、井上筑後守の転宗の甘言を拒み続け、イエスのため、日本人の罪の赦を、沈黙し通しの神に詫びながら殉死してしまうのです。一六三九年七月、島原の乱後二年経つ、鎖国制度の成立した年で、享年五三歳でした。

この時は、拷問を命じる井上筑後守もかつては切支丹だったし、転んだ式見神父、フェイラ神父に至ってはイエズス会副管区長だったはず。それらの人たちが、みな肉体を痛めつけられる時、沈黙する神に疑問を抱いて棄教するという弱い人間になっていますね。しかしペドロは、イエスを思い永遠を信じて、血で体をぬるぬるにしながら事を畢《おえ》るのです。畢るということは復活することですね。もしイエスが、あの時代を生きていたら、きっとペドロのようにしたでしょう。だから、ペドロは穴吊りの縄をかつてゴルゴタの丘をその眼で見たイエスの十字架に重ね、自分の生命をイエスに委ねたものと思います。

日本人として初めてパレスチナの聖地を訪れ、ローマで神父となり、死ぬために日本に帰ってきたペドロの生涯を書いた「銃と十字架」ほど、シンセリティ(誠実)な人間の生きざまを示してくれる本はありません。

「彼は勝った!」という作者の言葉を記している貴女のお手紙が、ひこばえのように大きく大きく脹らんでくるのも、ペドロの魂が貴女の生命を洗ってくれるからでしょう。もっと語りたいことばかりですが、ひとまず筆を擱《お》きましょう。

野原美重子様

（昭和五七年　広報おおいた四月号）

四　淋しさの空虚と激怒―菊池　寛『忠直卿行状記』

「恐縮です。社長じきじきに……」と、私はまず、王子タクシー社長の河野辰男氏に、文学散歩の案内役を引き受けて下さった好意を謝した。大分の人なら誰でも知っている名菓「一伯」と「お蘭さま」の遺蹤《いしょう》を訪ねるのが目的ではあったが、もちろん一伯とは文豪菊池寛が大正七（一九一八）年、「中央公論」七月号に発表した七〇枚の小説「忠直卿行状記」の主人公松平忠直公の法名である。お蘭はその愛妾だ。

彼は徳川家康の二男結城秀康の嫡男で、慶長一二（一六〇七）年、父秀康薨《こう》じた後、越前六七万石の遺封を忠直が継いだ。弱冠一三歳の春だった。越前公といえば徳川御三家につぐ大封。その城主忠直が何の因縁で大分の地に関わりあい、また、この地で終焉を迎えるのか、しばらく名作「忠直卿行状記」をめぐってみることにしよう。

巷間、忠直卿は狂気の大名といわれている。そのいくつかに参勤交代の拒絶、家臣の惨殺、さらに酒色に耽り、越前宰相としてふさわしからぬ振舞いなど、幕府の威令に叛《そむ》く行ないが多かったため、母清涼尼の諒解をえて五〇〇〇石扶持に落とされて改易。当時の府内城主竹

碇島から津守館を臨む

中采女正《うぬめのしょう》重次が忠直の身柄を預かった。だが不思議なのは、たとえ配流されたとはいえ、三ツ葵の大主を、僅か二万五〇〇〇石の、しかも外様大名竹中采女正にそのお守役が仰せ付けられるとは、何かのいわくがあるはず。作家の食指をそそる空白の部分であることは確かだ。

菊池寛の「忠直卿行状記」は、大阪夏の陣で真田幸村の首級をあげたにも拘わらず微々たる恩賞だったという講談調、あるいは乱心者忠直に内側から光をあてる、いわば人間忠直を描き出した手法に新しさがあった。

例えば、「物心ついて以来、他人から叱られるという経験をもたない、生まれたままの自分の意志——というより我意を高山の頂に生いたった杉の木のように矗々《ちくちく》と冲《ひた》している大将」と主人公を強い自尊心の持主に仕立てているのだ。これまで、時代小説は森鷗外の歴史小説が主流だった。それを、芥川竜之介を中心とする新主知派の人々が流れを変えて「歴史離れ」し、大正デモクラシーの時代を背景に、歴史上の人物を一八〇度ひねった角度から描き始めたのが注目をあつめた。「藤十郎の恋」「三浦右衛門の最後」はその代表作だ。「忠直卿行状記」の場合、殿《との》狂乱の原因を深層心理に分けいって剔抉《てっけつ》した主観の眼は六〇数年たつ今日でも決して古くなってない。

一例をあげよう。封建制度という階層社会の確立しかけた時代、ただ、人間の真実が知りたいばかりに、家臣に真槍をもって試合をいどませる。でも、かえって家臣は手加減して敗れてしまう。いわゆる封建時代の服従を美徳と心得る行為も忠直にとっては虚偽としか映らない。だから彼は激怒する。でも「その激怒は外面は、旺《さか》んに燃え狂っているものの、中核のところには癒し難い淋しさの空虚が、忽然と作られている激怒であった」と筆の密度は濃くまた鋭い。その空虚を充たしてくれるものは人間の真実だけでよかったのに、彼がそれを求めれば求めるほど、また、忠節を尽す家臣ほど己れから遠くなっていく気にさせられる封建道徳にフラストレーションは募るばかりだった。忠直卿が世にいう残虐をあえてしたのは「多分、臣下が忠直卿を人間扱いにしないので、忠直の方でも、おしまいには臣下を人間扱いにしなくなったのかもしれない」と結んでいる。

豊後配流は元和九（一六二三）年五月二一日だった。途中敦賀で出家して一伯と号した。警固する家臣なく付人は女だけという淋しい西下であった。その中にお蘭がいたわけだ。府内からは竹中釆女正が越前まで迎えにいった。当初、配所は萩原の海浜近くだった。私は河野氏に案内されて、この南辺りだという新日鉄のグリーンベルト付近をクルマで走った。六年後の寛永六年、忠直は津守館に居を移した。碇島の裾野だが、そこには今、民家が建ち、庭の一隅に石碑が一つポツンと建っているだけ。忠直が好んで参拝したという熊野社に登っ

碇島八合目あたりにある六角堂

たら八合目あたりに六角堂があり、中をのぞくと忠直卿とお蘭のお位牌があった。

お蘭は配流されたその年の瀬にこの世を去っているが、忠直卿が殊のほか彼女を愛していたのを土地の人たちは知っていた上での憐みからだろう。碇島から眺める豊後の山々は、どこの風光より穏やかだ。今は訪れる人とてなく寂寥感が一入つのってくるのも、悪い時代に生きた薄倖の人によせる私の感傷だろうか。

生石《いくし》の浄土寺に卿の墓のあるのを聞き、西大分まで足をのばした。三ツ葵の紋所もあざやかなお堂の前に立つと、私は何か救われたような気持ちになった。扉をあけ、中に入って卿の墓石に手を合わせた時、卿の狂気は菊池寛の解釈が正しいように思われた。なぜなら、側室の墓石とその子供らしき小さな墓三つが並んでいるし、卿の墓には逆修《ぎゃくしゅう》と刻されていたからである。きっと側室の死を悲しんだ忠直が、その時自分のも生前供養に建てたのであろう。側室の塔はお蘭の墓ともいう。そういえば、なお一層、豊後での一伯公の二七年間は、運命とはいえ無情に思えて仕方がなかった。

卿が世を辞したのは慶安三（一六五〇）年九月一〇日、享年五六歳だった。もちろん、津守館である。津守と生石は遠い。でも、生石の浄土寺に葬られたのは、浄土寺の信誉上人との交りが深かったからだという。その間の物語は伊勢久信氏の力作「それからの忠直卿」に精しい。


（昭和五七年　広報おおいた五月号）

五　贖罪の泉を求めて—川端康成『波千鳥』

久住高原は、もう、夏を待つ気配だった

大分市からクルマで一時間半足らず、久住町の役場で安井陽子さん、いや、今年の春から竹田市立宮城小学校二年生の受持ちというから「先生」だ。今回は、その安井さんと二人で川端康成の名作「波千鳥」のコースを歩くことにした。佐藤俊明町長に表敬をと思い刺《し》を通したら、意外にも町長は三〇年前、川端康成来県の折、案内役をつとめた一人であった。

「昭和二七（一九五二）年ですね。今から思うと嘘のようですが、まだ横断道路はなく、川端先生をトラックの助手席にお乗せして私はその隣。荷台の上は白壁康画伯と後藤是美先生でした」

たしか「波千鳥」ではヒロインの文子の手紙に次のように語らせている。

「久住町の南登山口に猪鹿《いから》狼寺という珍しい名の寺があります。猪鹿狼寺といい、法華院といい、幾百年の歴史を持つ霊場です。九重の山々が霊場であったのです。私も霊場を通って来たような気がします」

安井さんと私は、佐藤町長の案内で猪鹿狼寺を右に見て「字見合《あざみだい》」まで足をのばした。緑の高原の北に円い久住山が裾を引き、裾は右にうねって大船山に連なっている。東南に遠く祖母・傾の山がかすみ、南に阿蘇五岳、西は遅い春の瀬の本高原だ。壮大という表現はこういう風景をさす時の言葉だろうか。

「先生も字見台にお立ちになったんですか?」

飯田高原にある川端康成の文学碑　右・著者

「もちろんです。お歩きになりました」と佐藤町長は往時を偲んだ。安井さんは、ご自分がまだ生まれる前の話だし、「波千鳥」も今度始めて読んでみて、故郷が川端文学の代表作の一つになっていることに改めて関心を覚えたという。時折、晩春の冷たい風が春りんどうの紫に靡《なび》いた。だが、これからの季節こそ久住高原酣《たけなわ》のはず。

私は一〇年前、横断道路を、それも夏至の日に走ったことを想い出した。太陽は夕方八時近くになっても高原を緑に染めている。新緑の草原は淡い夕映えの火箭《ひや》に和《やわ》らぎ、まるで緑の光るうねりのようだった。私はクルマをおり、この神秘とさえ思える落日の瞬間を高原に立って眺めた時、とめどもなく涙が溢れてきた。

「波千鳥」の主人公文子が恋人菊治への思いをたちきるため、「まだ見ぬ父の故郷竹田にゆく。途中、浮かぶような夢の高原にきて」逆に文子の心は温かく包まれて、思慕の糸はほぐれない。「松かげにじっとあなたを思っていて、私は涙を流して、すすきの穂波がなお銀の光にぼやけましたけれど、悲しみによごす涙ではなく、悲しみを洗う涙でした」とも書かせている。五泊六日、母と自分の贖罪《しょくざい》の泉を探す文子は一人旅だった。

草原に夏至の日、落日に遭遇した私も、その時一人旅だったが、わけもなく溢れてくる涙に、九重の山々には人間の魂を浄化させる神秘性が潜んでいるような気がした。

「波千鳥」は名作「千羽鶴」の続篇である。プロローグは昭和二四年「読物時事別冊」三号に発表された。以後、二年がかりで完結したが、主人公菊治は「冷たくて温かいような艶な肌をした志野焼の茶碗を思わせる」太田夫人と夢幻の世界で結ばれる。夫人は自殺によって罪を償うが、娘文子もまた、菊治に身を委ねた翌朝、庭のつくばいに魔性のある志野焼の茶碗を打ちつけて行方をくらます。小説を彩る菊治の周囲の人たちこそ、一歩誤ればポルノ映画の世界にもなりかねない話を、さすが「千羽鶴」は気品豊かな名工の陶芸に仕上がっている。

続篇の「波千鳥」は八篇に分かれ、昭和二八年「小説新潮」四月号に発表された。文子の失踪後、ゆき子と結婚した菊治は、太田夫人と文子の呪縛にあって、どうしても交渉を持てない件《くだり》から書き出されている。旅に出た文子は神戸から関西汽船で別府に上り、地獄めぐりをして湯布院に出る。湯布院から汽車で豊後中村へ。そこから歩いて飯田《はんだ》高原に足を止め、筋湯に泊まる。翌日は諏峨守《すがもり》峠を越えて法華院温泉へと傷心の旅を続け、竹田の伯父の家まで辿ってゆき、その夜、菊治への手紙に新しい出発を約してさようならをいう。しかし、この小説は未完である。

私たちは、佐藤町長と別れてから大将軍に建つ文学碑の前に立ち、諏峨守越えの道を見おろす硫黄山まで足をのばした。川端康成の構想では、その後、文子を九州硫黄鉱業所の売店に勤務させることになっていたにも拘わらず未完なのは、取材ノートが東京のホテルで盗難にあったからだそうだ。やはり、川端ほどの天才でも、足で書く作家だったのだ。

帰りに安井さんの家に立ち寄った。実は、川端康成は彼女の生家安井旅館に一泊していたからである。安井さんのおばあさんは「町の人たちがお帰りになってから、お一人で、おそくまで黒檀の机で書きものをなさっていたお姿が印象に残っています」と控えめに話された。

安井旅館を辞し、帰途、私はクルマの中で安井先生と交した会話を思い出していた。

「もし、菊治が、文子を尋ねてきたら、あなただったら、どうしますか？」

「会いますわ……」

川端康成も会わせる構想だったらしい。私は、女の性を見せつけられる思いがいつまでも消えなかった。


（昭和五七年　広報おおいた六月号）

六　頃は天正十四年—森 鷗外『長宗我部信親』

梅雨の晴れ間。だが、霊山は雲が低くいかにも不安定な天気だった。時折、南の雲間から洩れてくる太陽の光はもう夏の強さで、明るい光線は戸次《へつぎ》川の右岸にある山崎の丘に咲く紫陽花を紫紺に染め、また、水色の七変化は疲れた眼を癒してくれた。旧市内から国道をクルマで南下。中津留からは一〇分足らずで、標高六、七〇メートルくらいだろうか、長宗我部信親の眠る丘に立つ。丘は途中、柿若葉と、墓所は深緑の桜に囲まれてみずみずしいが、やはり迫ってくる鬼気に足のすくむ思いがした。

土佐武士を供養する石仏

頃は天正十四年―森 鷗外『長宗我部信親』

左前方の小高い丘が山崎の丘

四国の武士《さむらい》たちを葬っている無縁の石仏や、まして、丘の頂に一段高く建つ信親の、時の流れに風化した墓石と対面すると、やはり何かが迫ってくる。その何かとは、一体何なのか。

戦国時代も終末期、豊後は薩摩の島津義久の軍勢に攻められ苦戦を強いられていた。関白豊臣秀吉は、四国土佐の大将長宗我部元親、信親父子に大友宗麟への助勢の命を下す。天正一四(一五八六)年九月であった。元親父子は、根拠地である日振島から豊後水道を渡り神宮寺浦に上陸。鶴賀城で島津の快進撃をくいとめている大友家の猛将利光宗魚の救出にゆく。長宗我部に加え、同じく綸命《りんめい》の下った讃岐の仙石秀久、十河存保《まさやす》の連合軍が総大将の大友義統の軍に合体して戸次川の左岸に陣をしく。鶴賀城をにらんで右岸に布陣する島津勢との決戦を控えて、大友・四国連合軍と島津軍は対峙を続けている。

が、天正一四年一二月一二日、仙石秀久の強引すぎる作戦により、連合軍は島津勢の「釣野伏の計」というオトリ作戦にまんまとひっかかり、十河存保は戦死。仙石軍は小倉へ敗走。大友義統は高崎山にのがれたが、さらに宇佐郡の竜王城に遁走した。元親、信親父子は、離れ離れになり、ただ信親勢だけふみとどまって、大友家のために手勢七〇〇人もろとも無惨な最期をとげるのである。

弱冠二二歳、華々しいというにはあまりにも哀しい。しかも、戦い終わって、父元親が恵日和尚を介して家来の谷忠澄をつかわし、わが子のむくろを島津勢までもらい受けにやる。敵とはいえ、親子の情に感泣した島津家久は、振武の若武者信親の死を惜しみつつ、遺骸を茶毘《だび》にふし戒名を添え、遺骨にして元親に返す話は「戸次川の戦い」としてあまりにも有名だ。

この悲憤溢れる故事に、森鷗外は殊のほか感動。先輩弘田長博士の依頼もあり、薩摩琵琶のために書きおろしたのが長篇叙事詩「長宗我部信親」なのである。上・中・下、三章からなる三六七行に及ぶ語り物のプロローグを繙いてみよう。

頃は天正十四年
しはす十二日の朝まだき
筑紫のはても冬闌《た》けて
霊山おろし吹きすさむ
戸次の川の岸近く……

と七五調の短詩型文学は、若くして散った信親の悲劇を格調高くうたいあげている。さらに、「最後のいくさに信親が／身につけたりしかたみなる／甲冑《よろいかぶと》をおくりけり／異国のむかしトロヤにて／愛子《まなこ》ヘクトルが屍を／敵の陣所に乞い得たる／プリアモス王が恨にも……」と終章を「イーリアス」からの引用で飾るが、父子の愛、彼我《ひが》の遺恨を超越するヒューマニズムを縦糸にした慟哭の詩は、四国勢への回向の韻でもある。

「鷗外の感動の鼓動が聞こえるようですわ」といったのはNHK大分支局のテロップを書いている同行の岸上良子さんである。文豪のエスプリを刺激するネタなんてそうザラにあるものではない。互いに疑心暗鬼の戦国時代、しかも、己の領国ではない大友のために命を捨てる強い責任感と勇ましい奮戦ぶりに、鷗外が感銘を深くしたことは確かである。このエピックポエム（叙事詩）を書きあげた時、鷗外は家族を集めて自ら朗読して聞かせたという。戸次川「万斛《ばんこく》の涙」を語る鷗外の吟声が聞こえるようではないか。

皮肉にも岸上さんは鹿児島育ちである。四〇〇年前のこの壮烈な「国盗り物語」の悲劇を、薩摩と豊後という相対の中でどう捉えたであろうか。日本の内戦は西南の役で終末をとげるが、最後まで薩摩がかかわっていたことに薩摩のお国ぶりが分かるような気がする。今、こうして、昔、兄弟牆《かき》あい攻めあった当時をしのぶと、哀れさは一入悲愁を誘う。

「鷗外は、取材のため山崎の丘まできたのでしょうか?」

彼女の疑問は私の疑問でもあった。鷗外が大分県にきたのは明治三二年、左遷されて一二師団の軍医部長になって小倉に赴任していた間、徴兵検査の視察官として大分市にきた時だけだが、その時は堀川どまりで戸次まで足をのばした記録は残ってない。でも、信親の哀話を誰かから聞いたに違いない。

八〇数年前、この悲劇は文豪の胸中で温められ、醱酵し、情念を結晶させた。天才たるゆえんである。墓の前にガクアジサイの花びらが数片、白い切り紙が浮かぶように咲いていた。「私、こんなアジサイ、初めて」と岸上さんは指さした。花びらの先端を染める紅色の鮮やかさが信親の血の色に見えてきて仕方がなかったが、迫ってくる何かがあるとすれば、回向したりない怨念の輪廻する姿か、とも私は思った。


（昭和五七年　広報おおいた七月号）

七　狭霧の女―水上　勉『木綿《ゆうご》恋い記』

昭和の初年から四四年間、湯布院町塚原出身の女性の生きざまを描いた小説が「木綿恋い記」である。

塚原は、由布岳の北麓にあり、山は、豊後のどこからでも仰ぐことができるが、私の住む柳ヶ浦からだと、ただ一か所望見できる場所がある。豊前海の海浜で、堤防に立つと宇佐の山々の真南に、ひときわ高く冠のように浮かぶ。峰が三つに分かれ富士山に似ているので、小学校の時、先生から「豊後富士」と教わったが、豊後富士が由布岳であることを知ったのはずうっと後で、万葉集を繙いて「木綿」とか「由布」と書いているのを見て女性のような名前だと思った。

水上勉が、小説の題名を「木綿恋い記」とし、主人公を「由布」と名づけた理由が分かるような気がした。木綿は、もめんのことであり、事実、主人公の由布も、もめんのように素朴で、強い女性であるようだ。

由布は、昭和二年三月二五日、野焼きの火が燃え盛っている昼頃生まれている。すると、今年五五歳の働き盛り。小説の由布は、子供を二人もつ身だが、小説のまま東京で活躍しているか、あるいは、郷里に帰り、若い人たちと一緒に明日の湯布院づくりに参画しているか、そんなロマンもかきたててくれて愉しい。

いずれにしても、日本の絶対貧乏の時代、由布は下層階級に生まれ、一〇歳の時父を亡くし、「小学校を出てから日雇いや、草刈りに精を出し」家計を助ける。病弱だった弟を亡くしたのが終戦の翌年、やはり野焼きの季節だった。戦後の混乱期だし友達のすすめもあって、金をためるため別府へ働きにゆく。別府は、一〇月から進駐してきたアメリカ兵景気で、キャバレーやパンパン宿は、一〇〇円札を炭俵に足で蹴り込むほどの景気に湧いた。

由布の勤めた旅館は「流川通りからわずか南に入った坂の上にあった……。うしろはなだらかな山で、松根油の供出でどの山も丸坊主になっていたのに、辛うじてのがれた男松がこだけ黒々と茂っていた」が、昔の格式など守っていては戦後が生きられず連れ込み旅館に

由布の生まれた塚原

なっていた。でも、彼女は、絶対、体を売らない大和撫子《なでしこ》だった。そんな芯の強い由布の前に不思議な男が現れる。草本大伍。復員兵ということだけは分かっているが、正体不明。ポン引きかと思うが、一向分からない。戦争で身内を亡くしていて、どこかに陰の漂うニヒリスト。だが、態度が男らしく、そんな彼に由布はいつしか魅かれているのだ。

この時代の、米軍がいてパンパンが蝶のようにひらめいていた別府の風景が確かに風俗として描かれている。謎の多い草本は、由布にペニシリンを与えて風のように去ってしまう。その後、由布が湯の平の貸席に移り、ドル買い事件や、パンパン殺人事件で一斉検査を受けた時、草本と邂逅する。彼は医師だったのだ。

朝鮮戦争の勃発で日出生台は米軍の演習地と化し札束の舞う場所になる。が、その分だけ湯布院周辺は破壊されてゆく。そんな頃、郷里に見切りをつけた由布は、東京で成功している知人をたよって上京する。由布の前途には戦後の混乱が濁流のように渦巻いていたのだ。結婚した相手はファッション製品に強いヤミ屋で、たちまち財を成すが、積んだ財と同じくらいの傷を心に受けた由布は、一子伍平が生まれて間もなく男に捨てられる。だが、由布は由布岳の双頭の剣のようにくじけない。湯の平時代の仲間を呼びよせ、料理屋二店舗をもち、本郷で旅館を経営できるほどの運がつく。その玄関先に、突然、現れてくるのが草本大伍なのだ。一斉検査の時、草本に羞恥心を抱いたまま別れて以来、彼を見て、由布は「階段からころげ落ちそうになった」

草本大伍も、日出生台の補償整理が終わり、衆議院議員に立候補するくらいたくましく成長しているのだ。

旅館を彼の東京事務所にという由布の好意を、草本は快く受けた。由布の心の空白がようやく埋まったと思ったのも束の間、草本は一〇号線のカーブで自動車事故にあい急死したという連絡を湯布院の町長からうけた。暗然となった由布は、羽田から大分空港へつく。「……やがて城島高原を出て由布岳の麓を迂回するあたりに来ると昔と変わらない……由布は胸が熱くなる。……湯の平時代の苦しかった時代と、塚原から学校に通った日々を影絵のように思い浮かべた」

由布帰郷の叙景は水上文学のさわりである。この小説は、登場人物にそれぞれモデルがあるように思えて興味をそそられるので、同行してくれた公民館の佐藤春世さんに尋ねたら、やはりそうだった。二人で、由布岳の北になる由布の郷里にいった。峰は円く見えたが、草原に立つ佐藤さんの姿が主人公とダブって仕方がなかった。

（昭和五七年　広報おおいた八月号）

八　愛と思惟の彷徨《さまよい》―横光利一『旅愁』

旅愁とは旅ゆく人の心の愁いである。

新感覚派文学の旗手横光利一（一八九八～一九四七年）は戦争前夜の昭和一一年二月、東京日日新聞社の特派員として高浜虚子らとヨーロッパへ旅立った。日本郵船箱根丸だった。船中二・二六事件の報に接し、大きく右旋回する日本の運命を異国で聞きながら、八月に帰国した。当時、パリは文化のメッカであり、明治の文明開化以来「洋行」してパリに滞在することは、日本知識人の最高の憧れであった。だから横光はヨーロッパに上陸し、憧れを充たしはするが、落ちつく土もなく旅の愁いを深めるばかりのパリで、小説「旅愁」のテーマをふくらませ、大ロマンの筋立てが醱酵したのだろう。

中身は、日本でも上流階級に属する矢代耕一郎という歴史学者と、船中で友人となる社会学徒の久慈に、女性二人、実業家の令嬢宇佐美千鶴子と、離婚したばかりの真紀子ら四人が織りなすメロドラマ仕立てなのである。しかも、筋立ての薄皮を剝げば剝ぐほど大変な思想小説なのだ。

矢代と久慈は完全に意見の対立する東洋主義者と西洋主義者として描かれ、二人の論争はしばしば読者を立ち止まらせる。でも、当時としては、精神主義と合理主義の問題は、日本の知識人の格好のテーマであり、作家としても、後進国日本の文学者がとりあげる主題としては未踏の地だっただけに、「小説の神様」の情念を刺激するには、近代を超克する上でも絶好の素材だったであろう。しかも、落ち着く土もないパリの街角で、ノートルダムで、シャンゼリゼで、日本との格差に心が傷つき、キリストでさえリアリズムの素材に供される現実を見て、否応なく矢代は日本回帰を迫られる。反面、割と抵抗なく西洋崇拝できる久慈と

西福寺の山門前

は、事あるごとに対立、二人の思考は平行線を辿るだけで終わるところを知らない。「旅愁」の主人公は、二人ともあたかも作者の分身であるかの如く、終《つい》には矢代は古神道まで持ち出して久慈の合理主義に立ち向かうし、また、ホテルと街を往復するだけの作者は、土を持たない旅人ゆえにそのアンチテーゼとして西欧文化に憧れる気持ちと、日本精神美をパリの地に再発見し、矢代と久慈の口をかりて、とめどもない議論が続けられる。が、その思想は、自己の内面の中で結論づけられないまま、日本は太平洋戦争で敗北する。

創作途中での敗戦は作者にも癒えることのない傷となった。そのことは、「旅愁」を書き始めて四か月目、支那事変が起こり、今さら恋愛小説でもなかろうという理由で東日の連載を中断。三年後文芸春秋に発表したが、一年にして太平洋戦争勃発、再び筆を擱《お》き、昭和一八年ようやく続々篇という具合に書きついだが、これも未完。しかも、敗戦という予期せざる歴史の転換期に遭遇して傷ついた心のまま、昭和二二年一二月横光は他界するのである。

多分、この作品を今の若者たちが読むと、矢代と千鶴子の恋愛にリアリティーの希薄さえ感じるであろう。しかし、昭和の一〇年代は、吉川英治の「宮本武蔵」に象徴される如く極端な精神主義謳歌の時代だったゆえに、それはそれなりに十分共感されたのである。だから、矢代と千鶴子がチロルの山小屋の干し草の中で一夜を明かしても、一指だにふれない二人の姿に当時の読者は昇華された愛の精神の清冽さを見た。

旅先での愛は、あるいは幻だともいう。帰国してみて二人の前には「家」の重圧と、今一つ、宇佐市の城山に先祖を持つ矢代が、キリシタン大名大友宗麟に滅ぼされたという事実が、矢代の深層意識に巣食っていて、カトリックである千鶴子との結婚を躊躇させる理由となるが、その時、作者が執拗なまでに、自分の故郷、宇佐市赤尾の里に眠る祖先の霊を意識したのはなぜだろうか。私は、長峰小学校のPTAの役員南豊美さんと藤原英美さんに、「旅愁」の背景となる「北九州の寒村」を案内してもらった。

小説では、矢代が父の遺骨を郷里の寺に納骨する場面があるが、途中、村人に「城山はどこですか」と、かつて先祖が築いていた山砦を尋ねる台詞がある。城山の段丘を一つ越すと浅い山ふところに菩提寺の西福寺があって、私は二方に初めて西福寺の院家を紹介してもらった。小説の中では「中学を出たばかりの青年が出て来て……利発な目鼻だちも美しかった」と書かれているが、今は、紫雲玄順という西福寺の当主である。「昭和一八年一一月五日でした。横光先生が墓参りにいらしたのは……」と当時の話は尽きない。

横光は、五、六歳まで寺の前の家にいたらしいが、今はない。

「墓地はこの正面の山ですよ」と指さす方を見ると「みんなそれぞれ旅をしているのだ。すべてのものは旅のものだ」と作者に詠嘆させている風景が眼に迫る。故郷を離れて郷里を想う横光の愁いが、また、私の胸をも強くさすのだった。

（昭和五七年　広報おおいた九月号）

九　栄光と失意の果てに―柏原兵三『徳山道助の帰郷』

今年の秋は早かった。台風くずれの流れ雲が足早に走る曇天下、私たちは大分市内から国道一〇号線を南下した。白滝橋の手前で矢印が竹中を指しているサインボードを右折すると、左に大野川の流れが夜来の雨に濁り水量を増していた。

小説「徳山道助の帰郷」の主人公が、明治三〇年一五歳の時、陸軍中央幼年学校に入校のため、郷里の竹中中冬田をあとにして以来、彼の幻影から去らなかった旧竹中の風景は、大野川の左岸を沿うように走っている県道中判田―犬飼線の辺りに残っていて、まだ晩夏の緑の残影を映した灌木のせまる旧道を右折すると、徳山道助のモデル元陸軍中将、従三位、勲一等、功三級伊東政喜の生家の跡が、一本の銀杏の木の下に見えた。

生家に続く中冬田の小径

小説の内容は、中将の生涯にほぼ忠実であるが、フィクションの部分も多分にあり、また、登場人物はほとんど実在していた人だが、一部をのぞい

白壁の土蔵と銀杏の木だけが残る中将の生家

て仮名になっている。例えば、作中しばしば登場する甥仙太は、大分に住む司法書士の伊東公男氏であり、中将が別府で必ず泊まっていた鍵屋旅館は、先年駐車場になったが米屋旅館のことである。

中将は、二・二六事件後、突如として予備役に編入され、四〇年勤めた現役生活を終わる。「怒り心頭に発して陸軍省の次官室に怒鳴りこんだ」と小説には書いてあるが、当時、陸軍部内の派閥激しく、将軍の運命がミリタリズム（軍国主義）の裏側から描かれていて興味深い。でも、翌一二年支那事変勃発、一〇一師団長に親補され、上海の敵前上陸で勇名をはせ、中支で負傷、ジャーナリズムは将軍の戦傷を大きなトピックスとして扱っているので、県下にはまだ覚えている人も多いはず。

小説の「徳山道助の帰郷」は、三章に分かれ、栄光期、寂光期、そして晩年の老残期とそれぞれの時代を素直な筆で描いているが、その生涯はヒステリーの妻をふくめてやはり運命的である。

最初、「徳山道助の帰郷」が発表されたのは昭和四二年「新潮」の七月号であった。翌四三年前期「芥川賞」を受賞。作者柏原兵三が何のてらいもなく語る祖父道助七八歳の生涯は、読み終えて爽やかな感動を誘うし、中将の一生が明治、大正、昭和と、日本の激動期を最も華やかに、最も失意の中に生きてきた人生だっただけにドラマチカルなのだ。が、小説のプロローグ、特に戦前、ミリタリズムを支えた日本民族の地下水みたいなメンタリティ（精神）が理解できるだろうかと、この日同行するOL小坪美香子さんに多少の危惧もあって、戦争中の部分を尋ねてみたら、若い彼女から意外な返事が返ってきた。

「一気に読みました。父が、特幹（陸軍特別幹部候補生）の一期生でしたので、分からないところは父に訊ねました」

そして、これまで日本の近代史で戦争の部分は捲《めく》りたくもなかったという二〇歳そこそこのOL貴族が、中将の生涯を知ることによって、両親や祖父母たちの精神構造を掬《すく》いとるように知ることができたことは、大変な収穫でしたとも語る瞳をみて、夏草に埋もれた中将の生家の跡を訪ねてきてよかったと思った。

今、私と彼女が佇んでいる場所を小説の文章から引用しよう。

「徳山道助の故郷の家は、大山と呼ばれる標高千米近い山の麓にあった。大分市からローカル線で三駅目にあたるM駅で降りて川沿いの県道を小一時間も歩くと、その麓に出る。県道からは徳山道助の生家の庭の東の隅に植わっている三本の大きな銀杏の木と白壁の土蔵だけが見えた。……」

私たちは三本の銀杏の木を目標に中将の家を訪ねたが、この辺りは全部が伊東姓なのと三本の銀杏の木を探すのに難渋したが、昔ながらの農家の石垣に沿う細い道を曲がってゆくと、突き当りたに白壁の土蔵が壊れかかって建っていた。そして銀杏の木も確かに立っていたのだが、なぜか一本だけだった。

土蔵の後ろには、母の三三回忌に一族が集まって法要を営んだという母屋はすでになく、行き止まりの道からは、夏草の茂りで、足のふみ場もないほど荒れていた。中将が五回目かの帰郷の折、県、村をあげての歓迎に大山の麓は湧いたという。今、そのなだらかな丘の風景に転変を歩いた一人の男の栄枯を重ねてみた。

作者柏原兵三は中将の孫。三一年曾祖母の三三回忌帰郷の折、曾祖母の植えた銀杏の木は彼の心を強くうち、その風物と歴史とを十文字に交錯させる時、センシティブな閃きが脳裏を走ったのだろう。

残念ながら芥川賞受賞四年後に柏原は夭折《ようせつ》した。それにしても芥川賞作品の原風景となる場所が大分市にあるというのに、この荒れようは何としたことか。「落ちぶれて帰りたくないのう」という中将の「愚痴」が聞こえてくるようだ。帰りぎわ、ふっと洩らした小坪さんの言葉が耳に残る。

「市は文学碑をお建てになればいいのに」

それが若い世代の声だけに、中将と作者に手向《たむ》ける回向《えこう》のように聞こえるのだった。

（昭和五七年　広報おおいた一〇号）

一〇　揺れる情感と思索—野上弥生子『迷路』

山並を遠くから眺めると、どこの山稜にも、ひと際高い頂をのぞかせる山が一つだけある。秀峰とか、霊峰と呼ばれるのはそんな高潔な山嶺をさすのだろう。臼杵出身の女流作家野上弥生子さんは、文壇というコマーシャリズムの集団から超然として聳えている孤高の作家である。

「迷路」は今年九七歳になる野上さんの代表作品。昭和一一年に稿を起こし三一年に脱稿している。文庫本で四冊、徹夜して一気に読んでも二昼夜以上かかる長篇小説なのだ。凄い！の一言に尽きるこの大河小説を、「文学散歩」という短い枠の中に圧縮して紹介する困難さが初めから分かっていたので、今回は野上弥生子研究家である臼杵の村上あや先生について「迷路」の跡をたどることにした。

まず、野上さんの生家である浜町の小手川酒造から訪れた。というのは、小説の主人公菅野省三が臼杵にあるつくり酒屋の伜だからである。腰まわりのなまこ壁は、野上さんの子供

弥生子の生家・浜町付近

の頃そのままだそうで、「迷路」流に書くと「淡青色」が昔のままなのも、いかにも生家から図書館に通う失意の省三が、土間の石畳を踏んで出てきそうな気がする。で、「省三のモデルは?」と伺った。というのは、作品は主人公の省三を中心に、臼杵出身の政治家垂水重太、同じく臼杵を郷里にもつ資本家増井礼三、それに省三の生家とは政敵になる地元の有力者伊東慎吾の家。また、東京での稲葉公とおぼしき阿藤子爵、さらに省三をとり巻く左翼転向者木津ほか、彼らをめぐる女性たちが多彩であり、それぞれの個性をそれぞれにリアリティをもたせて描き分けているので、巻を追ううちに、つい、臼杵市に縁のあるあの人、この家がモデルでは! という思いに捕らわれるからである。

でも、「モデルはありません。野上先生もそうおっしゃっています」と村上先生ははっきりいいきった。が、省三が左翼運動に挫折して、東大を二年で中退、郷里臼杵に帰り、中坂の伯父の家に足を運ぶ。そこは「中腹よりやや高みになって、寺院ふうなひろい石段を二〇段から登らなければならなかった」そんな場所を探す村上先生もまた楽しそうだった。

「迷路」の粗筋は、昭和五、六年、思想弾圧のため左翼運動に挫折した学生グループと、彼らと交渉を持つ女性たち、それに、当時の庶民には垣間見ることさえ難しい華族や有産階級、いわゆる独占資本家たちを登場させ、それらの群像が、ミリタリズムが頂点に達した昭和一〇年代を、登場人物いわば「個」のすべてが何らかの形で時勢という時の刃物で深く刺されつつ歴史という名の「全」に押し流されてゆく姿を描いた哲学的作品である。

だが、そんな時代の流れも無視して超然と生きてゆく大名貴族がいる。八〇年前、桜田門外で惨死した井伊直弼の孫「江島宗通」がその人だ。宗通の批判精神は流行《はや》る皇国史観を尻目に、時代を冷静に捉える眼はまさに作者の分身としか思えない。一生正妻を娶《めと》らず、「柿の種のような眼」をした側室をおいての長い生活。空襲下、疎開さえ拒み通し側室と同衾するエピローグはこの大河小説のエスプリそのものである。と同時に、時代に翻弄《ほんろう》されつつも、省三にその気さえあれば召集免除の道を選ぶことさえ可能な運命をもつのに、彼の良心は妥協を許さず妻をのこし一兵卒として出征。中国で邂逅《かいこう》する旧友木津の「革命成る」の言葉を信じて脱走。省三は延安をめざして逃げてゆく。が、昨日まで味方であった日本軍の分遣隊の誰かが撃った弾丸を背中にうけて倒れる。

だが、小説は省三が死んだとも生きのびたとも書いてない。そのほか、省三を巡る多くの人たち。彼を愛していながら財閥の息子稲生国彦と結婚した多津枝も、昔、木津の妻だったせっちゃんも、彼女に秘かに愛をよせていた科学者の小田、そして、臼杵では政敵だった伊東家の息子慎吾も、時代に流され悩む清冽な日記を残しながら家族に理解されぬまま戦病死する。国彦、多津枝は上海に逃避中飛行機事故で遭難するし、作中人物のみんなが戦争という激動の嵐に吹き飛ばされるように死んでしまうが、あまりにも多くの人たちが時代の犠牲者になった昭和の一〇年代の歴史をこれほどリアリティを極めて描いた大河小説も珍しい。それだけに終章、宗道が「増井の婿のあかだった男（省三）は何とかいったな」と、「柿の種の眼」に聞く台詞は暗示的である。

「迷路」は松竹で映画化される。監督山本薩夫、脚本は「影武者」の井手雅人だ。私は、井手氏と再度村上あや先生をわずらわし小手川家を訪れた。心理描写の多い作品だけに脚色は難しい。ふと気がついたら、小説では大事な人物江島宗通と主人公省三が、一度も出会ってないことだった。この辺りが小説と劇の違いである。村上先生と歩きながら「野上弥生子はトルストイの『戦争と平和』が頭にあったのではないでしょうか」と井手氏のいった言葉が印象に残った。

（昭和五七年　広報おおいた一一号）

一一　八幡殿に御慶かな　漱石宇佐吟行

文豪夏目漱石が宇佐神宮を参拝した⁉「まさか」とまず大抵の人が本気にしない。が、そんな方には申し訳ないが、今から八三年前、明治三二年だ。正月二日、漱石は八幡宮の総本社宇佐神宮参拝を計画する。

宇佐に行くや　佳き日を選む　初暦

九州の旅、なかんずく耶馬渓探訪は松山から熊本に赴任してきた当時から、脳裏にあった。松山では一年間松山中学で教鞭をとり、二九年には五高（旧制）教授として、月給百円で転任してきている。うち拾円は軍艦建造に献金、そんな時代だった。

明治三〇年、漱石は三〇歳になっていた。貴族院議員書記官長中根重一《しげかず》の娘鏡子を娶《めと》ったのはその時だったが、書記官長じきじきに鏡子を伴ってきて、漱石の下宿で仮祝言を挙げた。一高（旧制）以来の親友である正岡子規は前途を祝福して、一句を献句した。

蓁々《しんしん》たり　桃の若葉や　君娶る

今回、安部伴子さんと同行したのは、安部さんが四日市読書サークルの一員だし、安心院町出身なのと漱石の宇佐神宮参拝の故事に詳しかったからだ。だから、漱石が東九州の旅を思いたったのも、動機が鏡子夫人との間のささくれだったトラブルにあった事情も研究ずみ。鏡子夫人が、東京でも上流階級の出であるため習慣が熊本の生活になじまず、また、流産やヒステリーの症状に悩まされ、揚げ句、三一年六月のある早暁、鏡子は梅雨で増水していた白川に投身自殺を図った。幸い投網漁にきていた人に助けられたが、このことは舎監の菅虎雄の友人浅井栄熙《えいき》がもみ消した。この辺のいきさつは、当時、五高生として出入りしていた寺田寅彦の「夏目漱石先生の追憶」の中に克明に書かれている。

漱石、新生活の破綻は彼を煩悶させた。「病妻の　閨《ねや》に灯ともし　暮るる秋」と憂いに沈んだ句を残して、白川から内坪井町の家へと移っていく。漱石は鏡子との結婚を失敗と見たか！　とにかく、悔いと諦観とが複雑に交錯していたことは事実である。やがて、「憂あり新酒の酔に　托すべく」と鬱状態の昂じる姿がまぶたに浮かんできて同情を誘う。

上空から見る国宝宇佐神宮本殿

漱石をてこずらせた鏡子の悪阻《つわり》は一一月頃まで続き、暮れには落ち着いた。念願だった宇佐、耶馬渓の旅もようやく思いたつ気分になった。同僚奥太一郎との二人旅だった。とくに耶馬渓は、頼山陽が絶賛していたのでぜひとの希望だったらしい。「金泥の 鶴や朱塗の 屠蘇の盃」——三二年元旦、心気一転の気がこの句には溢れている。

その頃、日豊線は豊州鉄道といい、明治三〇年に今の柳ヶ浦駅（当時は宇佐駅といっていた）まで開通していた。「正月二日宇佐に入る。新暦なればにや門松たてたる家もなし」と前書きして、

蕭條《しょうじょう》たる　古驛に入るや　春の夕

宇佐駅での一句。この「蕭條たる」という原風景を八三年後の現在探すことは困難だが、今の柳ヶ浦駅から東へ三〇〇メートル、駅館

川の土手から四〇〇メートルほどの地点に駅舎が建っており、油屋、あらた屋、小松屋など四、五軒の旅籠屋が立ち並んでいた。なお、「客馬車も十数軒あって、ここから大分、別府方面へ向かう人のために乗合馬車が六十台ほどあった」と中野幡能氏の「柳ヶ浦町史」には書いてある。初春の暮れ方着いた漱石は、多分、人力車を雇ったであろう。宇佐まで一里あまりだから、足の早い俥《くるま》だと三〇分そこそこで神宮に着いたはず。

兀《こつ》として　鳥居たちけり　冬木立

俥を神橋近くで降り、寄藻川をわたり大鳥居をくぐったであろう。宇佐神宮の参道は長い。

神苑に　鶴放ちけり　梅の花

参道の右に初沢の池、東に菱形池があるが、松林の間に散在する梅林が昨日のことのように目に浮かぶ。境内は、現在の神域からは想像がつきにくいが、それでも一の鳥居あたりから登り坂になり、石段は昔の面影を残している。

ぬかづいて　曰く正月　二日なり
南無弓矢　八幡殿に　御慶かな
神かけて　祈る恋なし　宇佐の春

宇佐八幡では七句を物しているが、かつて人妻大塚楠緒子に思いを寄せていた漱石も、さすが八幡さまの前では神妙だったらしい。境内は今の神宮庁あたりまで門前町だったので、帰りは多分かつら屋を左折、弥勒寺跡を左に見て仁王門の建っていた呉橋を逆に渡っているようだ。

「呉橋や　若菜を洗ふ　寄藻川」という句も残している。

さて、問題はその後だ。この日、漱石は宇佐町に泊まったか、あるいは俥で再び柳ヶ浦の旅宿に落ち着いたか。または四日市町に出て奈良屋あたりに泊まったかは漱石研究家たちの意見の分かれるところ。だが、「灰色の　空低れかかる　枯野哉」の一句は金屋台から西の方、辛島田圃を望んだ風景に重なるし、「暗がりに　雑巾を踏む　寒哉」は、いかにも私たちの子供の頃まであった油屋旅館の上がり框《がまち》を彷彿とさせる。

私は柳ヶ浦一泊説をとっていたが、同行の安部さんは桜峠一泊説。「日田への代宮道を通り、麻生谷をいき、桜峠を越えると、羅漢寺は、その方が近いんです」と新説を発表した。

いずれにしても、文豪漱石が宇佐詣でをして一七句を残したのは事実である。句碑がほしいなあと思う文学散歩だった。

（昭和五七年　広報おおいた一一二号）

第七部——酒造家物語（宇佐税務署管内）

一　大分銘醸株式会社物語

大分銘醸株式会社　本社蔵

大分銘醸株式会社は、昭和五九年一〇月一日に発足した。母体は三酒造会社で、県屋《あがた》酒造株式会社（宇佐郡安心院町）と、有限会社江本商店（宇佐市長洲町）、それに有限会社常徳屋酒造場（宇佐市四日市町）の三社の出資による共同ビン詰工場である。

この年は、昭和五〇年代に入って急成長した焼酎ブームの絶頂期であった。当初、五〇〇〇石規模を目処として の設備を計画したが、初年度、すでに四〇〇〇石を超える受注をうけ、生産が間に合わず、未納税移入の製品を買いつけるべく鹿児島県まで物色にいくほどのスタートぶりであった。

銘柄は、三社の統一銘柄として焼酎は「むぎ大将」、清酒は「宇佐錦」を採用した。もともと、三社は、県屋が「万才松」、江本商店が「酔桜」、常徳屋が「正直の誉」と、それぞれに歴史的銘柄をもっていたが、新発足に当たり、個別の銘柄にこだわらなかったところに、新発足する三社のポリシーがあった。

焼酎工場は、四日市にある常徳屋蔵が使用され、清酒二醸場は、長洲町にある酔桜蔵がそのまま使用された。

大体、酒造家の協同事業は、生産にしろ、販売にしろ、スムーズに運ぶことの方が珍しい。ところが、この三社は、発足当初から順調なすべり出しだった。というのは、三社とも、同一管内にあり、生産規模、免許の条件、例えば清酒製造免許のほかに乙類焼酎免許を有しているなど、三社の力関係がほぼ同等であったことが理由の一つといえる。現在、同社が発足して一〇数年たつが社業は順調に推移しているのも、経営姿勢の底流に「和」のこころがあるからといえよう。前述している如く、大分銘醸株式会社としての歴史は新しく、確かに若い。しかし、三社は、それぞれに古い歴史があり由緒をもつ。まず、三社の中で創業の最も古い県屋酒造株式会社から辿ってゆくことにする。

●県屋酒造株式会社

宇佐郡安心院町下毛にある同社の社長重松和孝は一一代目である。中津商業高校を卒業して、名古屋学院大学に学び、卒業して、「明眸」の銘柄をもつ柴田合名会社に就職。昭和五九年、大分銘醸株式会社が発足した年に帰郷している。

先祖の始まりは重松義和。この人は、実の名を宇都宮弥三郎といい豊前伊田（現田川市）

重松益多氏

の地頭宇都宮鎮房の血筋につながる侍だったが、武士を嫌って廃業、重松善太郎義和を名のり、宇佐郡安心院の地に居を移している。没年が、寛文三年（七五歳）というから三三五年前になる。義和には男子二名があって、二男の徳左衛門義徳が重松家の初代を継いでいる。初代の他界は元文二年八月一六日、その子太兵衛義次が二代目。重松家が酒造に手を染め始めたのはこの人からという。

その後、宝暦、天明、寛政と、江戸中期以降明治維新まで百数十年間、安心院の地で酒造を業《なりわ》いとしてきた名門なのである。寛政七年四代目義元が四〇歳の若さで他界。そのため一時家運が傾くが、五代義俊、六代義次、七代明頼と、幕末から明治にかけて再興に尽力、八代亀太郎の代には、明治、大正、昭和という時代もあって、家運は絶頂期を示した。因みに亀太郎は、慶応二年生まれで昭和一〇年に他界している。

九代目誠一は明治二三年生まれ、昭和四七年に鬼籍に入っているが、大正期、昭和前期と、酒名「万才松」の名声を高らしめると同時に、太平洋戦争中は、宇佐郡酒造組合組合長、さらに、大分県酒造組合連合会副会長をもつとめている。

一〇代目は、誠一の長男益多が継ぐが、益多は、昭和三年生まれ、下関商業に学び、戦時下、大分経済専門学校へと進学、昭和二二年卒業して家業に従事、酒造家としての道を歩いている。なお大分銘醸株式会社設立に参加したのは一〇代目益多で、一〇代目はまた、大分銘醸株式会社二代目の社長もつとめたが、健康を害して引退、平成七年五月に他界している。酒名の「万才松」は、大正時代に命名。安心院盆地の米と、津房川の水で醸す酒は、地元はもちろん、下関、北九州、津久見地方にまで販路を拡げていた。

一方、八代目亀太郎は、明治の興隆期を担った人で、日豊線豊前善光寺駅を起点とする豊洲鉄道に私財を投じ、四日市、豊川、円座、二日市駅と、軽便鉄道を通し、ゆくゆくは九人ヶ峠を越して安心院町まで線路を伸ばす予定だった。が、戦争による企業整備のため大分交通に吸収合併する羽目になるが、その間、亀太郎、誠一と二代にわたって豊洲鉄道の社長をつとめた。近代日本の、地方における素封家たちの典型を見る思いがするではないか。

●江本商店

宇佐市長洲町三六九番地にあって江本荘作が社長である。荘作は、徳島県羽浦町出身。大正一四年生まれである。地元中学を卒業後、横浜専門学校に学ぶも、陸軍軍医であった父が、戦後、復員するも間もなく他界したためやむなく退学、帰郷して税務署の吏員となる。昭和二七年、江本追吉の二男修治（五高―京都大学医学部）の妻が、荘作の姉という縁もあって、荘作は、徳島県から大分県長洲町の江本家に養子となって婿入りしてくるのである。

もともと江本商店は、漁業の町長洲で、米問屋や肥料問屋を業いとしていたが、荘作の義祖父江本追吉が、明治の末年に酒造免許を取得、酒造業を開いている。酒名は「酔桜」。幸い、追吉の長男司郎が、酒づくりに対し大変熱心だったため、宇佐郡、県北、大分県、熊本

江本荘作初代社長

国税局の品評会には、数多くの優等賞酒を出し、「酔桜」の名声は高まる一方だった。とくに、昭和一一年、第一五回全国品評会では優等賞に入賞、その声価を決定的にした。だが、翌一二年七月七日支那事変が勃発、強力な統制経済の桎梏《しっこく》下に置かれることとなり、昭和一八年、企業整備法により休造の已むなきに至るのである。なお、この年の夏、当主司郎は一年志願の陸軍少尉でもあったし応召してゆく。

戦後、司郎は復員し、休造蔵が復活可能となるやいち早く生産を再開、少ない酒造米の割り当ての中で、持ち前の凝り性を発揮して普通酒の品質向上に努力をおしまない。その甲斐あってか、戦後復活した全国鑑評会（二回）には、「西の関」、「倉光」とともに優等賞に入賞、その後も、数回の入賞を果たして「酔桜」の名声を高からしめている。地元小売店の支持もあり、「桜会」が結成されたのもその頃である。もっぱら地元を始め、北九州、宮崎県方面に販路を拡張していたが、昭和三〇年頃から市場の軟化が始まるや、先ゆきの主産地物の席捲を見越してか、一部未納税酒を西の宮酒造に移出する路線を選択する。なお「酔桜」の酒質が優れているため、西の宮酒造との未納税契約は続行され今日に至っている。

●有限会社常徳屋酒造場

四日市町横町の西本願寺別院の建つ門前町の中にある。社長は中園為悳。氏は、中園護（明治三五年一月七日生まれ）の長男で、昭和一一年三月二三日生まれである。四日市高校を卒業後、東京農業大学の醸造科に学ぶも、父護の体調不快となり、ために帰郷、若くして家業の常徳屋を手助けする羽目になった。

もともと常徳屋は、為悳の祖父為市が、横町の現在地でタバコの製成、販売を手広くやっていた。明治時代の半ば、タバコが、政府の専売事業となるに及んで廃業を余儀なくされる。その後、蒟蒻の製造を始めるが、為市の長男定兵衛が夭折、護が継ぐことになる。酒造業を始めたのは、記録不明のため不確かであるが大正期に入ってからとのこと。護が、製造販売に専念するわけだが、西本願寺別院の門前町の一角にあって、販路は、四日市町全円に及び、近隣は、平坦部ならびに山中部を主としていた。

販路戦略としては地元本意で、都市部への出荷を好まず、杜氏も、数十年来の信頼関係を保っている地元出身者で、杜氏と先代社長とは一心一体。二人が醸す上質酒をできるだけ地味に販売するのを社是としていた。

戦争中は、保有工場として製造を続行していたが、戦後は、常徳屋敷地の隣接場所に、「大分県酒類卸」の宇佐営業所が営業したこともあって、「正直の譽」は、もっぱら県卸を通して販売。残部を直売とした。また先代護は、昭和二五年から三一年まで宇佐郡酒造組合の理事長をつとめている。

中園為悳氏

手元に宇佐税務署の資料がある。管内酒造免許者の数であるが図が示すように、昭和元年には五五場になっている。三年に一場減じ、五年には一一場、八年二場、九年一場、一〇年はさらに四場の減、一〇年間に一九場が製造を止めたことになる。資料は昭和一八年、企業整備の断行される前年の昭和一七年までしかないが、昭和一一年から一七年までの七年間に九場が廃業していて、結局、昭和初期の一七年間に二七場が廃業を余儀なくされている。

製成石数も、さすがに、宇佐郡は酒どころで、昭和元年一万六二八〇石。昭和六年、七年と、不景気の時は一万石前後であった。が、その後、高橋是清インフレ財政の余波で若干の回復はあるものの、昭和一二年、基準指数のきまった年は、四一場、一万三七六七石の製成石数となっている。この年は、全国的にも需給の最も安定していた年で、戦争に突入してゆくのもこの年である。以後、計画経済が国策になるに及んで、生産石数は急落し、昭和元年の三分の一の割り当てとなり、管内は五〇〇〇石の製成量で企業整備を迎える。

因みに、昭和五三年、日本酒の生産量が一〇〇〇万石を超えようとしたこの年、宇佐管内は一九場、九〇〇〇石の製成石数であった。

宇佐郡酒造組合の事務所は、戦後、常徳屋に置かれていた。昭和四一年、市内に用地を買収して宇佐酒造会館を建設している。その後、昭和五九年、売却、酒造組合は解散した。残念なのは、二度の引越しで、貴重な資料が散逸、とくに、昭和二〇年代、三〇年代、四〇年代の数字を亡くしているのが惜しい。

全国的には、昭和三〇年代から高度成長により、製造業界も右肩上がりの成長ムードのトレンドとなるが、その趨勢に比例するかのように、主産地物の銘柄が地方酒を圧迫してゆくのである。交通の整備はそれに拍車がかかり、零細業者の多い地方銘柄はますます苦境に追いこまれ、小企業同士の協業化か、または大手銘柄の生産者と提携して未納税蔵として生きてゆくしかすべがなく、酒造業者の選択肢はせばめられてゆくのである。

そんな流れの中で、右肩上がりの成長を続けていた日本経済も、昭和四九年、忽然と襲ってきた第一次石油ショックにより、一つの踊り場に足踏みすることになる。これまでウナギ昇りに登りつづけていた日本酒の消費傾向も、昭和五一年を境に目に見えぬ変化が萌《きざ》し始めてきた。アルコール飲料を独占していた日本酒が、ビール、洋酒、焼酎、ワインなどの多種飲料に浸食されはじめていたのを、清酒業界は、この時はまだ痛感していなかった。

日本の開発主義が、都市圏から地方に移行するのも昭和五〇年代で、「ディスカバージャパン」のキャッチフレーズが昭和四五年、やがて、「地方の時代」が現実のものとして開発されてくるのが昭和五〇年代に入ってからである。

大分県では、たまたま「一村一品運動」が行政の指導するところとなり、アルコール飲料では、「むぎ焼酎」が急成長してゆくのである、その成長ぶりは異常で、ほとんどブームの趨勢となり、大分県の「むぎ焼酎」が、これまでの焼酎のイメージを一変するほどの人気となったのも事実である。先発の企業としては、別府管内に「二階堂むぎ焼酎」があり、宇佐管内では、「三和酒類」が、「下町のナポレオン」で売り出した「いいちこ」が文字通りブームを呼び、やがて、全国制覇してゆく。そんな動向と趨勢に目を向けて、乙類焼酎製造の参入を思いたったのが、江本商店の江本荘作社長だった。

「むぎ焼酎ブームのバスに乗りおくれるな」というのが、その頃の、県下酒造メーカーの動向であったが、江本社長は、まず安心院の「県屋酒造」の重松益多社長に声をかけた。昭和五八年のことである。二人は、アルコール業界の流れをじっくり話しあった結果、さらに一場の参加が適正であることを認識した。三社が協業して統一銘柄を出すには、何といっても、三社の意思統一が必須条件となる。まず最低条件として乙類焼酎製造免許を有していること、次いで人柄、さらに製造内容、経営内容などが、ほぼ同等ないしは似かよっていること、それら、さまざまな条件が勘案された結果、四日市町の老舗常徳屋酒造場の参加を求めることになるのである。

昭和五八年というと、焼酎ブームもピークを迎えようとしていた年であるが、三社が、協議を重ね、免許下附に至るまでそう時間はかからなかった。所轄税務署、熊本国税局に足を運ぶこと数度、資金手当も用意万端、「大分銘醸株式会社」が新発足するのである。昭和五九年一〇月一日であった。資本金二〇〇〇万円。役員は三人である。

場所は、前述した如く四日市町一一九一番地、常徳屋酒造場に隣接する土地である。免許条件は、共同ビン詰場。三者とも、清酒、乙類焼酎製造免許の所有者なので、焼酎製造は常徳屋酒造場、清酒製造は江本商店蔵で行なうことにした。

銘柄名は、清酒が「宇佐錦」、焼酎が「むぎ大将」。

設備は、当初の目標を五〇〇〇石に置き、杜氏は中園為悳がつとめた。この年は、焼酎ブームの最盛期であったため、製成が間に合わず鹿児島県まで未納税を買いつけにゆく有様だった。発足時の販売石数四〇〇〇石、笑いが止まらない状態だったという。

販売担当は、県屋酒造の重松益多で、重松は、地元はもとより、北九州、広島、関西、東京、東北地方と、そのシェアを拡張してゆく。重松は、東奔西走、その時の無理がたたったか、病にたおれ、平成七年に他界してしまう。

生産を担当する中園為悳は、協業以来、熊本国税局の鑑評会に出品、入賞歴は毎年で、とくに最右翼で入賞する年、数度に及んでいる。

社長は、江本荘作が昭和五九年から平成二年まで、重松益多がその後を五年まで。平成五年以後、中園為悳が社長に就任して今日に至っている。なお清酒は、地元出身の横綱双葉山にあやかって「双葉山」の銘柄も「宇佐錦」とならんで人気を博している。

今戸章了氏

品質本意をモットーに共同ビン詰工場としての「大分銘醸株式会社」は、協業化して成功している例の一つである。

平成一二年八月、株主総会により、取締役営業部長だった今戸章了が社長に就任。同一五年常徳屋酒造が協業から離脱。今戸社長は同一八年退任、一九年退職。江本荘作氏が再任して今日に至っている。

二　四ッ谷酒造場物語

最近、東京市場で静かな人気を呼んでいる本格焼酎に、「四ッ谷酒造場」のむぎ焼酎「古代」がある。七二〇ミリリットルのプロスティボトルで洋酒タイプのビン型。東京では、S酒店が扱っていて、バーや、小料理屋のキープ商品としては有名銘柄になっている。

四ッ谷酒造が「宇佐むぎ」や「栄花」(一・八リットル)そして、プライベート商品に人気が出始めたのは、不思議なことに、昭和五〇年代、爆発的に勃発した焼酎が終わりかけた頃からである。ブームの時、乙類の免許をもっている業者は、こぞって、むぎ焼酎の設備に奔走した時代、当の四ッ谷酒造の当主四ッ谷芳文は、設備の近代化には、頑なに拒否の姿勢を貫いてきた。宇佐市長洲町にある店舗は今も昔のままである。

大分県酒造組合の名簿では、代表者は四ッ谷シゲ子になっている。氏名及び名称欄には、社名も、工場名も、店舗名もない。が、古い許可証が残っている。かれこれ八〇年も前、大正八年九月一四日付で許可された焼酎製造免許の交附書である。場所は長洲町四一三〇番地、交附所が、中津税務署長副司税官信太英太郎と署名されているところを見ると、当時、宇佐

四ツ谷兼八氏

四ツ谷芳文氏

方面は中津税務署管内だったらしい。その時の免許申請者は四ッ谷兼八。

そこで、四ッ谷兼八なる人物を調べてみた。兼八の没年は昭和六年。だが、生年が不明である。ただ、平成一〇年七月に出た、「長洲アーバンデザイン会議」編集の『わがまち長洲の歴史と未来』の本によると、兼八は、現在地の前の精米所の隣で魚市場を経営している略図が掲載されている。多分、明治の頃であろうが、その頃兼八は、個人で魚市場を開いていて、遠くは北海道方面まで商いを広げていた。というのも、長洲漁港は瀬戸内海の南限に位置して、穏やかな周防灘の海域で漁れる魚類は、三月のカレイに始まり、イイダコ、ヒラメ、四月のコチ、キスゴ、イカ漁とつづき、五月のクルマエビ漁にカマス、アゴ、サワラにイワシ。六月から八月にかけて、赤エビ、渡りガニ、ハモ、アナゴ、九月は産卵期のため休漁となるが、一〇月にはアミ、スズキなどなど、多い年は翌年までとれるほどの殷賑ぶり。従って、打瀬《うたせ》船など遠く関門方面（下関・北九州）から寄港してきて一〇〇

四ツ谷徠氏

〇艘を優に超えるほどの隆盛ぶりで、帆柱が林立していたという。

そんな時、魚市場の規模も合併機運が盛り上がり、兼八魚市場は、加来庄十郎（現宇佐酒類株式会社の社長加来国博氏の祖父）、石部伴治、長岡城太郎らも加わっての兼八市場へと発展してゆくのである。

当時の長洲町は宇佐郡の北東部にあって、人口九〇〇〇人弱。旧柳ヶ浦村、八幡村、高家村、和間村、封戸村、和間村を周りに控えた中心地で、網元はもちろん、商店街は栄え、料理屋は一〇数軒、芸妓の置屋も数軒あって、芸者衆は、昭和の初期でも三〇人ほどいたというから、町の活性度とバイタリティが偲ばれる。また兼八の弟の米一は、同町西の南で醤油醸造業を営んでいたがゆえあって倒産。そのあとも兼八が吸収したので、兼八市場は、魚市場のほか、焼酎、醤油、ミソ製造と、事業は発展をつづけていった。残念なのは、兼八に男子が恵まれなかったこと。

娘のクリに養子話が持ち上がるのである。明治の末年、日出町の藤原から徠《きたる》が養子に入ってくる。やがて、二人の間に長男が生まれる。明治四四年であるが、名前を、兼八の兼をとって兼彦という跡取りが生誕する。兼八は、明治、大正、昭和の初年と、日本のよき時代を生きて昭和六年他界する。その後、徠とクリは家業の発展に力を尽くすが、残念ながら昭和一二年、袮も他界する。長男の兼彦は、まだ、二〇代の半ばであった。で、兼彦が焼酎製造技術取得のため、鹿児島県の浜田酒造（現薩摩富士）に住み込みで講習に出かけたのはその頃だった。

やがて、兼彦は嫁を迎えることになる。縁あって宇佐郡竜王村（現安心院町）の衛藤シゲ子を娶ることになるが、シゲ子二三歳。昭和一三年の春だった。翌一四年四月一五日、待望の長男が出生する。名前は芳文。現四ッ谷酒造の当主である。若くして四ッ谷酒造や魚市場を継いだ兼彦は、母クリと家業に励んでいたが、昭和一二年七月七日、支那事変が勃発する。それまで、自由経済で長洲町は裕福な町だったが、その年、国家総動員法が国会を通過して、自由経済は、計画経済へと移行してゆく。重工業はもちろん軽工業まで統制経済の揺括を蒙むることになり、製造の原料は配給制となる。それでも、大東亜戦争が始まるまでは、原料などは細々と配給されるので、焼酎、醬油の製造は若い兼彦の手で続けられていた。

ところが、戦争勃発、「一年、一年半はあばれて見せましょう」といっていた聯合艦隊司令長官山本五十六大将が、二年と待ずして、昭和十八年四月ブーゲンビルで戦死。戦況は利あらず、兼彦にも召集令状がくるのである。

兼彦に令状がきたのは昭和一八年六月一日、教育召集で熊本野砲兵第六連隊に入隊する。一旦除隊するが、一九年八月二三日、船舶兵第二連隊に再び召集され、広島県の宇品港から出航して南方方面に向かうのである。一二月一日、陸軍一等兵に進級するが、やがて、病いに倒れ、香港で療養するも、内地送還の途中、東支那海で敵潜水艦の魚雷攻撃を受け戦死す

戦死した四ツ谷兼彦氏

る。享年三四歳だった。悲劇なのは、兼彦の弟二彦も名誉の戦死をとげ護国の家となるが、長男の芳文が六歳、シゲ子は、まだ三〇歳そこそこだった。

亭主を戦争にとられ、あまつさえ生命を奪われてしまったシゲ子は、悲歎にくれるヒマもなく戦中戦後もたくましく生きてゆく。足りない人手は魚市場の若い人にきてもらい、焼酎製造の杜氏は鹿児島から季節労務者を雇用する。その頃の仕込みは三石カメで二三、四本だったという。出征家族というので焼酎は、宇佐海軍航空隊の酒保の兵隊さんたちが取りにきて運んでくれ、醬油もミソも安心院方面で販売することができたが、戦後はもっぱら長男芳文の成長を俟《ま》つばかりだったのである。

芳文が長洲中学に入学するのは昭和二七年、高校は中津東高（現中津商業高校）に進学、昭和三三年同校を卒業するが、母シゲ子の苦労をみては進学の希望もいえず大学を断念、一八歳にして家業の従事を余儀なくされるのである。三〇年代は、「もはや戦後は終わった」と経済白書がのべているように、日本酒の生産量も戦前に復し、競争激化の到来を予測させられる時代だった。それまで焼酎は斗甕で販売できていたのが、一・八リットルビンになり、地方の清酒が、未納税移入で安易な商売を続けていける時代に、本格焼酎は、新式焼酎との間にはさまれて、置き回りを余儀なくされていた時代が長い間続くのだ。

高校を卒業した芳文は、運転免許をとり、三輪車のハンドルを握っては、母シゲ子を横に乗せて置き回りに出る。置き回りといえば聞こえはいいが、行商に等しいわけだ。しかも、日本酒とビールと新式焼酎のシェア争いの間で商いをしてゆくのは、なかなか、難儀である。その頃、地元の宇佐市郡と、下毛郡方面、耶馬渓辺りまでが商圏だった。

昭和四〇年代の販売は苦しかった。日本酒の地酒は一〇本に一本つき、二本つき、腰の弱いメーカーで三本まで軟化した。新式焼酎は三本つきが当たり前となった。ビールに至っては、ケースは無料、一〇ケースに一ケースサービスなんていうのがあって、そんな乱売合戦の中で本格焼酎の販売を伸ばすのは至難の技であった。

第一次石油ショックの到来で、高度成長は頓座を来《きた》したものの、時代は、地方の時代へと移行してゆく。「ディスカバージャパン」という国鉄のキャンペーンは、高成長で失われた自然を求める風潮が出てきて、本物が求められ、何か目新しい商品が要求されるようになった。大分県下のむぎ焼酎が爆発的に普及するに至ったのは、そんな、昭和六〇年代に入ってからであった。

むぎ焼酎の大手二社は、製品が間に合わない。乙類免許の保有蔵は、競ってむぎ焼酎の設備に狂奔する。五〇年代の酒造メーカーは、焼酎につかれたように映ったものだった。そんな中で、芳文は、相変わらず昔ながらの製造法を頑なに守った。よほど設備投資を、と思ったが、「待てよ。こんなブームが、そう長く続くわけがない」と分析。彼が、イオン交換樹旨の技術を導入するのも、ブームが終わりかける昭和五九年のことだった。なかんずく全く

四ツ谷岳昭氏

昔風の製造のまま、樽に貯蔵して出荷する「古代」は、四ッ谷酒造場の目玉商品になっている。芳文は、ブームの時、大量生産方式に踏みきらなかったのを、神の声と思っているし、小売店も、選別して出荷できている境遇にこよなく満足しているのである。

銘柄は、「古代」のほかに、「宇佐むぎ」、「栄花」なお、プライベートブランドとして、「田染庄」「宇曽天狗」「宙六天」と多いがＰＢ商品は、いずれも小売店側の要望に応えた銘柄である。

目下、ほとんどの製品が限定商品としてで、授賞歴は昭和三四年熊本国税局鑑評会に優等賞を受賞してから一一回の入賞を果たしている。得意先は四〇軒、これ以上ふやすことは考えてない。というのも、一地方の焼酎銘柄でブームの時、急成長を遂げた「いいちこ」や「二階堂むぎ」とは、自ずから経営戦略は異なるわけで、小は小なりの行き方がある。いわゆる、「スモール・イズ・ビューティフル」というか、小さいことは、美しいのである。いわばくりの商品を樫樽に寝かせて、独特の芳香を放つまで熟成させる。いわば、最高の芸術品というわけで、一・八リットル、七二〇ミリリットルビンに「兼八」のラベルを貼り発売している。

時流に流されることなく、一歩下がって、己れの戦略を押し進めて、日本人の心にふれる焼酎づくりこそ、地方蔵のこれからのあるべき姿として、二一世紀はもちろん、未来を見据えての蔵こそ四ツ谷酒造場である。
「兼八」の原酒四八度ものも評判がいい。

三　山田酒造物語

国東半島は、大分県の北東部に位置し、東西三〇キロ、南北三五キロ、周防灘と、伊予灘に突き出たほぼ円形の半島である。国道二一三号線が、海岸線をハチ巻状に走っているが、中の自治体は二市八町村、住んでいる人口は一二、三万人である。半島は、東国東郡と西国東郡に分かれていて、西国東郡の中心地が豊後高田市である。同市は、藩制時代、島原藩の飛地で、石高は約三万石、昔から、港として、また半島内陸部の物産の集産地として、豊後では突出した繁栄を示していた。例えば今から一一〇年前、明治二三年に発行された長者番付を見ても、大関の三役格から前頭級には多くの高田人が名を連ねているのが何よりの証拠である。

一世紀後の現在、地方都市衰退が趨勢とはいえ、一〇世紀前の仏教文化の遺跡が、市の観光を潤しているが、明治、大正時代に一〇数軒あった酒造業者も、今残っているのは、ただ、一場、豊後高田市の二一三号線沿い興隆寺の前にあるのが、山田敬之助の蔵である（豊後高

山田敬之助氏

田市新栄一二二八番地）。

山田蔵の当主山田敬之助は大正一五年四月二一日生まれ。従って平成八年に古稀を迎えた。宇佐中学一年の時父を亡くしているが、当時、同町にも四、五軒あった酒造家の大手が廃業してしまっている中で、現在、ただ、一場とはいえ健在を誇っているのは注目に値する。

山田酒造場の創業は明治三一年、というからちょうど一〇〇年前、免許者は敬之助の祖父計蔵である。山田家はもともと醤油製造を業いとしていたが、この地方での地主でもあった。たまたま、親戚筋に当たる人が現在地で酒造業を営んでいたので、余剰米をその家に酒造米として供給していたところ、件の家が倒産する破目となり、米代などの替わりとして、計蔵がその蔵を引き受けることになったという。

計蔵は、文久三（一八六三）年生まれ、というから、明治三一年は三五歳、まさに男盛りである。この人は元来商売人向きの人で、得米はもちろん、米は中国地方の宇部方面に運んでは換金しているし、そのほか事業拡大のためには進んで投資をおしまなかった。ところが、その拡大主義が裏目に出る日があったのだ。宇部市へ運ぶ米を満載した船、当時は、帆かけ船だったが、何隻かが、時化《しけ》に遭い転覆したのである。その頃の事情を証明する人はいる。臼杵市の一の井手酒造の久家源二で久家酒造は、当時、高田町の山田計蔵から米を買入れていたし、また、船転覆の話も久家の証言がある。

山田酒造場

計蔵が他界したのが、大正一三年、七一歳であった。後を継いだのが、現当主の父山田斉《ひとし》である。斉は、明治一六年生まれ、家業を継いだのが四一歳ということになるが、計蔵が、あまりにも無計画に事業を拡大していったため、斉は、もっぱら先代の借金払いに奔走する日々だったという。

しかし、斉は、先代と対照的に大変な理財家で、借金の返済のためには、ある年など、年に二回の酒づくりを行なったという。残念ながら昭和一四年三月二日に他界したが、まだ五六歳だった。斉が、職人として、酒づくりに従事し始めたのは、大体、大正の始め頃であるが、その頃は、日露戦争に勝利し、また第一次世界大戦では連合国の一員であったため、社会は好景気に恵まれていたようである。大正元年、大分県酒造組合品評会に出品した蔵の名簿があるので、西国東郡の部を拾ってみることにする。

御玉井	高田町	井上福次
玉桂	〃	〃
暁桜	田染村	財前興一
都川	西都甲村	橋本瀧平
若松	河内村	光門喜逸
宝来	〃	
二羽鶴	田染村	河野喜十
郡鷺	〃	〃
萬蔵	田原村	清成萬太郎
百渓	〃	〃
神泉	草地村	近藤近策
松鷹	高田町	山田計蔵
白菊	〃	広田虎市
北野川	西真玉村	野上エン
金法	〃	小泊恕一
芳烈正宗	〃	〃

青　葉〃
寿　〃

三重村　尾形　藤蔵

この当時には、「豊後灘」も、「菊衣」もまだ免許を取得していなかった。そのほか大正期に創業した蔵は八場で立花酒造、宮川酒造、渡辺健吉酒造、甲斐豊作酒造、秋田仲次酒造、豊田範雄酒造、渡辺久男酒造、榎本広次酒造と計一〇場、先述の数場を合わせると二〇数場になる。昭和恐慌と、第二次世界大戦と、戦後の経済変革の荒波の中で、そのほとんどが消滅、そんな中で、一〇〇年余り「豊の関」の灯を燃やし続けている山田酒造場の存在は、西高地域にとっては、やはり、貴重な存在である。

当主の山田敬之助は、豊後高田市玉津にある桂陽小学校から県立宇佐中学校に進むが、あたかも、太平洋戦争の真っ最中。同校を卒業して福岡県立医学歯科専門学校へ進学。昭和一八年の企業整備では、父斉も他界しているし、当然、整備の対象となってしまう。当時は豊後高田市にも税務署があったが、この企業整備は、全国的な施策だったので、税務署指導によって行なわれている。

因みに、宇佐郡四日市町に、四日市税務署ができたのが明治二九年一一月一日、その頃、高田町玉津に玉津税務署が設立されているはず。さらに統廃合により、四日市税務署は、中津税務署に合併されている。明治四二年一一月五日だった。

で、一二年後の大正一〇年一〇月一日、四日市町に再び税務署が復活するが、さらに大正一三年には、四日市税務署は玉津税務署を統合している。従って、昭和初期における清酒の品評会（当時は品評会といっていた）は、宇佐郡と西国東郡の酒造場がその対象となっていた。

再び、豊後高田市に税務署ができたのが、戦後の昭和二三年一二月一日。約一七年間、西高地方の徴税行政にあたるが昭和四〇年七月一日、ついに廃止、宇佐税務署に統合されるのである。なお、昭和四五年五月一日まで、市内宮町に分室が置かれていた。

西国東郡では、昭和一〇年代まで酒づくりを続けていた蔵は十二場あった。その中で、「豊後灘」の銘柄をもつ野村力蔵の蔵は、県北屈指の大地主で、しかも抜群の財力を誇っていたので、大正から昭和にかけては、全国品評会には、大分県の代表銘柄の如く入賞していた。また蔵の設備も、大正蔵を数棟かまえる、大きな倉庫もあって、優に二〇〇〇石の醸造能力を有していた。従って、企業整備の実施は豊後灘を中心に行なわれることになる。一方、「菊衣」蔵も三場集約して残るが、以下の通りである。

「豊後灘」＝甲斐豊作、渡辺健吉、榎本広次、豊田照政、秋田仲次郎、山田敏之助、橋本頼光

「菊　衣」＝立花酒造、宮川酒造

内、渡辺久男蔵は、昭和一四年に、宇佐町の高田正人蔵に権利を譲渡している。

長い戦争が終わった時には、各蔵とも安堵したものの財産税の調達に奔走を余儀なくされ

ることになる。そんな中で、昭和二三年、立花酒造と宮川酒造の二醸が復活。遅れて、二五年には、田染村の渡辺健吉（窓の月）蔵が復活しているが、あとの甲斐、秋田、豊田、渡辺久男、橋本、榎本の六醸は、すでに廃業していたし、山田蔵が復活するのは、昭和二八年、復活の認められる最終年であった。

その時、敬之助は二六歳。医学歯科専門学校は卒業していたものの、昭和二〇年代は、医療関係は、まだ脚光を浴びる職業ではなく、むしろ酒は貴重品で、売り手市場を謳歌していた酒造家を選んで、名実ともに、家業継承に本腰を入れ始めるのである。銘柄も昔の「松鷹」のほかに「豊の司」、「男竹」、「豊の関」と、四銘柄を醸造、若き敬之助の意欲が感じられる。

「豊の関」蔵が復活して間もなく、昭和三四年、「菊衣」が倒産。その一年後には、幕末から明治、大正、昭和と、県北一体にカイ屋という屋号で君臨、野村禮二郎は、野村銀行という銀行を経営し、なお宇佐平野には厖大な田畑を小作に出し、柳ヶ浦駅の近くには米穀倉庫数棟をかまえ、さらに二〇〇〇石に及ぶ酒を製造売り捌いていた「豊後灘」も、戦後、財産税を徴収されたり、遺産相続など苦境に陥り廃業に追いこまれるが、県下有数であった基準指数は、北海道の「北の譽」に譲渡している。

また市内新町にあった保有工場で是永喬が当主であった「菊衣」蔵は、長男是永禎二が、国学院大学を卒業して高田高女の教諭をしていたが、陸軍に応召、少尉で復員、父喬が他界（六四歳）するまで、高田高校に勤めていた。昭和二七年、喬他界後「菊衣」酒造を継ぎ西国東郡酒造組合の組合長や大分県酒類卸の理事をつとめていたが、倒産のため失格。さらに翌三五年には、「豊後灘」の廃業もあって、三〇歳になったばかりの山田敬之助が、組合長と理事を引き受ける結果となるのである。

酒類業界は、三〇年代に入ると近代化計画が要請されたり、流通革命による主産地物の侵出により、地方酒の経営が厳しくなるのは西国東郡酒造組合とて例外ではない。そんな潮流の中で山田蔵は、理事をつとめている関係から県卸とのパイプを持ち、また北九州の門司にある「山城屋」という卸問屋との取引が戦前からあって、販売に困惑することはなかった。

昭和四〇年、行政改革により高田税務署が廃止されて、必然、宇佐税務署に統合されることになるが、当時、高田税務所管内としては、かつて二〇数場あった酒造場が、僅かに二場、「山田蔵」と「権化の華」の「立花蔵」の二軒だけになっていた。宇佐酒造組合に移行した二銘柄も、時代の変転とともに、五〇年代に入って、「立花酒造」が廃業、西高地方で残る酒造家は、「豊の関」一醸のみと化してしまうのである。

今や「豊の関」は、六郷満山の仏の里の豊後高田市に残る唯一の酒造場となってしまったが、仏の里の代表銘柄として、観光に訪れる人たちの評判にもなっている。

山田は昭和四三年、県卸の取締役を臼杵の「一の井手」の久家源二と交替、監査役として現在に至っている。また長男の尚司は、昭和三八年三月一八日生まれ、高田高校から、東京農大醸造科に入るが、六〇年卒業。帰郷して家業を継いでいる。

「豊の関」は、九万の人口をもつ西高地方唯一の酒造家として、その存在価値は大きい。

四　小松酒造場物語

小松酒造場は、宇佐市長洲三三四一番地にあり、当主は小松広（大正一〇年二月一日生まれ）。「勲の松」の銘柄で明治、大正、昭和、平成と、北九州地区に販路を開拓してきた酒造場である。ほかに「五人男」という銘柄もあって、「勲の松」、「五人男」といかにも由緒ありげな名前なのでその由来を訊ねると、当酒造場の歩みが日本の近代史と重なって大変興味深かった。

実際、小松酒造場は古い家で、藩制時代は長洲地区の酒屋さんが、みんなそうであるように、漁業に関する仕事を業いとしていた。主として、イリコ漁の網を製網していて、地元はもちろん、日出町を始め別府湾沿いの漁場に卸していた。酒造業を始めたのは、広の三代前の小松悦蔵で、この人は天保八（一八三七）年生まれ、昭和六年九四歳で没しているからこの地方の酒造業界の生き字引であったはず。もともと地主だったので製網は片手間仕事。年間一三〇〇俵の得米があったし、明治になって酒づくりを思い立ったようである。

が、悦蔵には男子がなく、日出町から養子弘太（明治三年生まれ）を迎える。この人も長寿に恵まれ、没したのは昭和二九年、八三歳だった。小松酒造場を不動のものとしたのは二代目の弘太で、この人は、初代の悦蔵とは対照的で大変な子宝に恵まれた。三代目にあたる

小松酒造場全景

長男悦治（明治二九年生まれ）を筆頭に広治、重弘、林、留治、悦夫の六人。時あたかも明治の興隆期だし、当時の酒造業は今と違って、日清・日露の戦いの戦費は酒税で賄われたといわれていたほどの時代だったので、創業者の悦蔵ならびに二代目の弘太は働き盛りだし、政府の免許事業こそ家業の基礎であるし、また、誇りの持てる職業と確信して、弟たち五人に酒類問屋の免許を取得させるのである。

三男重弘は直方市に、四男の林は飯塚市で、二市はいずれも石炭の産地であるところが営業感覚の鋭いところ。五男の留治は豊前の中心地小倉市、六男の悦夫は戸畑市。小倉は軍都であり、戸畑は、八幡とともに鉄と工業の町で軍国日本の繁栄を絵に描いたような将来性に富む土地だった。ただ、不思議に思われるのは二男広治の名前が欠《か》けていること。

実は広治は、大正八年（一九一九年）シベ

リヤ出兵に従軍、黒龍江の北方、ユフタの攻防戦で全滅した田中支隊の一兵士として戦死するのである。酒名「勲の松」は、二男広治の武勲を留めるべくつけられた名前で、現在も小松酒造のメイン銘柄になっている。そして「五人男」。これは、後に残った五人兄弟の絆と団結を象徴するが如く、初代悦蔵と二代目弘太存命のうちにつけられた名前である。しかし、残念なことに、六男で戸畑に店を構えていた悦夫は、今次大戦中、中国戦線で名誉の戦死を遂げるのである。戦死といえば、現当主四代目の広の兄悦義も中国戦線で戦死している。

明治、大正と、古い小松酒造の全盛期、長洲町には一〇数件の酒造家があった。大正元年大分県清酒品評会で入賞した蔵の名簿があるので別記してみるが、富永精太（加来酒造加来善弥氏の弟）、高橋幡次郎、網中音作、永元重市の四つの蔵が今はない。

古い小松酒造の全盛期、長洲町には一〇数軒の酒造家があった宇佐郡酒造業界の地図を俯瞰してみると次のような分布になっている。以下、大正元年の清酒品評会出品蔵の入賞銘柄より。

正直之誉	宇佐郡四日市町	中園	為市
總　督	〃　柳ヶ浦村	今戸	民次郎
白　雪	〃　長洲町	江本	追吉
白　露	〃　〃	富永	精太
延　命	〃　長洲町	久保	忠治

金鵄	〃	〃	高橋幡次郎
小松の緑	〃	〃	網中音作
仙の泉	〃	麻生村	辻繁太郎
日和鶴	〃	横山村	和田幸三郎
温鳥	〃	北馬城村	松本茂
八幡正宗	〃	宇佐町	村岡健蔵
菊之露	〃	北馬城村	西原十郎
鳳鳴	〃	麻生村	麻生理一郎
松緑	〃	高並村	赤松角太郎
豊乃泉	〃	両川村	衛藤金治
寒梅	〃	安心院村	木下亮造
金玉	〃	長洲町	永元重市
男山	〃	八幡村	熊埜御堂勝蔵

明治末から大正期にかけての二〇年間は、日露戦争に勝利し、国運は降昇期に向かう。なお、第一次世界大戦（大正三年勃発）では、連合国側で参戦したため、大戦の五年間は異常な好景気にめぐまれた。因みに、大正三年、大戦の勃発した年は、全国の生産量は三六八万石であったのが、大戦の終わった八年には五八七万七〇〇〇石と、空前の増石数になってい

た。全国の酒造家も、大戦の終わった大正八年度は一万二三五場に達しており、一場当たりの生産高は、大正四年度の三三七石から五六九石、約七〇パーセント近い増石率である。宇佐郡酒造管内でも、「總督」の銘柄をもつ津島屋本家から分かれて第二津島屋を設立した現民潮酒舗や、現四ッ谷酒造など数軒が大正期に免許を取得している。

そんな一九〇〇年代の初頭、初代悦蔵は業界の重鎮であり、二代目の弘太は四〇歳代の働き盛り、それに、子福者ときているため、造石数は千数百石、先述した通り、販路を北九州に開拓して「勲の松」王国を築くのである。一五年に及ぶ大正年間は、大戦景気と、反動による不景気、全国的には大正七年、富山県魚津に発した米騒動の契機による米不足など業界は混乱する局面もあったが、大筋では生産過剰気味となり、あまつさえ、関東大震災などもあって、六〇〇〇万石を超えんとする清酒は市況弱含みのまま、昭和の恐慌へとすべりこんでゆくのである。

だが、小松酒造には不況はなかった。産炭地の直方市、鉄の八幡市、軍都の小倉と、消費地区を地盤にした戦略はむしろ安泰を誇るべきだった。全国的には、昭和初頭の不況は、減石を余儀なくされるほど深刻で、酒の販売のためには、「一時のがれの景品付安売り、あるいは、功利的な乱売、納税資金調達のための投売りなど、また、はなはだしいのは酒一升に米一升を付けて町角で投げ売りする蔵すら生じたと伝えられる」ほどの恐慌ぶりだった。昭和に入っても、大正一五年から四年の金融恐慌の間に六二八の製造場が廃止されている。長洲地区でも、上町にあった富永精太蔵や、その他の蔵が廃止してしまったのもこの時であっ

小松広氏

た。
そんな時、安泰をきわめていた小松酒造だが、昭和六年一二月一九日、初代悦蔵が九四歳の天寿を全うした。時に、二代目弘太は五〇歳の男盛り、そして、三代目の悦治は三五歳、四人の弟たちはそれぞれに独立、現当主の広は数えて一一歳だった。不況乗り切りのため管内の各酒造場は酒質の向上に励み、毎年行なわれる管内の品評会や県、あるいは南九州の品評会、そして、全国に出品する蔵もあって、その頃の酒造家たちは、戦争前のこの時期、酒質向上のためというい意味の向上心に燃え、研究熱心な当主たちが多かった。小松酒造も例外ではなく、杜氏は、築後の柳川、あるいは広島、山口、四国の愛媛杜氏など遠近をとわず、また幅広く求めるのにやぶさかでなかった。

初代の没年には、満州事変勃発、翌七年一月二八日上海事変へと飛び火、世間は非常時のムードが高まると同時に、昭和の不況の陰も薄らぎ始めたことも事実である。酒造家たちが自由経済のもと、好景気を実感し始めたのも満州国が独立を宣言、満州ブームが起こった時までで、やがて支那事変が勃発、国家総動員法が国会を通過して、国家統制が押しすすめられるようになると、真綿で首をしめられるように生産制限を余儀なくされてくるし、昭和一六年一二月八日、太平洋戦争が始まり、翌一七年、食糧管理法が施行されてから、いよいよ、自由が抑圧されてしまうのである。

さらに翌一八年、戦争は退勢を余儀なくされてゆくが、最後の処置として企業整備が断行される。宇佐郡二四場のうち整備を受けない蔵は七場（県屋蔵、小松仙治蔵、中園護蔵、高田正人蔵、高橋常市蔵、今戸悟蔵、小松悦治蔵）。小松酒造には、内尾酒造と西倉が、高橋蔵には、加来蔵、坂本蔵、南蔵と、二つに統制されてしまった。戦前までは、遠隔地はビン詰品より樽詰がほとんどで、小松蔵の場合、島田トラックに依頼、当時、三・五トントラックには四斗樽（七二リットル）一〇本の積載が可能だったという。

戦争が終わり、昭和二一年の生産石数は全国で三七万石、乏しい清酒をどう分けて配給するかが問題点だった。その間隙をうめるように合成酒が伸びてゆくが、昭和二二年には、同一八年に企業整備された蔵に対する復活令が出て、大体、同三〇年までに廃業する蔵と復活する蔵とが出揃うことになる。

だが小松酒造では、戦争が終わっても悲しい事実が残っていた。それは、弘太の六男で戸畑市に店舗を開いていた悦夫が中国戦線で戦死。さらに現当主「広」の兄「悦義」も、同じく中支那方面で名誉の戦死をとげるという、まさに、護国の遺族で、酒名「勲の松」そのものの家柄なのである。従って、戦争が終わってみて、次男の広が、しぜん四代目を継ぐ運命になるわけだが、三代目の悦治が他界するのは昭和三五年、安保騒動の年だった。

三代目悦治は、明治二九年生まれ、戦前、戦中、戦後と、厳しい、困難な時代に生きてきて、家業にたずさわるかたわら、長洲町町会議員や、町教育委員の公職をもつとめて長洲町

小松弘見氏

の発展に尽くしている。

昭和三〇年代といえば、昭和三〇年、経済白書で「もはや、戦後ではない」とうたわれた如く、終戦直後の疲弊から立ち直り高度成長経済への路線を歩き始めた時代である。この年は稲作も豊作で八〇〇〇万石を超え、酒造米も一一三万石、増醸分を加えると三〇〇万石を超え、二〇年ぶりに昭和八年の生産過剰時代の再来を来たす時代の到来となったし、各酒造家ともども、状況は地方酒にとって楽観は許されなかった。だが、小松酒造だけは、原規制数量も二四万一九二リットルと管内一九醸のトップで、千数百石の造石高を維持していた。

昭和四四年に始まる第二次近代化計画で各蔵は、それぞれに、設備を近代化していくが小松蔵も、和蔵から鉄筋にたてかえたり、自由化に対するそなえを固めていった。目下、広の長男の弘見（昭和一九年四月六日生まれ）が五代目を継ぐべく実務に携わっている。弘見には一男二女があり、長女はすでに嫁ぎ、二女朋子（昭和四九年生まれ）は、東京農大の栄養学部管理栄養士科を出て、地元の病院に勤務している。長男潤平は、昭和五七年生まれ、目下、東京農大醸造科に進学していて、全国でも、後継者の問題を抱えている蔵が多い時、小松酒造は安泰である。

因みに、四代目広の趣味はユニークで、一二歳の年から始めたという活け花は、池ノ坊で、玄人はだしの域。さらに、宇佐中学時代に伯父からもらったライカに始まる写真の趣味は、これも素人の域を脱し、展覧会に出品する腕前。ライカに始まって、ニコン、8ミリ、ビデオと、いま一つの趣味、海外旅行では、かならずカメラがついている。なお、奥さんの幸子さんも趣味人で、この人は椎田の尾田本家から嫁いできているが、日展の審査員中村龍石に師事、昭和五四年、県展に入賞して以来、読売新聞、朝日新聞の女流展にも出品している。

五　合資会社久保酒造場物語

合資会社「久保酒造場」は、宇佐市長洲三一五八番地、通称、東の西という場所で、貴船神社の参道に沿って工場が建っている。現在の代表社員は久保ハナエ。創業はきわめて古く、藩制時代、まだ長洲村一帯が島原藩の飛地であった頃の寛政元（一七八九）年というから優に二〇〇年をこす旧家である。その中で、長洲町は漁港だし富裕な網元が多く、魚市場を兼ねた酒造家もあったが、久保酒造場は、代々、庄屋をつとめてきた典型的な在方酒屋である。屋号は酢屋といった。

前当主久保十年彦が平成九年四月六日に他界してから、妻のハナエが後を継いでいる。現在は製造、卸、小売免許を有し、ハナエの長男忠久・加代子夫妻、長女優子の夫井野幸彦と、

久保ハナエ氏

その長男との一族で業務を続けているため、家業としての久保酒造は、困難な時代にも拘らず順調な経営を続けているし、二〇〇年の歴史を、それなりに守ってきて今日に至っている。

二〇〇年といえば、大体六代ぐらい続いていることになるが、はっきり分かっているのはハナエの義祖父久保忠治からである。忠治は、幕末から明治期を活躍した人で酒名は「延命」。また酒造業のほか、郵便局長から町長に、さらに、長洲銀行監査役としても敏腕を奮うし、推されて下毛郡、宇佐郡、西国東郡三郡の漁業組合長にも推されているから、いかにも、人望を聚《あつ》めた人物であったことは確か。

その長男が忠夫で、明治一三年生まれ。明治、大正、昭和と激動の時代を生き、家業を発展させてきたが、昭和三三年他界している。七九歳だった。現当主ハナエの夫だった十年彦は、忠夫の三男。彼は六人兄姉の中、上二人の兄が夭逝。下に弟一人と姉がいるが、今も健在である。

十年彦は、大正一〇年一一月一〇日生まれ。旧制宇佐中学を経て、広島高等工業学校醸造科に入学、卒業は、戦時中のため繰上げ卒業で昭和一七年である。ただちに熊本財務局に（現熊本国税局）に入局するも、一年を経ずして教育召集を受け三か月の間陸軍に入隊、一旦

合資会社久保酒造場

除隊するも、再召集で朝鮮光州の輜重隊に入隊、従軍することになる。

当時は、召集がくると、独身者は結婚して応召する人が多かった。十年彦もその中の一人で、入営を前にして福岡県鞍手郡鞍手町の素封家栗岡本家から栗岡鋭郎の娘ハナエを嫁にもらうのである。ハナエは、鞍手高女を卒業したばかりだった。ハナエの祖父栗岡伊蔵は、明治四一年から四三年までの二年間、福岡県県会議長をつとめる名家で、長洲町の久保家からは忠夫の嫁タミが、かつて伊蔵の養女になっていた縁もあって話が纏った縁である。

昭和一八年といえば、酒造業界にとっては企業整備を逼《せま》られる大変厳しい時代で、忠夫六四歳、ハナエ一八歳の嫁であり、保有工場として、高橋常市酒造場に製造を協業することになる。

大東亜戦争は敗戦で終わるが、朝鮮の光州にいた十年彦は、運よくその年の一二月に復員。郷里に帰るが、再び、熊本財務局に復職して鑑定官室の勤務となる。やがて、保有工場復活の許可がおり、宇佐郡酒造組合でも、七酒造場を残し、一七酒造場が、二二年一二月一日付をもって復活する。以下、昭和一八年企業整備当時の編成を図に示すことにする。

昭和一三年。一一年の実績をふまえて基準石数が確定したが、その時、管内には二四醸があり、生産石数は一万一千石だった。

宇佐郡山中部

県屋酒造、佐藤義夫、高木醇、石川新次郎、赤松敏明、小松仙治、宮川善作

四日市町周辺

和田三木三郎、中園護、松本迪、内尾幸子、熊野御堂昇

宇佐町

村岡庄司、高田正人、西源十郎

長洲町・柳ヶ浦村

小松悦治、久保忠夫、高橋常市、坂本一格、加来善瀰、江本司郎、南千代治郎、今戸悟、今戸睦郎

十年彦は熊本国税局に勤務しているため、ハナエは、復活してから、清酒の仕込み法から粕取焼酎の製造を忠夫から教わり、なおかつ、経営の要諦など、手をとって教えてもらうのである。

昭和二〇年代は、食糧事情が窮屈なため販売に苦労することはなかったが、米の生産量が順調になり経済が戦前水準まで復興してくるに従い、基準石数も改変、昭和二九年に新基本石数が新たに確定されるが、その段階で、佐藤、高木、名川、宮川、松本、内尾、今戸睦郎の七酒造醸場が廃業してゆくのである。昭和三〇年二月現在の資料によると、その時の基本石数は、復活、創業工場、整備工場分を合わせて七一五六石だった。その時、久保酒造場の認定石数は六〇〇石のうち三〇〇石である。

時代が落ちつくにつれて久保酒造場も忙しくなるため、熊本の鑑定官室にいた十年彦は同室を辞め、税務署勤務となる。伊万里税務署、小倉税務署、行橋税務署と勤務地がかわるが、昭和三八年退職。復活後、年々厳しくなってゆく業界対応のためにも十年彦の家業復帰は待ち望まれていたものだし、ましてや、昭和三三年、父忠夫が他界してから、ハナエの双肩にかかる仕事量は過重にすぎる感があった。

折から、生産石数は増量してゆくし大手生産者の地方進出もあって、販売に苦慮し始めるのは、宇佐酒造組合の各蔵とも同じであるが、当局が進める近代化計画にも乗れず、協業や、共同ビン詰も、コスト削減でメリットのあることは分かっていたにも拘わらず、それぞれのお家の事情のため、同地区の協業はなかなか進まなかった。

でも、基本石数という制約下の中で、大手生産者は製品不足を来《きた》す状況となり、販売に苦慮する地方生産者の酒を未納税移入してシェアを拡大する悪循環に巻きこまれることになる。それでも、アローアンス（割りあて）を消化するためにはダンピングも余儀なくされる状況が迫っていたのである。昭和二〇年代後半から始まった焼酎・合成酒の乱売傾向はやがて日本酒業界にも及んでき始めていたのである。

そんな時、県酒造組合には、主産地生産者から未納税酒斡旋を依頼してくるケースもあり、久保酒造は、福岡県の磯乃澤酒造と熊本県の美少年酒造と契約、国税局としても、近代化計画で、零細業者の進むべき方向として、直売型、卸売型、桶売型の三つのタイプを示していた。

当時、長洲地区には六酒造場があって、江本商店の江本荘作氏の肝煎りで協業の話も進められていたが、纏まらずに、自力で、製造、販売の方法を模索するしか方法がなかった。ハナエが、父忠夫から教わっていた、原料米は、小作米からのコメを搗《つ》いてできた糠で、賄い代、酒粕は、人夫賃で、という経営方針などは、遠い昔の話になるほど時代は変わっていた。

昭和三八年、十年彦が帰ってきてから、製造はもっぱら、醸造科を出ている十年彦が担当し、ハナエは、クルマを駈っては販路拡張の日々が続いた。昭和三四年に始まった近代化計画も、古い体質の多く残っている地方蔵では、なかなか思うように進まないどころか、逆に、近代化を促進して設備を拡充してゆく大手生産業者に、そのシェアを奪われ乱売合戦に巻きこまれてゆくばかりだった。

そんな時、東京農大醸造科を卒業した長男の忠久が帰ってくる。忠久は、昭和二四年一月二八日生まれ。長洲中学を卒業して県立高田高校に進み、東京農大で酒づくりを学んでいたのである。昭和四六年だった。第二次計画による構造改善計画が承認され、集約化、資金計画など、経営の合理化が逼られるという状況だった。が、十年彦もまだ五〇歳になったばかりの働き盛りだし、忠久は、若松（北九州市）で鉛管会社も経営している方の長女加代子との縁がととのい、小倉で喫茶店を経営しながら商売のコツをおぼえる。

その頃、ドルショックに続く石油ショックで市場は、ますます混乱をきわめる。だが、日本酒の生産量は伸びに伸びて一〇〇〇万石の大台を超えようとするのである。高度成長経済は終焉したとはいえ、日本経済は着実に大企業中心に大型化して成長してゆくわけだが、零細業者の多い酒類業界では、第三次近代計画の骨子が国税庁から通達される。生き残りをかける地酒生産者に対しても、適正規模化や、知識集約型化、あるいは特廃業者のための基金創設などに構造改善計画が策定実行に移される中で、久保酒造は、販売免許の附款撤廃を申請して卸売免許を取得するのである。

ここで、当社としては、製造、卸、小売の三枚鑑札で家業を維持することになるが、それを機に、思い切ったリストラを断行する。当時はまだ、リストラクチュリングなんていう言葉はなかったが、第三次近代計画の項目の一つになっている経営の合理化でもあったわけだ。

まず第一に、昭和五一酒造年度からの製造を中止する。これは二〇〇年近く続いた老舗にとっては大変な決断であるはず。そのために附款撤廃もあるわけだが、製造は、協和醱酵に委託。焼酎は、江井が島酒造から未納税移入し、移入した原清酒と焼酎は、長洲海岸の地下層に堆積する貝殻層を通ってくる水が、良質のため、久保酒造の酒質に変質してくるのである。従って、蔵はビン詰めのみとなり軽量化がはかられると同時に、それらの人員は、卸部門に配置転換され、また、小倉にいた忠久夫妻や、長女優子たちの井野幸彦夫妻も呼び戻され、文字通り、家内工業として新しい出発を遂げるのである。

卸部門を開業した時、地元卸業者の嫌がらせがつづく。キリンビールなど二次卸になるが、幸い、福岡県の京築酒販の協力もあって、得意名簿二〇〇軒をこす問屋に成長するのである。目下、一・八リットル入りのパックは日田の老松酒造に、乙類焼酎は野津町の赤峰酒造に、甲類は江井が島から未納税移入してシェアを拡げているのである。清酒は、周防灘の波の静かな面影を彷彿とさせるべく「静風」、それに貴船神社の龍神からとった「龍の井」、なお純米酒を「うさつ姫」と、いずれも地元ゆかりを銘柄にしている。

そのほか、優子が東京女子美術大学出身のデザイナーのため、P・B（プライベードブランド）商品にも手をそめ、各得意先の要望に合わせてラベルのデザインも描いてコミュニケーションを密にしている。本格焼酎は、パック詰めの「瓢八」ほか、「豊の梅」、「やばの古城」と、郷土の特性をシンボルにしている。さらに、業界の先行きを見越して、小売部門をD・S（ディスカウントストア）に発展、名前も「ドラゴン」と、貴船神社の竜にあやかって命名。未来への発展を竜神にかけている。

六　株式会社民潮酒舗物語

株式会社民潮酒舗は、昭和二五年十月一日付をもって株式会社組織に改組、役員六名監査役二名の同族会社として発足した。

資本金五〇万円、取締役社長は今戸悟、当時五八歳だった。

民潮酒舗の前身は、今戸悟酒造場として大正一一年一一月一日付で酒造免許が交附され、現在地、大分県宇佐郡柳ヶ浦村字沖須二八四六番地の六の地で生産と営業を開始している。敷地一三八〇坪、その二七二〇番地側に倉庫（大正蔵）を建築、店舗兼居宅は、二八四六―六の現在地にあった柳浦銀行の建物を買いとったものである。初年度の生産石数は三〇〇石、その年は、第一次世界大戦終了の後でまだ景気はよく、酒が足りずに買い酒をして営業を続けている。

初代社長の今戸悟は、明治二五年八月二六日生まれ、酒造家今戸民次郎の二男として同村字中須賀一四九番地に生を受けている。三〇歳で分家するわけだが、その間、今戸民次郎のもとで、酒づくりの薫陶を受けていたわけだ。従って、八九歳で没するまで、民次郎の影響がもっとも強く、いい意味の明治の気骨を持ち続けていた。

悟の父親の民次郎は、慶応元年（一八六五）二月二三日、桑名徳兵衛の四男として同村中

昭和初年の津島屋本家

須賀の地に生を受け、長じて中津町の商家播摩屋の酒造部に奉公した。もともと、今戸家は、「酒づくり」を業としていて、判明する初めの人を彦七といい寛政三年に死去。二代目は不明であるが、三代目彦七は盛安といい、今戸イツの養子に入っている。盛安の娘ヨシには、下毛郡桶田村小畑又吉の二男を養子に迎え四代彦七を襲名した。四代目には二男三女があったが、男子は夭逝してしまったので長女りょうに養子を迎えた。

その五代目養子に迎えられたのが桑名民次郎である。明治二一年、民次郎二三歳の時である。今戸家の屋号は「津島屋」と号し、男子に恵まれないため家運下向気味であったが、民次郎は、津島屋再興のため努力をおしまなかった。四代目亡きあと、民次郎は、義母ヨシと酒づくりに励んでいたが、明治二六年、大分県一帯は台風に襲われ、全村水浸しとなり、その年のつくりは腐造を余儀なくされ前途暗澹たるものがあったという。因みに、大福帳では五四銭残っている。

捲土重来を期し再建を志すわけだが、時あたかも、日清戦争勃発。一〇年後の日露戦争と、戦争の狭間で好景気の余波を受け家運は上昇に向かって安定。韓国併合の明治四三年には、銘柄も「總督」と銘うち、「玉川」「春駒」の三銘柄を売り出した。当時、中須賀地区は、徳川時代は、上方への船便の発着する港として栄え、関西でも通用する札《ふだ》を発行する商家もあるほどの殷賑ぶりであった。が、それらの商家は明治三一年開通した鉄道のため没落。変わって「津島屋」が君臨する時代となっていった。

家業が安定するや、民次郎は、柳ヶ浦村の村会議員に当選、明治四一年である。四四年には、早くも郡会議員となり、大正五年には互選されて宇佐郡の郡会議長になっている。なお、その年宇佐郡酒造組合理事長に選任され、さらに大分県酒造組合連合会副会長として、県酒造業界に貢献した。因みに、その時の会長は、八鹿酒造の麻生観八氏である。

郡政は、明治一〇年から四五年続き、大正一二年にその役割を終えて廃止されている。明治の興隆期と大正の民本主義の時代を生きてきた五代目は文字通り「津島屋」再興の人であった。

エピソードがある。

大正九年秋、陸軍大演習が宇佐郡、中津町方面を中心に展開された。その時は、陸軍の首脳はもちろん、当時、摂政の宮であった昭和天皇も行啓なされたが、その時、「總督」を売り出すチラシが現存しているので紹介しよう。

七〇数年後の今読んでみると、大正期のロマンチシズムを感じさせられて興味深いので写真を掲載することにする。

『皇太子殿下

賜御買上之栄光　銘柄總督披露デー!!

デモクラシー總督光栄

全世界まだ曽って其の比類を見る事の出来ぬ眞の民本統治国たる我大帝国の皇太子殿下此度の行啓は我の九州同胞にとりましては千載一遇の光栄で有ります。更に平素皆様方の御好愛下さる銘柄總督は畏れ多くも皇太子殿下御買上の光栄を辱うしまして唯々恐惶の外有りません。是も御愛顧諸彦の御後援の下に常々醸酒の努力したる結果であると存じますから、之を披露聊か祝意と表示し、旦各位の御厚意に報ゐん為、来る十二月十三日より十五日迄、三日間左の特価にて幣舗醸造諸酒を提供致しますから、御共鳴の諸氏は續々御来店御下命の上皇太子殿下の御健勝を御祈りください

特価諸酒

皇太子殿下

御買上品　總督印　壱升に付現金壱円也（定価壱円参拾銭）

普通銘酒玉川印〃金九拾銭也（壱円拾銭）

清酒春駒印　〃金八拾銭也（金壱円）

柳ヶ浦村中須賀

総督醸造元　津島屋酒場（長洲大正活版所印刷）』

大正九年、第一次世界大戦の終了後まで、まだ、景気はよかった。民次郎五五歳の年である。その二年後、大正一一年、家督を長男睦郎に相続させるが、一方、民次郎の膝元で修行、その薫陶をもろに受けていた次男悟も、津島屋の暖簾を分けてもらって分家、第二津島屋として、一・五キロほど北、沖須、小松橋の近くに酒造免許を申請して認可され、醸造を開始するのである。

工場は、小売店舗共一三八〇坪、酒造庫は、典型的な大正蔵で、もっぱら父民次郎の設計によるものであった。第二津島屋として出発した悟は、銘柄を「民潮」とし、初年度は三〇〇石を製造、その後、販路を拡大して五〇〇石となった。

悟は、もともと技術畑の人で、東京の滝野川醸造試験所に研修に出向いたり、また熊本市の酒造講習会には必ず出席して品質の向上に努力した。その熱心さが報いられたか、下毛郡、宇佐郡、西国東郡、三税務署合同の品評会にも、入賞酒を得るようになった。しかし優等賞にはほど遠かった。

ところが、時代は不運にも昭和恐慌の時代、折からの井上準之助財政のデフレ政策で、農村は不況のドン底。そのため悟は、販路を北九州の消費地や、門司鉄道管理局の購買所に求めた。従って、当然酒質の競争を余儀なくされる。酒造期は、蔵人とともに蔵内にこもり技術を研鑽、夏季の日本酒の不需要期には、折から始まった冷用酒の宣伝販売につとめたのである。

因みに、昭和元年には全国で九七三九場あった酒造家が、昭和一〇年には、七三〇四醸場と、いっきに四分の一減じるほどの激動期であった。なお、生産石数にして四八〇万四〇〇〇石あったのが、三七八万四〇〇〇石と、一〇〇万石の減産は、昭和不況がいかに恐慌的であったか分かろうというものである。

悟は、その間に、酒は嗜好品なるゆえ、ひたすら品質向上につとめ、苦節一〇年の甲斐あってか、県北三郡の品評会では、優等賞は逸するも一等賞を得るまでに至るのである。そして、昭和六年には待望の優等賞を、さらに大分県品評会に出品して優等賞を獲得、しかも、以後毎年受賞の栄に浴している。やがて、熊本国税局品評会にも出品するようになり、ここでも、三年連続

御待ち兼ね

!!皇太子殿下賜御買上之光榮 銘酒總督披露デー!!

◉デモクラシー ト 總督光榮◉

全世界未だ曾つて共比類を見る事の出來ぬ眞の民本統治國たる我大帝國の

皇太子殿下 此度の行啓は我九州同胞にとりましては千載一遇の光榮で有ります更に平素皆樣方の御好愛下さる銘酒總督は畏れ多くも

皇太子殿下 御買上の光榮を辱ふしまして唯々恐惶の外有りません是も御愛顧諸彦の御後援の下に常々醸酒に努力したる結果で有ると存じますから之を御披露申上聊か祝意を表示し且顧客各位の御厚意に報ゐん爲め

來る十二月十三日より十五日迄で 三日間

左の特價にて弊舗醸造清酒を提供致しますから御共鳴の諸士は續々御來店御下命の上

皇太子殿下の御健勝を御祈りください

特價清酒

皇太子殿下御買上品 總督印 壹升ニ付 現金 金壹 圓也 之價（金壹圓參拾錢）

普通銘酒 玉川印 仝 金九拾錢也（金壹圓拾錢）

清酒 春駒印 仝 金八拾錢也（金壹 圓）

必ず御覧下さい

總督釀造元 津島屋酒場

神ヶ浦村中須賀

（長洲大正活版所印刷）

大正９年「陸軍大演習」のときのチラシ

優等賞を得て、名誉賞金牌授与の栄誉を受けている。その間には、全国品評会に出品、昭和一一年、ついに優等賞を獲得、悟が分家独立して一四年にして、その目的を達し、「民潮」の名を高らしめるに至ったのである。

大正一一年に蔵をもち、努力が稔って順調に発展していたかに見えたが、時代は急速に軍国主義化し、昭和一一年の秋、全国品評会に入賞して、これから、という矢先の昭和一二年、支那事変が勃発、時代は統制経済へと移行、酒造家にとって最も苦渋にみちた戦中戦後の、あの原料米不足の一〇数年が到来するのである。

なお、酒造業界は、長年、小売販売は自由であった。そのため、代金回収にしても、当時は盆暮れの二節季が慣習になっていた。酒税は造石税で、年四回の徴収のため、手持酒の有無に拘わらず酒税の立て替えはもちろんだし、とくに、三月期の納税は、酒造期とも重って酒屋経営を圧迫した。昭和の初期に酒造家が一気に減じたのも、経済の変動と税立替の過重負担に耐えなかったからである。

今戸悟氏

酒小売店の免許制の件は、明治四四年より、政府に陳情している酒造業者念願の事項であったが、二五年ぶりにして、ようやく議会を通過、昭和一二年四月一日から免許制となるのである。ただし、造石税が庫出し税になるのはまだ先のこと。減産の自浄作用が思うにまかせず苦しんでいた酒造業界も、支那事変の勃発とともに一挙に解決するのである。が、反面、この事変が、世界戦争に発展し、挙句の果てに、昭和一〇年の生産石数の一〇分の一の三七万石にまで減産を余儀なくされる時代が到来するなど、この年はまだ予想もしなかった。

昭和一一年の全国品評会で、三点、優等に入賞した民潮は、ようやく世間にその品質を認められることになり、悟の努力も稔ったわけだ。が、時の流れとは不思議なもので、翌年の昭和一二年、第七〇通常会議において、海軍補充計画（第三次補充計画）が承認され、柳ヶ浦村の地に海軍航空隊が建設されることになるのである。純然たる農村地帯に、軍の施設ができるということは、大変な刺激であり、経済効果は図り知れない。柳ヶ浦村はもちろん、隣町の長洲町、宇佐町、四日市町、果ては中津市、別府市まで波及効果は計りしれず、民潮にとっても、酒名は挙がるし、家業は充実してゆくのであるが、そうは問屋がおろさないのが世のならわし、統制の枠がはめられ、翌一三年からは、減石を余儀なくされるのである。従って、折角、獲得した鉄道の購買へは、ない袖はふれずで、生産者にとって、諸物資の統制令は苦渋以外の何ものでもなかった。

酒造業界は、明治以来、過剰生産による乱売に悩んでいた。自主統制を何度も試みてきたが、思うようにゆかず、困惑しきっていたわけだ。でも、昭和一一年、一二年は比較的安定していて、一二年の総石数は四二八万一五五九石で、組合員の数は八三〇〇余、三一三組合あった。以後、この年の生産石数が原規制数量と呼ばれるもので、昭和四八年度に廃止されるまで三六年間、財産権となり業界を流通するのである。また長年の念願であった酒類の小売免許制度が議会でとり上げられたのもこの年で、実施は、翌年の昭和一三年に施行の運びとなっている。

昭和一三年、国家総動員法が可決され、戦争への道を歩み始めた。が、困難なのは食糧の確保である。統制経済への変換は、時代の流れとなり、この年は、酒米の割り当ては、三七九万五七八八石で、一三パーセントの減となった。戦争は、一人、悟のみならず、多くの日本人の夢を挫折させる羽目となる。

さらに昭和一四年、陸海軍の動員数は九五万人に及び、酒造業は、いっきに一〇〇万石の減石が提案され、中央会は驚天《きょうてん》。政府と交渉の結果二〇〇万石に落ち着くが、昭和一一年の半分である。日本酒が、金魚酒の異名をとり流行語となって今日まで伝わっているのはその年、紀元二六〇〇年（一九四〇年）である。

時あたかも柳ヶ浦村には海軍の航空隊が建設された。昭和一四年一〇月一日に開隊した「宇佐海軍航空隊」がそれである。約二〇〇〇人に及ぶ隊員がこの地に移住してきたので、宇佐地方は、戦争景気のおこぼれをもろにうけた。そこで悟は、呉海軍鎮守府の軍需部に伺候し、「海軍御用達」の許可をとり、宇佐航空隊の出入り商人として、主計科と酒保や、中須賀地区にあった下士官集会所に、ビール、酒、石鹼を納めることとなった。

昭和一六年一二月八日は大東亜戦争勃発。一億総力戦となり、翌一七年は食糧確保のため「食管法」が制定された。因みに、この年の全国の生産石数は、一六三万石である。

昭和一八年は、一〇六万三〇〇〇石。

昭和一九年は、八〇万石（大分県は、一万五七九七石）。一一年の五分の一である。そして、最悪の昭和二〇年を迎えるが、戦災による消失酒造家は一二〇醸余、二三三工場が灰燼に帰した。なお、この年、台風の襲来多く、さらに二〇万石を減じられたが、製成石数は八三万八〇〇〇石で、国民生活は完全に破綻をきたしてしまったのである。

この太平洋戦争三年八か月の間、統制経済が、軍需産業以外の企業を圧迫したのは周知の事実。なかんずく昭和一八年酒造業界においては、企業整備が断行されるが、日本酒造史を通して最も苦痛を強いられた年である。二〇場余あった宇佐郡酒造組合員の三分の一近く減じているが、休場するにしても、継続するにしろ、互いにしこりの残る措置で、戦争完遂の美名の下に已むなく承服した悲劇というほか、いいようがない。

民潮の蔵は、築後二〇年ばかりなのと、設備も揃っているということで存続することとなるが、絶対量の不足はいかんともし難かった。

一方、この戦争では、民潮の本家筋の銘柄「總督」をもつ津島屋本家が再起不能に至るまでにたたきのめされてしまう。というのは、昭和二〇年四月二一日午前八時過ぎ、宇佐海軍航空隊がアメリカ空軍のB29の爆撃団二九機に急襲されるのである。その日、航空隊は、格納庫、兵舎、庁舎はもちろん、時限爆弾は滑走路に落ち、その機能消滅して、五月七日に解隊を余儀なくされる。その日、B29二九機は一旦北上したものの、今度は、高圧線上を南下してきて、民間の家屋に爆弾を投下し始めるのである。その折、悟の生家である「總督」の蔵のあった津島屋本家が直撃弾二発をもろに受けて、工場、本宅ともども壊滅。昭和一八年に、企業整備で、休場していたものの二〇〇年近く続いた旧家は、多くの資料を灰燼に帰したまま終焉を迎えることとなる。

戦争が終わった時、前にも述べたが、全国七千数百軒あった酒造場のうち一二〇軒が破壊されていたわけだが、津島屋本家はその中の一場で、大分県では、ただ一軒である。

昭和二〇年は、酒造米の割り当ては八五万石であったが、予想以上の不作のため六二万石に削られている。民潮の蔵は、仕込みに入るのは明けて二一年一月の下旬旧正月前という遅延ぶりであった。

昭和二一年は、未曾有の凶作となり、平年作の半分の収穫のため、酒造米の割り当ては六二万六〇〇〇石（製成八六万八〇〇〇石）、敗戦による混乱の中で国民生活も不安定の上、海外からの復員兵や引揚者は六〇〇万人の多きに達し、米よこせデモが宮城前に押しよせたのもこの年である。そこで政府は、外食券食堂、旅館、喫茶店以外、飲食店の営業は停止する措置をとった。

一方、昭和一八年に企業整備により休場していた保有工場の復活が認められたが、逆に、酒造米配分に困惑する結果となるだけだった。実はこの年、昭和二二年の割り当ては三二万四〇〇〇石で前年の二分の一。市中に密造酒が出回り始めるのも止むを得なかった。

終戦直後の絶体貧乏時代においては、日本酒や焼酎は大衆の娯楽商品だった。だから、需要に応じかねる業界では、酒税法を改正してでも三倍増醸の生産に踏みきらざるを得なくなる情勢となってきた。というのも、前年度に続いて昭和二三年、二四年と、全国酒造米の割り当ては四三万六〇〇〇石、二四年が四三万三〇〇〇石と減石されても増えることはなかったからである。

三倍醸造は、政令二九八号をもって酒税法規則を改定、昭和二四年酒造年度より、全国で、試験工場として二〇〇醸が選定された。幸い、民潮は、宇佐郡税務署管内で、その中の一場として選ばれ、局からの派遣技師が泊まりこみで指導にあたられるわけであるが、三倍醸造の試験蔵となったことは特筆に値する。

一方、多年懸案になっていたビン詰め工場を大正蔵の東側に建築したのも、この年である。日本の国力が復興するにつれ、酒造米の割り当ても増加してゆくが、昭和二五年は六〇万石となり、また三倍増醸工場は九九七場に増加して、製成石数は一〇四万石と、ほぼ、昭和一八年頃までに回復した。

昭和二六年の割り当ては七四万石、三増酒工場は二九〇〇場になり、復活工場も含めて生産者は戦前の八〇パーセント復興したことになる。

課税移出を見てみると、

昭和二十五年　一〇一万一〇〇〇石
〃　二十六年　一三五万六〇〇〇石
〃　二十七年　一六四万三〇〇〇石

昭和二五年六月二五日の朝鮮動乱の特需景気の余波で右肩上がり成長ぶりを示した。

因みに、昭和二七年酒の酒造米の割り当ては九〇万六〇〇〇石、製成一八三万二〇〇〇石で、昭和一一年酒の約半分近くに復興した。

また戦前は、生産過剰と乱売に悩んでいた業界だったが、昭和一二年よりの自主統制が稔り、さらに念願だった酒類小売免許制が実施されるなど、だんだん統制色が強くなる一方、今まで上等、中等、並酒の三段階ぐらいしかなかった酒が一級、二級、三級、四級と級別に統制されたのは昭和一八年である。平成四年に級別が廃止されるまで半世紀、業者も、消費者も級別に馴らされてきたわけだが、清酒業界が、戦争の呪縛から自由になれたような気がする。

参考のためだが、昭和一八年段階では、一級九二銭、二級七二銭、三級、四級は五五銭となっているが、多分卸値と思う。

昭和二八年、特需景気のおかげで日本経済の在庫は一掃され、全般的な景気は好転したものの、この年は風水害、病虫害が発生し、米作は、一〇二五万石の減収で五〇〇〇万石そこそこ、原料米の割り当ては八二万石で、増醸酒の九〇万七〇〇〇石を加えて一七三万二〇〇〇石の生産見込みであった。なお、この頃は、特級の小売価格は九八五円、一級七八五円、二級四八五円で、その内、酒税は七〇パーセントを超える高率であったため、特級酒は贅沢品であり、また高い税金のゆえ、回収に疎漏のないよう税務当局の指導があった。

昭和二九年は、またしても台風に襲われ米作は、平年作の九二パーセント六〇七六万石で、原料米の割り当ては九六万石だった。増醸分一二六万三〇〇〇石を併せると二九六万石となり、酒税も再び値上げされ、昭和二五年の最高値一一七五円には及ばないが、特級一〇七五円、一級八三〇円、二級五〇五円と、とくに特級酒は贅沢品のイメージを消すことができなかった。

全国品評会も昭和二七年、新組織に改められてから一四年ぶりに行なわれたわけであるが、二九年からは今までと違って市販酒を主としたことである。宇佐税務署管内では江本商店の「酔桜」が入選して「宇佐の酒」の酒名を高らしめた。

昭和三〇年、幸いこの年の米作は豊作で八二五六万石の空前の収穫をあげた。昭和一八年企業整備で休場していた蔵の第二次復活が実現し、原料米の割り当ても一一二万一〇〇〇石、増醸分を併せると三二七万石を超え、市場は、二〇年ぶりに過剰気味となっていた。

昭和三一年、「もはや、戦後は終わった」と経済企画庁が白書を通じて発表したように、この年から、日本は、高度成長経済へと脱皮離陸してゆくのである。割り当ては一四〇万五〇〇〇石、増醸分一一三万六〇〇〇石。蔵の事情により、この年から委託醸造も始まった。交通事情も復興著しく、長距離列車には寝台車や食堂車が復活されたのもこの年である。

昭和三二年度は、割り当て石数一五三万石、増醸分一二一万一〇〇〇石となり、国民生活の安定からか、一級酒の伸びが顕著となった。

この年から、悟は宇佐郡酒造組合の理事長に推され、中央会の評議員にもなっている。勢い、戦前に似た活況ぶりに復活したので、郡内では品質の向上に研鑽し合い、全国鑑評会では、宇佐郡管内からも三銘柄選ばれるが民潮も二〇年ぶりに全国区で優等賞の栄誉を得たし、「宇佐の酒」の酒名を高からしめた。

昭和30年代の(株)民潮酒舗

昭和三三年度は、三一年度に始まった神武景気もようやく治まり、なべ底景気といわれて景気の低迷を余儀なくされていた。業界も、米穀事情が一〇〇万石を超える時代になると、課税移出の旺盛な蔵と、そうでない蔵と銘柄格差が出始めるのである。基準指数による配分制度に矛盾を感じ始めるようになるのもこの頃からで、この格差を埋めるために考えられたのが委託醸造や、桶取引制度、また中央保有米制度というわけである。この年の割り当ては、一三七万六〇〇〇石、増醸分一一〇万石強であった。

昭和三四年、伊勢湾台風に襲われたにも拘らず米作は七〇〇〇万石近くあり、原料米の割り当ては一六二万六〇〇〇石、なお、企業合同、共同ビン詰め、共販を実施した蔵には加配があった。ために、市場は、ますます乱れるばかりだった。

昭和三五年、この年、国民所得はようやく一〇〇〇ドルとなる。当時の為替レートは三六〇円だったので三六万円になるが、アメリカが一〇〇〇ドルだったのは大正一二年だから、遅れること三七年ということか。原料米の割り当てもいよいよ多くなり一九二万六〇〇〇石。この年、基準販売価格制度廃止論が出るし、自由化思想の萌芽である。

昭和三六年、希望加配制度が取り入れられたが、ここ数年、生産過剰気味にも拘らず、割り当ては全部受配するという過去の習性は惰性化していて恐るべき生産過剰となり、戦前の二の舞を演じかねまじき状態はいかんともし難かった。

割り当て石数は二三四万五七八四石で市販酒に換算すると五四九万六〇〇〇石である。

昭和三七年、高度成長は金科玉条となり右肩上がりの坂をつっぱしる。割り当て二二三万九〇〇〇石、希望加配は基本割り当ての五・四パーセントに留まると、それでも前年比の一四・五パーセント増、五五九万一〇〇〇石に達した。

昭和三八年この年から、酒税法が改正され申告制度となった。一方、減税も実施された。特・一級を合わせて特級とし、今まであった準一級が新一級、そのため価格面で二級酒との差が大きく縮まった。必然、消費傾向は一級にシフトする。二級酒の消費がうんと下落したのである。民潮の消費者の中にも「一級会」なる飲み会グループが結成されるなど、その傾向は地方にまで及んだ。

昭和三八年、この年、関東以西の長雨や北海道、東北の冷害で収穫量は一〇〇万石ばかり下回ったが、酒税減税の効果が現われたりで、例えば、一級酒の蔵出しは、前年比一五八パーセント増を示すほどの好況ぶりであった。そのため政府は、不作にも拘わらず増石、税収需給の関係から二八七万四〇〇〇石の割り当てとなった。すでに、つくれば売れる時代はとっくに過ぎていたし、大手蔵以外は茨の道を歩む運命にあることは火をみるより明らかであった。だから、政府も、酒造零細業者のために「中小企業近代化」が計画推進されるのである。でも、この危機を自らのものと受けとる業者は民潮を含めてまだ少なかった。

この年、悟の長男公徳が妻子を伴って東京から帰郷、民潮酒舗に入社して業務の一端を担当することになる。長男公徳は、大正一四年（一九二五年一月一日）現在地に生まれている。悟には六人の子供がいて、男子二名、女子四名の子ももうけていたが、公徳を東京に出したのも、元来、気の弱い長男の公徳に、他人の飯を食ってきてもらう心づもりがあったはず。

公徳は、柳ヶ浦村の三洲尋常高等小学を昭和一二年に卒業、病気のため一年休学して中津中学校に入学、昭和一八年同校を卒業すると東京へ出て明治大学の予科に入った。時あたかも太平洋戦争で、陸軍特別甲種幹部候補生を志願して軍籍に身を置くことになる。昭和二〇年終戦、復員して、明治大学に復学、同年三月に予科を卒業したことになっていて、そのまま、商学部に籍を移した。昭和二三年同学部を卒業。直ちに帰郷して家業を継ぐべきはずのところ、悟の、武者修行のすすめもあって、当時、西日本新聞社が、戦争中から途絶えていた夕刊紙を「夕刊フクニチ」という題字で出し始めたので、その東京支社に就職がきまった。記者ではなく営業マン。広告収集に当たっていたが、当時、広告マンの不足していた毎日新聞社の誘いもあって、電通を介し、毎日新聞の東京本社に円満移籍した。一三年間いた毎日新聞では、一流の会社巡りをやっていたので、その頃の企業の経営分析などもやらされ、そ

今戸公徳氏

れが、帰京後、酒屋経営に役立ったのも否めない。

昭和三八年、悟が健康を害したこともあって、毎日新聞を退社、家業を継ぐことになる。昭和三八年七月のことであった。酒類業界の難しい時でもあり、結局、市場混乱期にあって、公徳は、つくったものは売る、というポリシーの下に直売戦略を展開、銀行から資金を引き出して、下関市、中津市、若松市、大分市、佐伯市に直売場を構えた。そのため滞貨していた酒を一掃、販売量は飛躍的にのびて未納税を移入するほどの伸びようであった。

昭和三九年、原料米の割り当ては二九九万一五八六石。酒類業界も右肩上がりの道を進んだが、一方、販売力の弱い零細業者の先を見越していたのか、政府は、中小企業近代化計画を発表した。

昭和四〇年、山一証券や日本特殊鋼、サンウェーブなどの倒産はあったが、日本酒は好調でこの年の割り当ては三〇二万五〇〇〇石。民潮は、直売場の好調もあって希望加配は目一杯受配。なお、未納税移入を余儀なくされた。

昭和四一年、三一一万四二九三石。

当社は販路拡張して北九州、福岡市へと直売店の獲得に奔走した。また、この年の二月十八日、民潮は勅祭大社宇佐神宮御用達の認可を受けている。

昭和四二年、この年の割り当ても三〇〇万石を超え、市販石数に換算して八五四万石となり、市場は大いに乱れた。ただ、日本全国の道路網の整備が充実、いわゆる流通革命の理論で、生産地から消費地への距離は短縮され、零細直売業者の生き延びる道はあったが、かたや、主産地にとっても、流通革命はプラスに作用して、勢い、大手銘柄と地方弱小銘柄は競合することとなる。こうなれば、大量生産、大量販売、大量宣伝力のある大手業者にかなうわけはなく、生産過剰は乱売合戦となり、リベートの一本当たり五〇円は、銘柄力の弱い業者にとっては通常のこととなってしまった。しかも砕米《くず》は自由化された。

昭和四三年、市販酒にして九一〇万石が試算されて業界の自粛が要望されたが、この年の割り当ても希望加配を目一杯とる蔵も多く、原料米割り当ては三一一万石である。民潮にとって、幸運だったのは、公害問題がようやく姦《かしま》しくなり、チクロに続いてサルチル酸も俎上に上がり、たまたま、悟が、長年サルチル酸無添加を実行していたのが当たり、この年は、つくりこみをまたずに在庫が一掃された。

昭和四四年、この年は、特筆すべき年であった。というのも、割り当て制度の廃止にも匹敵する自主流通米制度が発足、原料米が政府を通さずに購入することができるという完全自由化への一歩を記した年でもあった。また、この年は、昭和三九年から五か年計画で始まった中小企業近代化計画の最後の年であったが、その成果の程ははかばかしくなく、やがて、構造改善事業として、第二次近代計画へと進むのである。

昭和四五年、市販酒九六〇万七〇〇〇石となり一〇〇〇万石の大台を目前にした。と同時に、市場の乱売は零細企業を直撃、当社も、このまま生産を続けると、人件費だけ赤字となることは自明の理で、先行きを見越し生産をどこか適当なところと、集約をすることを考えていた。幸い管内で、活性化している醸造場がある、高嶋屋酒造という蔵だが、そこに委託することを決断した。

生産を委託すると金融面では随分楽になったが、反面、これまで民潮の酒質を絶対視していた顧客が、離れてゆき、直売店も、つくりを委託していると、ということになると、販売面でのハンデは止むを得なかった。

四七年度は、課税移出は減少、つくりを中止すればしたで悩みは尽きなかった。

昭和四八年、第二次近代化計画の四年目に当たり、集約製造参加者の製造免許の取扱いが問題になり、当時、全国で一九五場あり、その数量は一〇万石近くあった。これに対して酒造対策調査委員会よりの緊急答申があったが、それによると「集約製造参加者は、実態上は製造者ではなく、ビン詰販売業者又は、酒類販売業者と考えられるので、実態に合わせて蔵置場の設置許可又は酒類販売免許を与えることによって従前と同様の事実の継続をみとめる。云々…」という通達で、先祖伝来の業務を途絶えさすことの厳しさを痛感する業者は当局の同情を誘っているようである。で、民潮としては、「復活する際は優先的に免許を下附する」という一項があったため、会長の悟も了承、四九年度をもって蔵置場免許となっている。

以後、ビン詰め工場の体裁で今日まできているが、折から、市場は大量生産大量販売の絶頂期で、弱小業者は苦難の道を強いられるばかりだった。酒の販売のため小売店を回っても、リベートは三本付五本付というように秋の仕込み期になると、酒に相場がたつといった不自然な状態となり、このまま推移せんか、自滅を余儀なくされる趨勢となった。

そこで、税務署の指導もあり、ノーリベートの商品で販売のルートはないか、という命題を提案することにより、折から、地方の時代が喧伝され、特に大分県は観光県なので、神社仏閣に観光免許をおろしてもらい、酒を、特殊容器に詰めかえて販売すれば、付加価値もつくという一石二鳥のメリットもあって、民潮は、今までの小売店直売、二〇〇軒あった小売店への卸売を一挙に中止。宇佐神宮始め、国東半島の文化財遺跡となっている寺々での販売に切り替え、今日に至っているのである。特殊容器は、それぞれの名所に因んだビン型、図柄を考案し、社長のモットーである「スモール・イズ・ビューティフル」を念頭に、困難な時代を乗り切ろうとしているのである。

平成三年六月二八日、高嶋酒造廃業のため、民潮は親戚筋にあたる大野郡野津町野津市の藤居酒造株式会社に醸造を委託、今日に至っている。

七　宇佐酒類株式会社物語

昭和六〇年四月一日、宇佐市長洲町二六九二番地の一の地で、宇佐酒類株式会社は呱々《ここ》の声をあげた。資本金八〇〇〇万円で、役員構成は、酒造家の南信秀、坂本治茂、加来国博、高橋明博である。四名は、それぞれ酒造免許をもち清酒製造販売を営んでいたが、昭和五〇年代初頭から始まる麦焼酎のブームに刺激され、販売ルートの可能性をもつ南の斡旋主導で新規事業の機が熟し発足した企業合同会社である。もっとも、その前年には同じ宇佐酒造組合員である、大分銘醸株式会社が発足していたし、一村一品のムードの中、バスに乗り遅れまいとする機運もあった。

昭和六〇年といえば、一二年前の昭和四八年、高度成長経済が終焉を告げ、ニクソンショックや第一次石油ショックで、高度成長経済は終焉を告げ、五〇年代に入ってのいわゆる低成長時代の最後の年である。でも、幸いなことに、地方では、「地方の時代」のキャッチフレーズの下に地域開発が進められ、地価の安い地方を求めてはベンチャー企業の進出がブームとなっていた。大分県も、ソニーや東芝などの進出で例外ではなかった。

一方、大分県は、昔から農業県で県民所得も全国的には下位にあったが、それを逆手にとって「一村一品」運動が提唱され、なかんづくムギをベースにした乙類焼酎の麦焼酎が脚光を浴び、一躍、大分県の特産品として首都圏で爆発的人気を博したのは記憶に鮮明である。

低成長時代の五〇年代、酒類業界においても、清酒の頭打ちを尻目に、県下でも乙類免許の所有者は競って麦焼酎を生産、ブームは天井を打つことを知らないほどだった。で、「中屋大黒」の当主南信秀が、この好況期を見逃す手はないと直感、都市圏での販売ルートに自信をもっていたこともあって、同地域の清酒業者、加来酒造、坂本酒造、高橋酒造の三者に声をかけたのが始まりである。長洲町地区には、ほかに四谷酒造、久保酒造、小松酒造と七軒の酒造家があったが、いずれも参画を辞退され、上記の三者のみ馳せ参ずるといういきさつがある。

で、宇佐酒類株式会社に乙類焼酎免許可が下附されたのは、昭和六〇年一〇月一日、社長に、年長の南信秀が選任されたが、他の三者は代表権を持つ常務としてそれぞれ役務分担がきめられた。本社のある長洲町二六九二番地は加来酒造に隣接する土地である。まず加来酒造でビン詰め、清酒製造は坂本蔵、焼酎製造は高橋蔵で、そして、社長の南はもっぱら販路拡張に奔走することとなった。

社長の南信秀の蔵は、創業者は、南直蔵といって宇佐市金屋で幕末に生を受けている。直蔵は、生家が駅館川畔にあり、当時は、そこから六百石船が往来し、島原藩の米などを積み出していたため、直蔵は、商才にたけていたこともあって、自前船に産物を積んでは大阪方面に商用に出かけていた。

幕末から明治にかけては、思う存分の活躍ができたらしい。やがて、財をなし、現在地に酒造免許を取得し、明治三〇年、日豊線が開通してから、船便も減少するため、酒造業に専心することになる。

二代目の千代治郎は明治二〇年生まれ、長じて家業の酒造業を継ぎ、大正、昭和の時代を生きていく。男子二人をもうけ、戦争中、一時企業整備令により休場するも、戦後、復活、兵役についていた長男武、二男信秀ともに復員してきたこともあって、個人企業の酒造工場を有限会社に組織して社名も「中屋酒造有限会社」として新発足するのである。昭和三〇年、

「もはや、戦後ではない」という経済企画庁の白書にもあるように、戦いが終わって一〇年もたつと、経済、世情ともに安定、原料米は原規制数量によって配給制であったとはいえ、増醸分を含めて製成は三〇〇万石をこえ、ほぼ戦前に復帰し、過剰気味となっていた。

中屋酒造が、直売に踏み切ったのもこの頃で、管内では、嚆矢《こうし》である。千代治郎並びに武が他界してから、信秀が社長に就任。信秀は、宇佐中学（旧制）を卒業後、熊本高等工業（現熊本大学）に進学。戦争中は陸軍幹部候補生となり見習士官で復員している。家業を継いでから、熊本国税局鑑評会では優等賞を得ているし、「大黒」の銘柄は、地元並びに都市部へと広範囲にわたっている。幸い、全国組織の「日本酒販」にパイプがあり、昭和五〇年代後半から麦焼酎製造に情熱を注いでいる。

清酒工場になる坂本治茂の蔵は、同町三七五七番地で坂本一角が創業、坂本酒造合資会社を設立したのは、復活した昭和二七年である。翌年一角死去により、坂本治茂が代表者となる。以後、坂本の企業努力が実って販路拡張と同時に、酒造技術も向上し、全国鑑評会で金賞を授与したのは昭和四二年だった。なお。熊本国税局管内鑑評会では三回の入賞を果たし、「九州白菊」の名声は大いにあがり、酒づくりは、四〇年代、五〇年代と困難な時代だったにも拘らず、六〇年の宇佐酒類に参加する前年の五九年度まで続いた。合同後は、清酒工場として残り、杜氏を五島から迎えている。

焼酎工場となる高橋蔵は同町三五七三番地にあって当主明博で五代目。元来、高橋家は、酢・味噌・醤油も醸造をてがけていた。

創業者は高橋儀右衛門で天保四（一八三三）年の創業という。醬油は「真」という銘柄で販路は九州全円に及んだ。とくに酢は、明治時代三〇〇〇石を販売するほどの大手であった。二代目勢左衛門、三代目常市、四代目は篤光といったが常市を襲名して家業の発展に尽くしている。酒造免許は勢左衛門の時というから、多分、明治二九年のはず。

明治四二年生まれの常市は、才人の誉れ高く、大分高商を出てから二六歳で長洲町町議となり、一〇年後の戦争中は、町長に推されている。三六歳だった。いかに篤実の士だったかが分かるというもの。戦争中の昭和一八年の企業整備の時は保有工場として残り、久保酒造、坂本酒造、南酒造と一グループをつくっていた。戦後、常市はパージとなるも、二七年復帰して、再び、長洲町公選町長に返り咲く。その間、酒名「真長」は拡張を続け、また環境衛生では率先して指導に当たり厚生大臣賞も受けている。

常市頓死してから、現当主の明博が製薬会社を退社して家業を継ぐが、明博は昭和一二年生まれ宇佐高校から日本大学薬学部に進み、卒業後製薬会社に勤めている。昭和三八年に帰郷してから県酒造組合連合会にある豊友会にも参加、今日、普通になっているイオン交換樹旨の方程式をいち早く披露するなど、化学的知識は特筆に値する。で、新会社と焼酎工場は、高橋蔵ということになる。

大体、長洲町は漁業の町で、長洲港からあがる漁獲高は相当なものである。沿海漁業が衰微したとはいえ、まだ漁師町には違いない。加来酒造の創業者加来国松は、明治時代は魚市場のオーナーだった。周防灘で、タイやフクが溢れるほど漁れる時代は文字通り宵越しの金は持たぬ習慣で、万事派手であった。盆には、一基数十万円もする御殿灯籠を一晩で灰にする風習は面影を今に伝えている。国松が酒造免許を取得した年月日は詳らかではないが、当主の父善弥が二代目、現当主国博は昭和七年生まれである。銘柄は、豊かな長洲という意味も含めてか、「豊長」で売り出している。

加来酒造は、戦前は地元はもちろん、北九州方面に人気があって、その大半を関門方面に出荷していた。戦争中、一時休場していたが、戦後復活してから、善弥の長男国博が宇佐高校から昭和二五年成蹊大学に進学する。三年在学中善弥病のため帰郷。国税庁醸造試験所で研修（三九年）を受け、家業に邁進。着々と業績をのばしていった。

もともと、この地元では、指折りの資産家であるし、係累もよく、今日もその地位は些かのゆるぎもない。宇佐酒類に合同してから、地の利と、国博の人柄が物をいって、加来蔵は、ビン詰工場となっている。坂本蔵で製造した酒と高橋蔵で生産された焼酎は、加来蔵に未納税移出され、そこでビン詰め・販売の運びとなる。当初の予定の如く、販売を担当した南は、太いパイプを生かして、まず東京の日酒販を訪問。清酒二〇〇〇石、焼酎一〇〇〇石の契約を得た。清酒の銘柄は「豊娘」、大黒、豊長、九州白菊、真長、とそれぞれの銘柄を止場して「豊娘」を標榜するあたり、新会社設立の意欲に満々たるものがあった。資本金八〇〇万円は、一軒あたり、二〇〇万円の出資となり、そのほとんどは、新会社の設備投資に費やされている。

意気ごみといえば、焼酎工場の高橋蔵には、杜氏として、坂本元が主任として入社したことである。元は、宇佐高校を卒業して宮崎大学の工学部に進んだ人材である。焼酎製造のため、宇佐酒類が発足してから、改めて焼酎製造技術修得のため、以前鑑定官室にいた牛島先生の下で研修に勤しんだことである。その甲斐あってか、六〇酒造年度から製造にかかり、焼酎、「よういどん」は翌六一年度には優等賞に入賞。六二年度、六三年度と連続して入賞したことは、元の技術の確かさを証明するものである。

「豊娘」、「よういどん」は順調に伸長したが、折から東京市場では「いいちこ」の銘柄が強く、得意先のたっての要望もあって「麦ちこ」の銘柄もつくって首都圏にも出荷した。時代は、バブル時代に突入、やがて、その終焉は政策として実現され、経済は一気に下降線を余儀なくされるのである。

多様化した清酒も、一時の地方酒ブームも頭を打ち、五〇年代、どこまで伸びるかと思われた焼酎ブームもかつての華やかさは消えて、安定路線を歩むことになった。折しも流通業界はコンビニやディスカウントの出店で、かつての生販小売三層の秩序は崩壊の寸前に立ち至っている。各酒造蔵とも、時代の転換点に遭遇して、大きくあえいでいるが、宇佐酒類株式会社は、その嵐に耐え、その次の時代への飛躍に備えているのである。

（平成一四年三月　豊日史学）

第八部——晩秋　四つの恋の物語

十銭白銅貨の恋

一

稲田が苅りとられると、県北はもう晩秋の色。畦道は黄褐色の彩りに沈んできて、それは、見渡すかぎり、突兀《とっこつ》とした八面山の麓まで続いていた。昭和の初年、小学生だった私たちは、日曜といわず、小鮒つりか、雀撃ちか、兵隊ごっこが秋の遊びの大半だった。そんなのどかな晩秋の午後、私は、水彩道具の忘れ物を思い出して、村の小学校まで自転車のペダルをふんだ。校門をくぐり、教室に入って画板と絵具をとり、自転車の荷台に括りつけて帰ろうとしたら、

「あーら、今ちゃんじゃない!? ……どうしたん、日曜なのに……」

女教師である高橋道子先生の声だった。高橋道子先生は、紺のスーツがとてもよく似合う。あの頃は、電話の交換手さんでも、まだ和服に袴だったし、洋装が珍しいのと、それを着こなす道子先生は、小学生の憧れの女先生だった。その頃でも、高学年になると女先生から声をかけられるのさえ恥ずかしく、耳の端まで赤くなるのが幼心にも分った。

「うん、……忘れ物……、水彩道具じゃ……」

と、はき出すようにいって、私は、ハンドルをしっかり握り、運動場を小走りに駈け、逃げるようにパッとサドルの上にとび乗った。その音に驚いたのか、校庭の端にいた石たたき

（セキレイ）が一羽、尾っぽを、ピットはねあげて飛びさっていった。

小学校への道は砂利道だったが、その頃の通学路は、口分田《くぶんでん》当時の畦道を四メートルばかり広くしていたので新道と呼んだ。新道の西側には、一メートル幅ぐらいの小川が流れていて、小鮒が、列をつくって泳いでゆくのが自転車の上からでも見透かせるほど、秋の水は澄んでいた。鮒を、すくおうと思って、私は、自転車を降りて、鮒の動きを、じっと、見入っていた。ところが、「ボク！」と、声をかける人がいた。驚いて振り向くと、グレーの背広に、ソフト帽を粋にかぶった紳士が一人立っていた。端正な顔立ちだった。

「用事をたのまれてくれないかね」

「……用事⁉」

「小学校までだ。高橋道子先生に、これを届けてほしいんだけどね……」

と、紳士は、一寸、バツ悪そうに一通の封書を差し出した。

「高橋道子先生じゃの、ウン……いいわ」

私は簡単に引き受けて、身軽に自転車にのった。少しいってから、

「……おーい、ボク！」

また、紳士の声が後ろから追ってきた。

「何かエ、おじさん⁉」

「ごめんよ」といって紳士は私の手を握った。そして、掌の中に、何やら堅いものを押しこんだ。紳士は手を放した。その後は、十銭の白銅貨が一枚、私の掌に冷たく光っていた。

「悪いよ、おじさん!! お金じゃないか」

私は、その十銭玉を返そうとしたが、紳士は笑って、「絵具でも買えばいい」と、私のポケットに無理矢理ねじ込みながらそういった。

日曜日の職員室には、道子先生しかいなかった。

私は悪いことでもしたように、「先生!」といって封書を道子先生にそうっと渡した。先生は、それを裏返すなり、パッと顔が赤くなった。そして、まるい大きな瞳をいっぱいにして、自転車のある場所までおくってくれた。――

道子先生が、退職のため全校生徒におしまれて校門を後にしたのは、その年があけてすぐだった。風聞では、結婚して朝鮮に渡るとのことだったが、私たちは、夕方の汽車の出た後、鎌のような月が八面山の上に冴えていた。――

戦後、三〇何年かたって、私は、大分市の通りを歩いていたら道子先生らしき人にあった。少し、小さくなって見えたが、それは道子先生に間違いなかった。

「高橋先生……では?」と私は訝りげに声をかけた。一瞬、先生は戸惑っていたが、「あーら、今ちゃん……」と円《つぶら》な瞳をいっぱいにして私を上から下まで見つめてくれた。喫茶店に入り、昔話をするうちに、先生は、外地から引揚げて、今、年とったお袋さんと二人きりだと語る様子が、いかにもつらそうに見えた。――とすると、あの時の紳士は、どうなったのか。戦死したか、それとも、引揚げの時に生き別れになったのか。私は、頭に白髪の混じった先生を前にして色々な想像をめぐらした。そして、失礼だとは思ったが、あの時の手紙の主は誰だったんですか？ と訊いてみた。

「あの時!?……」という先生は、意外そうな顔で私を見た。でも、しばらくして、嘆息とも溜息ともつかなぬ声が薄い唇からもれてきた。

「あんなこともあったたっけ……」

「恋人だったんでしょう！ 先生」

「でも……」といいかけて、先生は笑って続けた。

「だめだったの。折角、上海まで追っかけていったのにね」

上海!! 戦中派には懐かしい言葉だ。先生にとっては、なおさら、いや、永久に忘れられない異国の名前に違いない。だが来し方。そんな、縺《もつ》れた運命の糸口は、私が握った十銭白銅貨にあったような気がして仕方なかった。

二 クロちゃんの恋人

向田邦子のことを私はクロちゃんと呼んでいた。肌が黒い上に、洋服は、いつも黒系統で纏めていたからでる。テレビ界で、女性ライター御三家の一人なんて奉られるようになってから、急に、美人だ、美人ライターだ、と騒がれ出したが、あのクロちゃんが……当時、私たちは一四、五人で作家ぐるうぷを結成し週一回の勉強会をもっていたが、実際、仲間たちは、誰一人、クロちゃんを、美人だとか、美女だとかいってお姫さま扱いする同輩はいなかった。それほど、二〇数年前の向田邦子は、目立つことなく、下駄箱の如く控え目で、しかも一オクターブ低い声が、よけい、彼女の存在を「だいこんの花」と重ねられるような気がする。

そんな向田邦子だったのに、ここ二、三年のマスコミ界は、傍で見ているとおかしいほどクロちゃんを持ち上げている。その上、独り身ときているので、恋人は⁉ 意中の男は⁉と、さも、何かありげにトップ屋たちは彼女のプライバシーを遮二無二発《あば》き出して面白がろうとする。しかし誰が何といおうと、向田邦子は、黒ちゃんであり、独身のまま、とうとう台湾上空で花火の如く散ってしまった。

私は、三〇年近く前、初対面の時から、向田邦子が、どんな生き方をしていたか、櫛ですいたように知り尽くしているので、仲間たちの追悼文以外は、どの週刊誌のものも白々しく見えた。何やかや、クロちゃんの想い出は尽きないが、一昨年、専門誌「ドラマ」の「一杯のコーヒーから」という題名の随筆に、私と思しき男が登場しているので、私も、いつかはお返しするチャンスを、と実は窺っていたわけだ。

内容はクロちゃんが、今日の向田邦子のきっかけになる糸口をつくってくれたのは、私がご馳走した一杯のコーヒーだったという話のようだったが、今になっては、むしろ、そのことが運命的にさえ思えて何とも複雑な思いにかられるのである。

早いもので、向田邦子が遭難してから、もう四九日が過ぎた。週刊誌のくせで、彼女のゴシップも大方おさまったので、黒いセーターに、黒いコートのクロちゃんと二人で喫茶店に入ったことを書いても、もう誰も気にしないだろう。森繁の「奥様、お手をどうぞ」を書いてみませんか？ と勧めたのは、日の暮れの早い有楽町の晩秋のムードの中だった。眼元だけチャーミングだったその瞳を幾分上にして「森繁、のね……、書けるかしら私に」と、武者震いだろう、いや、女だから身震いだろう。コーヒーカップを持つクロちゃんの手が震えるのが私には分った。

「資料がいるんだったら、僕のところにあるからね」といって、別れ際、彼女の肩をポンと叩いたのを昨日のように想い出す。ところが、驚くじゃないか、二八〇〇本もの森繁ものを書いている。だから、恋人なんてできるヒマもないほど忙しい彼女に、週刊誌は無理矢理、恋人をつくろうとしたが、全部、空振りに終わっている。もちろん「好きな人は⁉」と問われると、ノウとはいいきれない。むしろ、いたことを匂わせる確証の幾つかを私は握っていた。

その中の一人は、彼女の随筆集『眠る盃』にも出ているある男であるが、この場合あえて、ある男、としておこう。彼に週刊誌が殺到《はくせき》するといけないから。ある男というのは私の古い仲間でもあり、親友でもあるからだ。白皙、モンゴメリー・クリフトを優しくしたような二枚目だったが、クロちゃんが話にゆき詰ると、集会の時、きまって仲間たちからアイディアを借りる。が、当時の仲間の中には彼女のほか美人が三、四人いたので、クロちゃんの存在なんか薄かったわけだ。悪いが、誰も本気になって相談にのろうとする仲間はいなかった。

そんな時、クリフト氏が彼女をお茶に誘い、話をつくってやり、合作者にしてブラウン管に登場させるという力の入れ方であった。クロちゃんは、そんな彼に、少なくとも慕情ぐらいは抱いていたことを、私はもちろん、仲間たちみんなも感づいていた。

作家ぐるうぷは私の帰郷と同時に解散した。それ以後は、みな一本立したが、一本立してからのクロちゃんの活躍がめざましかった。テレビ台本一〇〇〇本を書き、直木賞という金鵄勲章をもらって古い仲間たちに嫉妬の念を抱かせた。その、人気絶頂の去年の秋遅く、私はクロちゃんと一〇数年ぶりに会い、赤坂の料亭に招かれた。四方山話は尽きなかった。で、席をたつ時、「あの方、どうしていますかしら……」とクロちゃんの低い声が私にクリフト氏を想い出させた。

「……あの人!?……あっ、彼ですか、自殺しましたよ」

「え!? 自殺! ホントォッ」

と、向田邦子のオクターブが上った。でも、「……未遂だったらしい」というと、彼女の視線が一瞬泳いだ。今となっては、あの時の視線の揺れ方が、クロちゃんと私との最後になってしまったが、もし、向田邦子に意中の人があったとすれば、彼以外にない、と私は思っている。

料亭を出て、「じゃ、またね」と別れた時、赤坂の雑踏は、もう、木枯らしの気配にざわめいていた。

三　嵐の中の恋

一年に一回、上田セツ子さんから消息がある。それは、年賀状だが、上田さんの字は、U字釘を押し曲げたようなクセがあるので、何百枚かの賀状を繰っていても、上田さんの一枚はすぐ分った。上という字が土にみえ、下の田の字は、口にみえた。極度の近眼なのでそんな書体になったらしい。昔は、よく手紙がきていたが、いつか私が、そのことを上田さんに告げて以来、それっきり、手紙はぱったり止まり、年一回の年賀状になってしまった。

幸い、電話が発達したので、用があればダイヤルで事足りるが、上田さんは、五〇年前から東京に住んでおり、結婚して女の子をもち、その子が小学生の時、離婚して二人暮らし、という音信も、実は上田さんの弟さんからの報せで知ったような具合だった。なぜ、上田さんが離婚したことも、また女のお子さんと二人っきりでいるかということも、私に報せてくれなかったのか。何か悪い予感がしないでもなかった。

上田さんの気位の高さは、娘時代、といっても、今から四、五〇年も前のだが、わがまま一杯に生きてきた過去から想像して、今の、落魄《らくはく》した生活ぶりを私に知られたくなかったのであろう。実際、上田さんは、新潟県でも一〇本の指に入る大地主の娘だったのだ。

昔は、東北の方には桁外れの豪農が多かったという。有名な、「本間さまには及びませぬが、せめてなりたや地主さん」という俚謡《りよう》があるように、上田さんは、戦前、何百町歩かの田畠をもっていた大地主の娘だったし、東京に出てきても、世田谷に、一軒、豪壮な邸宅を購入して、そこに、都庁勤めをしていた次兄夫婦と住んでいた。昭和一〇年代のことである。

大分県人の私が、どうして新潟県の上田さんと知りあいになったのか。縁とは、ホントに異なるもので、東京の大学にいた私の従兄が、上田さんのお兄さんのお子さんに英語を教えにいっていたのが、そもそもの始まりだし、私もその従兄を通して紹介され、上田セツ子さんと、今日までご交際する羽目になっている。東京では、従兄は、上田さんの実家のある新潟まで足をのばしていた。そのお屋敷の豪壮さを、帰ってきては自慢げに伝えてくれるから、そんな従兄の話に、私も一度は、新潟の上田さんの家を訪ねてみたいなぁと、豪農の構えに憧れていた。

私が東京に出た年の秋、学徒出陣があって、従兄は、都城連隊に入隊した。航空兵志願だったので、昭和一九年一月、可哀そうに二等兵姿で航空予備士官学校の試験を受けにきた従兄を、上田さんと私は二人で東京駅に迎えた。僅か一泊の、瞬きのような再会だったが、従兄は、それっきり南溟《なんめい》の空に散ってしまった。

上田セツ子さんと従兄とは同じ年。従って、上田さんは、私より五つ年上だった。私は、セツ子さんを姉のように慕い、彼女との往来が続いた。やがて、私も、第二次学徒動員で戦争にかり出された。そして、敗戦。復員して、東京に出てみたら、上田さんの世田谷の家は焼けてなかった。やっと、間借りしていた上田さんを探しあてた時、上田さんは、知らない男と同棲していた。戸惑う私を上田さんは制して、男の出かけていった後、彼女は、しみじみと私にいった。次兄夫婦は家とこどもも爆死。新潟の実家は農地解放で丸裸にされてしまったの。途方にくれていたら、あの男に拾われた、と語った。

「でも、本当は……」

と彼女は口籠った。私は上田さんの唇をじっと見つめた。そして、

「本当……って!? ……一体どういうこと?」

と、残酷だったが訊いてみた。

「……従兄さん、戦死なすったんですってね。……クラスメイトに聞いたわ」

「上田さん！」

「なによ!?」

「私の従兄のこと、どう思っていたの?」

「あっ、お湯が沸いたわ。ちょっと、待って」

彼女は間をはずしてお勝手に走った。

「実はね、一一月だった。従兄さんとランデブーしたの、服部時計店の前で。音楽会にいくはずだったのよ。ところがその日になって季節はずれの台風がやってきてね。省線（国電）も都電も停まってしまった。動いているのは地下鉄だけ。五時半の待ち合わせだったけど……ひどい雨と風だもの、従兄さん、とてもこられない、と思ったわ、だって目黒からだし。でも、もし、待っていてくれたら、と思って、私も、会社がひらけてから、横なぐりの風を

もろにうけてその場所にいったの。銀座は、人っ子一人通ってない。ところが、いたじゃない、従兄さん。……どうして戦死なんかしたのよね……」

そういう上田さんの瞳がぬれていた。で、

「先刻の方は？」

と私は訊ねた。

「ああ……あの男、……どうせ長くは続かないと思うけど、横顔が従兄さんに似ていたから、でも、結婚してみたら、全然違う性格の人だった」

彼女が、そのご主人と別れたのは一〇年ぐらい後らしい。上田さんは、もう六〇の坂を越した。一人娘も嫁にやり、今、孫のお守りをしている報せが今年の賀状に、あの特徴ある字で添え書きしてあった。

来年もきっとU字釘の賀状が届くだろう。上田さんは、秋が深くなると思い出す中の一人である。

四　山吹色の恋

風力ゼロ、雲一つない晩秋の一日を、のんびり過して一夜あけると、忽然、北風が唸りをたてて周防灘から吹いてくる日が、一一月も終わりに近づくと時々ある。そんな時、ああ、もう秋も終わった、と何かしら寂寥感に誘われ、些かの感傷に捉われるが、私の家業酒屋にとって、酒づくりが本番になり、暦からせきたてられる忙しさに追われるのもその頃からだ。

まず、北風にのってやってくるのが桶屋さん。今でこそ、酒の貯蔵は、ホーローびきか、ステンレスタンクになったが、昔は、すべて吉野杉の木桶であった。空になった木桶は、竹のタガがゆるむので、桶屋さんは、一週間くらい泊まりこみで輪替《わが》えの音を響かせる。終わると、入れ替わりに酒男《さかおとこ》たちの蔵入り。この酒男というのが、ところによっては蔵男《くらおとこ》、あるいは蔵人《くらびと》ともいうが、実は、七人編成で、たとえ三〇〇石しかつくらない最低の酒屋でも人数は同じ七人である。まず、杜氏。彼は酒造期間中の総元締だ。続いて、頭《かしら》、代司《だいし》、酛廻《もとまわ》り、釜屋、道具廻、精米の七人で、二〇〇〇石近くまではこの職制でこなしている。

今年の出来秋《できあき》は、どんな米が稔《みの》ったか、日本酒の基本は、何といっても、米、それに水、さらに酒醗酵のために、大事な気象条件が重なってくる。現在、全国を制覇している灘の酒、または京都伏見の、いわゆる専門用語で主産地物と呼ぶが、年間、数十万石を販売する大手のメーカーは、基本の七人編成を大きくした近代工場と思えばいい。

ただ違うのは大型タンクと機械がたくさんあり、オートメ化し、自家製造だけでは間にあわないので、全国三〇〇〇軒からある小規模な蔵の酒、いや、二級酒を、五〇〇石、一〇〇〇石と買い集めてきては自分の蔵でブレンドして一級酒に変身させ、自社のラベルを貼って、東京などマンモス消費地に出していることである。

だから、味は均一、大衆嗜好だから甘ったるく、クセに乏しく、水のように無色。昔の山吹色にはほど遠い。それに香り、というのが、日本酒には数十通りもあるわけで、日本酒の特徴は、香りと味こそが生命なのに、現在の大衆は、味はもちろん、香りさえ嗅ぎ分けきれなくなったのが現状である。もし、本当の酒、昔ながらの美禄《びろく》に出くわそうとしたいなら、地方の酒蔵を歩くといい。七人の蔵男と主人が、身を斎《きよ》めてつくった酒、いわば、心のこもった酒が馥郁《ふくいく》たる香りを放ち、蔵内《くらうち》は、山吹色のムードに漂っていて、一歩、踏み込んだだけで頬が染まること受合いだからである。従って、つくり酒屋は、夏場はヒマ。そのかわり、朝、指先が切られるように冷えてくる寒い間一〇〇日間、どの蔵元も戦場になる。

蔵男たちも、丹波、但馬、広島、九州では三潴杜氏《みずまとうじ》が有名だが、農閑期を利用して、杜氏が、眷族をひきつれて蔵入りしてくる。その労働の激しさは、水上勉の小説『越後つついし親不知』の中に精しい。昔、酒の仕込みは、冷え込みがぐっと強くなる夜明け前が最上だったので、釜屋は、午前三時頃起きて釜口に火を入れて甑《こしき》の準備をする。それが、何十日も続くので年寄りには勤まらなかった。今はボイラーなので楽になった。でも麹司《こうじし》も、酛廻も、日本酒は微生物の化学だし、醪《もろみ》は二四時間撥酵しているので瞬時の油断も許されない。眠い、寒くてつらい、お腹がすく、女がほしい。

戦後、間もない頃だった。私の家に飯炊きにきていた娘がいた。小柄だったが目が大きかったので人目を引く。たしか長洲町の漁師の娘で、Cちゃんと呼んでいた。Cちゃんは明るい性格だったのでペットのように可愛がられた。ただ、少し右足をひきずる。昔のことだから、しかも漁土《りょうど》ばらなので、おそらく生まれ落ちた時、右足の脱臼を処置しないまま成長したのであろう。Cちゃんは、その足を気にして結婚は諦めていた。

私の家は、一〇〇〇石そこそこの小さなつくり酒屋だったので、四月の初めにはつくり込みを終わっていた。七人は、一〇〇日分の給料と、お土産の酒を両手に下げて帰っていった。丹波には、可愛い家族が三か月以上も待っていたわけだ。ところが、Cちゃんが、突然いなくなったのは、それから一週間ばかり経ってからだった。家の者はもちろん、長洲の実家の親たちも、Cちゃんがどこへいったのか誰一人知っている人はなかった。捜索願を出そう、と父がいっていたら、杜氏から手紙がきた。Cちゃんが、釜屋の家に、若い彼を追いかけてきていると書いていた。そして、終わりに、子供を宿しているとも付け加えてあった。私たちは驚いた。そういえば思い当たるふしは多かった。

それまで、朝の遅いCちゃんが、一二月頃から急に早起きになるし、蒸米《むしまい》の蒸《む》れ具合を試してみるひねり餅も誰より先にもらっていた。そして、春の気配が近づくとともに何となく色気が漂って、あだっぽくも見えてきていた。

「へえー、おしかけ女房」と誰かがいった。終戦直後のことだった。それにしても釜屋さんの親御さんがよく許してくれたなあ、と思っていたら、やはり、杜氏が説得したとも添え書きしてあった。私の父と母は「前代未聞のこと」と怒っていたが、私は無責任ながら、ほっとした気持ちになっていたのを思い出す。

もう、あれから三〇年経つ。私が、家業を継ぐため東京から帰ってきたのは昭和四〇年近くだったが、蔵人たちもすっかり代替りしていた。晩秋になり、七人編成がやってきてその中の一人に、あの時の釜屋さんによく似た釜屋がいた。挨拶にきた時、「君」と私はいった。「ハイ」とその男は頭を下げた。小首をかしげる仕科《しぐさ》があの釜屋にそっくりだったので、「Cちゃんは!?」と私は訊いた。

「ハイ、元気にしとります」

にっこり笑う白い歯が無風の日差しに光っていた。

（この四篇はＮＨＫ第一放送「朝のロータリー」で昭和五六年一一月の毎木曜日四週にわたり当時、大分放送局勤務の内藤啓史アナウンサーの朗読で放送された）

第九部——ふるさと、芸術そして人世春秋

一　日田のお正月

元日や　一系の天子　不二の山　　内藤鳴雪

明治期の句である。古い、といわれるかもしれない。が、熟年たちにとっては、元日の気分と、天子への憧れと、富士山の秀麗さとが、一筋の糸につながっていて古きよき時代を思い出させてくれて懐かしい。

私は天領の地、宇佐に住んでいるので、その大元締めである代官所のあった日田市にいけば、あるいは私たち子供の頃まで受け継がれていたお正月行事のルーツが辿れるのではないかと思い、代官道を通って日田の町を訪れた。ご存じのとおり、代官道というのは、今は、まったく幹道の役を没し、うらびれてはいるが、明治の初年頃まで、日田代官所から四日市陣屋に通じた山峡の道である。

日田市からだと北への道、大石峠を越え、耶馬渓に出て、「青」の先の「屋形村」を右折、つづら折りの道を歩くと桜峠にたどり着く。下ると、宇佐郡の麻生谷に出る。谷川に沿いながらお歩くと、前方に稲積山など、コニーデの霊山が目に映り、実に、のどかである。その山裾を抜けると五万石の辛島平野が展《ひら》け眼下に、四日市陣屋が建っていたわけだが、今も現地には陣屋門が残っている。おそらく、二百数十年の間メインストリートとして賑かな往還を呈していたであろう。代官道の道筋から、私は現在も行なわれている宇佐地方の習俗、なかんずく、お正月になると行なわれる幾つかのしきたりが代官所のあった日田に残っているような気がした。

日田市は、四周を山に囲まれた盆地なので山並から吹き降りてくる風が冷たい。だから、秋のくるのも、冬の訪れも、海岸部より二旬も三旬も早いそうだ。覚悟はしていたが、私の幼年時代のお正月のルーツ探しに、代官道を通って、大石峠を抜け日田の町並を見降ろした。三隈川にかかる川霧の音を探す元日の朝の日田の人々の晴れやかな姿を、ちょっと、瞼に描きながら、盆地の街へと入っていった。もちろん、川霧は朝なので、清んだ音を聞くことはできなかったが、ぴゅうと吹きおりる風は、肌をさし、私が訪ねた時には、すでに、冬の気配だった。

日田では、どなたにお会いしたら昔の日田のお正月を語り聞かせてくれるだろうか。そんな一人旅のよさも手伝ってか、まず、布政所の跡を訪ねた。が、悲しいかな付近には新建材の家が立ち並び、近代建築の学校が、私を、拒絶するように構えていて熟年の懐古趣味者の心をロマンチックなムードに誘いこむにはあまりにも散文的な変革をとげすぎていた。

私はふと「山のあなたの空遠く……幸いを求めていったが……涙さしぐみ帰ってくる」カールブッセの後ろ姿に自分とを重ね合わせてみた。空しい、淋しいとは、こんな気持ちをいうのか。で、淡窓町の咸宜園に足をのばした。詩聖広瀬淡窓の旧邸だ。門弟数千人、その名声はすでに高く、詩聖の業績は全国的である。日田には、何と誇らしい偉人の出ていたことか。

茅葺きの咸宜園の佇まいの静けさにようやく満足したが、淡窓の詩精神が垣の中いっぱいに漲《みなぎ》っているようで、「ごめん」と声をかける勇気がなかった。ベルをそっと押した。戸があくと、白面のT氏の笑顔が襖の向こうに見えた。この方だったら、あるいは代官所時代のお正月のいろいろが判るに違いない、と私は直感的に思った。そして、氏の子供の頃のお正月の風景も――。

「そうですね、あと幾つ寝たらお正月。そんな歌もありました。……今は」とすると、この古い代官所の町でも、古きよき時代の習俗は、洪水に押し流されるように消えてしまったのだろうか。「サシスセソ」の嫌いなニューファミリーが日本の人口の大半を占めるようになって、タツクリ（ごまめ）も、黒まめも、コンブ巻も、錦タマゴも……ましてや、餅を搗《つ》いて、鏡餅にまるめて中折り半紙の上に大小重ね、ユズリハをはさみ、ダイダイをのせるという型が、この世代の人にはちゃんと判り、また実行しているのだろうか。

「私たちの少年の頃は、戦時中でしたが、鏡餅を、まず、神棚にあげ、それから荒神さま、あと、小さかとを、いろいろな神さまにお供えいたしました。ほんとに餅つきは愉しゅうござした。お正月が近づいてきますと、元日の一〇日くらい前から、餅つき屋さんが、朝の早ようから、一軒一軒回ってきよりなさったですもんね。でん、二九日の日だけは、九の日は苦を搗くちゅうち、つきなはらんでした」

淡々と四十数年前を語ってくれるT氏の眼は、さも、喪われた時を辿ってゆくかのようだった。

「それに、昔は、みんな手仕事でござした。まず、すす払いに始まって、家の内の掃除とかたづけ。一年分の垢を纏めて落としよるごたるもんですからね、……新しい下駄を、必ず、買ってもらって、絣《かすり》の着物も新調して、……コマとタコと、ネンガラも」

「もちろん、旧正月でしょうね」

「そうです、陰暦でした。ですから、一月半ば、年によっては二月にかかる年もござりよりました」

そういうT氏も、昭和一桁生まれなので、非常時のムードに染めあげられた戦争へかけてのお正月の記憶しかないようだった。それでも、手仕事、手づくり時代のお正月の話には同世代の郷愁を誘うのに十分だった。

「で、淡窓先生のお正月は、どうだったんでしょうね」

天領のお正月のルーツを探しにきた私は、淡窓先生のお正月が分かれば、代官の町、日田のお正月、しかも二〇〇年前の雰囲気が想像できるに違いないと思った。書庫から出してきた『淡窓全集』の一巻は、厚さが一〇センチほどもあった。捲《めく》ると、天保四年正月元旦の件《くだり》が目にとまった。今から一六七年前のお正月だ。

「謙吉を迎えて雑煮と屠蘇をのむ」

謙吉というのは弟旭窓のことだ。なお続けて「謙吉のみ代官所にゆく」と記されてある。

淡窓がいかなくて、旭窓だけ年始にいかせたのはなぜか？「淡窓は隠居の身だったもんで、家にいたんですね」。でも、淡窓は家にいて「孔子、諸神を拝し、詩経を読《ぞ》ん」でいるのだ。また淡窓は、元日には必ず詩経を繙《ひもと》いていたそうだ。終わって書き初め、午後は「魚町にゆき、夜は、家君を迎えて飯を献ず」とある。「二日代官所」。淡窓が、代官所へ年賀にゆくのは二日目からだ。もっとも暮れの二九日、旭窓と二人で年末の挨拶に伺候しているが、三日、四日と続けて出仕している。というのは、当時淡窓は、隠居の身ではあったが代官所の用人掛をしていたからである。

この簡潔直截な日記文のはしくれに当時の風俗を偲ばせる一行でもないかと思い、短い時間の中だが、頁を捲ってみた。が、こまごました正月行事の字句は目にとまらなかった。ただ、天保年間は、飢饉相つぎ極端な不景気で倹約令が出ていたし、「万事が華美に陥入らなき事」という布令なので幕府の直轄地だけに、あるいは質素な正月風景だったのかもしれない。

でも、T氏の子供の頃だから、昭和一〇年代だ。辻うら、鳥追い、萬歳、獅子舞い、その中には角兵衛獅子が回ってきて、料亭の角などでは、芸者がチリ紙に包んだ心づけを手銭で投げていた風景も見られたのだそうだ。その芸者衆だが、正月は、とくに忙しかったらしい。贔屓筋に挨拶にいくのに人力車の列が連なるが、島田結いの頭に稲穂をさしていたのが子供心にも珍しかったという。今は、日田の町も、芸者の姿さえ見かけることが難しくなったが、戦時下とはいえ、昔の日本の正月は、まだまだ心に余裕があり、情緒も柔い羽毛のように子供たちの情感を暖かく包むことができていたのだろう。門松がとれて七草粥。せり、なずな、ごぎょう、はこべら、ほとけのざ、すずな、すずしろ。この七草を入れて、疲れた胃に適度の休息を与えるのは、昔からの科学だろうか。太陽暦の今、せりや、なずなをどこから探してくるのか、スーパーマーケットにゆくと、ちゃんとパックして売っているから魔法のような時代だ。演出されたお正月ではなくて、自然にまかせたお正月は、もう、永久にこないかもしれない。

昔のお正月を惜しむT氏の日田のお正月風景を思う話は尽きなかった。

（昭和五八年一月元旦　西日本新聞大分版）

二　ふるさとの夏　象徴としてのお盆

暑中見舞のやりとりが終わると、もう旧盆である。九州は一か月遅れなので陽暦で行なわれる東京とは違い、いかにも、季節感に溢れている。大抵が八月一三日から三日間。ところによると、一六日に「送り火」をする地方もあるが、暦の上では秋も立ち残暑の候なので、気持ちとしては、三伏の時期に比べ幾分凌ぎやすいはずなのに、実際は夏たけなわ。干天とか、油照り、炎暑《えんしょ》など、俳句の季語はむしろひと月遅れの、この頃のほうが季感にも合っていい。

巷間、「盆と正月」といわれているように、神事の祭りはすたれたが、旧盆には、東京の街が閑散となるほど帰省の風習は続いている。地方に実家を持つ人たちはいっせいに郷里に向い、それぞれのふるさとに帰ってゆく。もし「ふるさとの夏」というならば、旧盆の前後こそ季語を語るにふさわしい。でも、戦争に負けてから、敗戦の日が八月一五日なので、どうしても盂蘭盆《うらぼん》の最後の日は、霊《たま》送りの火祭りが、終戦の日のイメージにかぶってくる。この感慨も、あと、四半世紀も経ち、あの日を体験した人たちがいなくなってから、望夫石《ぼうふせき》のように碑となってしか残らない歴史と化す時の流れが怖いほど寂しい。

そんな悲しい思いを重ね合わせながら、夏、とくに故里をもつ人たちの夏は、ノスタルジアの世界にも強くひかれる。それは、日本人が育ててきた美風が、まだまだ若干残っているからだが、だいいち、盆に、郷里に帰省すること自体、ルーツと郷愁への二重指向といってもよい。盆の三日間のために、交通機関の混雑はものかは、殺人的ラッシュに耐えてでも、ふるさとへ散ってゆく。これは、時代が変わって三九年経っても喪われない唯一の日本的パターンであり、かつ、貴重な伝統だ。どんな山間《やまあい》、離れ小島だろうが、とにかく、帰りついて生家に落ち着き、陽がかげる夕方それぞれ墓地へ霊迎えにゆく風習は、厳粛で、その場景は、一抹の哀愁さえ感じられるほど美しく、また夏の風物詩にもなっている。何年ぶりかで級友に出会うのもこんな時である。

霊迎えから帰ると、掘り出したばかりの新芋、とうもろこし、ブドウ、ナシ、青いカキと、新鮮な、季節を告げる果物がほとけたちに供えられてある。離島のせまい漁師の家では、四方をあけ放せばクーラーは要らない。そういえば、炬子《きりこ》に、こんな句があった。

切子吊る　漁家は四方を　開け放つ

切子を吊るというから、きっと、初盆の家であろう。切子というのは、四角型の木枠を八枚あわせた吊り灯籠だ。北九州から別府くらいまではハカマ灯籠と呼ぶ。高さ三メートルくらいの下げ灯籠が吊られるが、ハカマになる部分に、城とか花など自然の景物が一刀彫りでほられているのも、伝統を伝える小道具の一つである。

天井からたらすと、ハカマの裾が床に余るが、ワキに続いて親戚、知人からおくられてきた提灯が並べられる。仏壇は、供物の数々で荘厳する。近親の人たちを始め、近所、知友の方たちのお参りは三日間あとをたたない。この時ばかりは、日頃の無沙汰を詫びる挨拶がかわされるので、ふるさとの人たちの優しい心をしみじみと感じるし、まだ、ふるさとの夏に牧歌性の残っていたことをつくづく思う。

夜になると盆踊りがある。つい、一〇数年前まで、農村では、新盆の家々を老若男女が一軒一軒、大鼓を担いで回っていたが、クルマ社会になってから、公園か、公民館の広場で、一か所に集めて踊らされるようになった。その上、口説きがマイクを通すから情緒が薄れ、昔、古老のよくとおる声には、たくましく伸びた稲の葉先までなびかせる力強さがあっただけに、盆踊りもカラオケの次元にダウンするのが淋しい。

戦前は、まったくの陰暦でやっていたから夜は満月だったが、ひと月遅れに統合され、確かに、伝統の行事も変わってゆく。しかし、盆に帰省する風習が消滅しない限り、「ふるさとの夏」は忘れられないし、民族の美の伝統も伝え残されてゆくものと思う。

盆が終わると、灯籠は、送り火でおくる。新霊を舟に乗せ、海や川に流す精霊舟のペーソスを漂わせる海沿いの町もあれば、墓地で燃やす灯籠の火で周囲を火の海にして霊を昇天させる地方もある。その光景は、どれをとっても幽明境を異にする霊の交流なので、日本美の醸す情緒が漣波のようによせてくるのである。

ふるさとの夏は盆を迎えて最高潮に達する。

（昭和五九年八月一一日　西日本新聞大分版）

三　わが青春の映画語り

先の大戦末期、M大予科二年に在学中の私は、勅令による徴兵猶予停止のため陸軍甲種特別幹部候補生を志願して、昭和一九年八月、麻布三連隊で受験、明けて二〇年一月一〇日、目黒区大橋にあった陸軍輜重兵学校（現東邦医大）に入隊した。一年で少尉に任官する新制度なので訓練は厳しかった。でも、在校中、二回の外出が許されたが、大橋は、渋谷まで玉川電車で一〇分弱の距離だったので、渋谷松竹館で「あの旗を撃て」を観ることができた。この映画は、東宝製作なのに、なにゆえ、松竹系の館にかかっているのか、と疑問に思われると思うが、戦争中は、生フィルムが極端に不足したためプリントも制限され、その上、興行系態は、白系、紅系の二系統でしか上映できなくなり、一週間ごとに交換上映される仕組みになっていたからである（一八年四月施行）。上映時間は、正午から六時まで、一日、三回廻しに制限された。

今、振り返ってみても「あの旗を撃て」は日本とフィリッピンの合作映画で、主役は誰だったか思い出せない。ただ、フィリッピンのスターが煙草をふかす時のシーンが、やけに格好よかったのが印象に残っている。日を追って軍隊生活が板についた頃、五月二五日の山の手一帯の大空襲で輜重兵学校も罹災した。六月上旬、学校ごと、福島県白河町に近い西郷村にあった「軍馬補充部隊」の廠舎に移動するが、雨の中、車輌を赤羽駅で積みこむ作業には、梅雨空の下、雨にてこずったのを今でも思い出す。

終戦の詔勅は、松林に囲まれた広場で聞いた。復員するまでの一週間は、和戦両様の準備が下命されていたので、朝、トラックのエンジンを始動、暖気運転して有事に備えた。

八月の終わり、復員命令が出て帰郷する。廠舎から白河駅までの道程約二〇キロ。きた時の徒歩行軍と違って候補生二百数十人は、車輌の荷台に載せられ、臨時列車が用意されていた東北本線の白河駅に向かった。昼食は、発車前の車中で摂ったから出発は多分午後一時頃だったと思う。上野駅に着いたのは夕刻前だったが、山手線の車窓から見える下町の風景は、隅田川を挟んで瓦礫の巷と化していて息をのむばかりだった。

東京駅では、二〇時発の京都行き列車が用意されていた。食糧は乾パンだけ、翌朝京都駅に着いたが京都からは普通列車で、一般人と同席、車中一泊、広島駅通過の際、原爆の様相を見ようと思ったが、夜中の三時頃の通過なので被害の程は分からなかった。下関駅に着いたのは朝の十時すぎだったと思う。

戦争末期、軍用列車以外通行できなかった関門トンネルだったが、この時はもう解除されていて、門司駅に着いた時の安堵感は今も忘れない。門司からは普通ダイヤが組まれていて日豊線の柳ヶ浦駅（この駅の南一キロのところに甲子園出場一〇回の柳ヶ浦高校がある）まで約三時間、わが家の敷居をまたいだのは午後三時すぎだったと思う。白河駅をたってから五〇時間以上かかっていたことになる。その間、先にも書いたが乾パンだけなので口中が荒れてどうしようもなかった。入隊時六〇キロあった体重は四五キロに減じていて、戦争末期の軍隊生活が、食糧始め、いかに悲惨であったか、振り返っただけでも悲しい。

郷里で体力の回復につとめ、一一月、復学手続きのため上京した。上京といっても、終戦直後は、汽車の乗車券が自由に買えず順番待ちであった。しかし、もうこの時は、東海道、山陽線の通しの急行列車が一本復活していた。それでも、三〇時間は優にかかっていたように思う。幸い入隊前下宿していた代田橋の下宿が焼け残っていたので、ひとまずそこに落着き、翌朝、和泉丘の予科校舎にいった。事務室には教務課長の村田為和先生がいて「ご苦労でした」とねぎらわれた。そして、商学部進学の証明書を受領した。私は、その足で駿河台の学部へいき手続きをすませ学生証をもらい、地下室の校友会で角帽を注文した。今思うと不思議であるが、角帽の羅紗地は確保されていたのだ。帰りに新宿で下車、武蔵野館に入った。

さすがに新宿は盛り場、東京都の人口が三五〇万人に減じていたとはいえ人の流れははげしく、今でも瞼に鮮やかだったのは、若い女の人が、モンペでなくストッキングをはいた姿である。入場券は学割で八〇銭、満員だったので一回目の終わるのを廊下で待った。映画は、大映作品、阪東妻三郎主演の「狐の呉れた赤ン坊」である。監督は丸根賛太郎、久しぶりに観る映画はまぶしく四、五歳に成長した赤ン坊は、誰あろう、今をときめく津川雅彦、というのも懐かしい。

因みに、日本が、米国戦艦ミズリー号で降伏文書の調印式が行なわれたのは九月二日、さらに日本進駐以来、横浜のグランドホテルにいた連合軍総司令官マッカーサー元帥が東京日比谷の第一生命相互ビルに移ってきたのが九月一五日である。名称も、連合国総司令部（GHQ）として日本の解体が本格的に始まるのである。

真っ先に突きつけられた指令が「治安維持法」の廃止、「政治犯釈放」、「特高警察の罷免」である。吃驚《きっきょう》した東久邇内閣は総辞職を余儀なくされ、このGHQの日本改造の一号によって企画された映画が、大映の「犯罪者は誰か」である。封切りはその年も押し迫った一二月二七日だった。なお、松竹は木下恵介の「大曽根家の朝」であった。

学部進学の手続きに上京した私は、学部の先輩のお伴をして砧にある東宝撮影所の見学にいったが、スタジオに入っているのは渡辺邦男組の「緑の故郷」だけで、黒川弥太郎と原節子の主演ものだった。主題は、生きていた英霊。当時は「生きて虜囚の辱ずかしめをうけず」の戦陣訓（東条英機陸軍大臣時代公布）が日本陸軍の精神的支柱になっていた。そのため、捕虜は戦死扱い。戦死公報が届いた生家では、妻が、弟と一緒になっている、といった日本全国いたるところにあった悲劇がテーマだった。

外地からスターの復員が間にあわなかった終戦直後のこと、なぜ黒川弥太郎かと思うだろうが、黒川は、戦争中は千葉県習志野の一九部隊の自動車隊にいた。私が、習志野の一九部隊に一週間派遣されていた時、彼は軍曹の階級章をつけていたので印象に残っているが、内地勤務だったゆえに復員が早かったものと思う。

私は、民主主義という言葉を初めて知ったわけだが、雑誌「新生」が、無トジ、仙花紙で発売されたのが一一月の初め、同じ頃、誠文堂新光社が『日米会話手帳』を発行し、またたくうちに二五〇万部を売りつくしたというから、アメリカの占領政策がいかに巧みだったか分かろうというもの。

同じ頃、松竹映画の「そよかぜ」が封切られて、主題歌「リンゴの歌」が爆発的に日本全国を席巻してしまったのも、ほとんど真空状態に等しかった日本社会の中に吹きこんだ、文字どおりそよ風の明朗感ではなかったか。松竹の「大曽根家の朝」は、年内封切りには間に合わなかったが、自由主義者というだけで戦争中投獄されていた一家が、軍国主義者たちに痛めつけられる状況を松竹家庭劇の手法で、新進監督の木下恵介が、一家の未亡人杉村春子と、その義弟で陸軍大佐に扮した小沢栄太郎を配して、小沢の旧軍人を、憎しみをこめて描いていたのが印象に残っている。封切りは、確か年が明けて二月「金融緊急措置令」が交付され、旧円封鎖、新円に切り替わった直後だったように思う。

一方、昭和一七年以来途絶えていたアメリカ映画の輸入が再開された。二一年二月、四年三か月ぶりであった。占領軍の中にはCIE（民間情報教育局）というのがあって、それは、戦後入ってきた言葉であるが、マスコミ関係一切に睨みをきかしていた。ちょうどその頃CIEの肝入りでセントラル映画配給会社（CMPE）が設立され、田村町の兼坂ビルに事務所を構えた。屋上にネオンが取りつけられ、派手なデザインだったので国電の中や、新橋駅のホームからは真正面に見えるし、いかにも、敗れたという実感と平和到来の感覚が交錯して複雑な感情を抱かされたのも確かであった。一月、「ユーコンの叫び」が封切られた後、輸入第一回作品は、グリアガースンの「キュリー夫人」とディアナダービンの「春の序曲」だった。日本映画の入場料が、インフレではね上がって三円だったが、洋画は一〇円、日比谷映画も邦楽座（ピカデリー劇場）も超満員だった。

学年試験は二月末に終わったので、地下室の入口の角にあった映研の部室のドアをたたいた。中には、杉山さんや笹田さん、大池さんなどの学部二年の人たちがいたように思う。委員長は杉山さんで穏やかで弁舌巧みだった氏の風貌が今でも瞼に浮かぶ。

四月、新学期になってから部員も増え、合評会も活発だった。五月に封切られた「麗人」（東宝）は、渡辺邦男の監督で、確か合評会後、監督を招いて議論を戦わしたように思う。話は、伊藤伝右衛門という九州筑豊の炭坑王がモデル、妻を亡くした炭坑王進藤英太郎が後添えに華族の令嬢柳原白蓮（原節子）を嫁にする大正時代の実話がベースである。ところが、籠の鳥同然だった白蓮（原節子）は、有名な歌人でもあったが、社会革命家の藤田進と駆け落ちという、これも実話で、自我に目覚めた二人が自由を求めてゆくという話。で、監督に質問する部員がいて、確か、二人が落ちてゆく途中の道すがら、「先刻まで天気で、月が皓々と照っていたのに次のシーンでは同じ道なのに雨が降っている。不自然ではないか」というニュアンスの質問だったように思うが、監督から「そんな天気もないことはないわなぁ」とはぐらかされた一幕のあったのを、六〇年たった今も記憶の底に残っているので懐かしい。

とにかく、当時の東京は食糧がなく、七月に入って帰郷、九月の初めにやってきた。秋は文化祭で、映研は「王国の鍵」（グレゴリ・ペック）を上映した。そして、一一月、東宝の新進監督黒澤明の「わが青春に悔いなし」が封切られた。違和感を覚えたのは開戦のシーンだが、BMは当然「軍艦マーチ」のメロディでなくてはいけないのに「愛国行進曲」が流されていて、CIEの制約を感じさせられ、敗戦下の卑屈な感情を味わったものだった。

明けて昭和二二年、私は三学年に進学する。だが、世相は依然として混沌、悪性インフレは納まる気配がなかった。そんな時、先にも述べたセントラルが、有楽町駅前の旧毎日新聞本社前にロードショウ劇場「スバル座」を開館した。全館指定席、途中入場お断りといった興行方法で、アービング・ラパー監督の音楽映画「アメリカ交響曲」が封切られた。入場料二五円にも拘わらず並ばなければ切符が買えなかった。なお、この年には、セントラルのほか、一国一社に限り輸入が許可され、英国の「第七のベール」、翌年には「逢いびき」、二五年には「ジャンヌダルク」や「嵐が丘」、「赤い靴」が輸入されている。

忘れられないのは、やはり終戦の翌年の六月、渋谷東宝で今井正監督の「人生とんぼ返り」を観ている時だった。エノケンの元気な演技はいいのだが、途中で雨が降り出し、天井から降ってくる雨に傘をさして見たことがある。

明けて二二年、復員してきた小津安二郎が「長屋紳士録」を撮るし、吉村公三郎は、日本版「桜の園」の「安城家の舞踏会」、東宝では黒澤さんが二人の新人中北千枝子と沼崎勲だけの写真「素晴らしき日曜日」を発表した。画期的だったのは、本邦初の接吻映画「ある夜の接吻」が大映でつくられたこと、私は、たまたま、この写真を帰郷している時、地方の館で観たのであるが、件《くだん》のシーンになると客席から卒倒したのではないかと思われる悲鳴が起こったことだった。

二二年の文化祭には、松竹の三橋達也や人気絶頂の笠置シズ子を招いて、「東京ブギウギ」を歌ってもらったのも思い出す。そのほか、評論家の登川直樹氏や読売新聞の大森先輩や、渡辺先輩、キネマ旬報の時実象平先輩、日本ニュースの樺島先輩を招いて合評会を開いたり、また新橋の小料理屋で懇親会をもったことである。

この年では、今一つ忘れられない映画に五所平之助監督の「今ひとたびの」がある。封切りの日は、日比谷映画から有楽町駅まで列ができたといわれているが、私は、たまたま、郷里に帰省中で中津市まで観にいっている。確か五所さんは日本で初めてトーキーを撮った監督と聞いていたが、戦争中（昭和一九年）花柳章太郎と森赫子で「五重塔」を撮っている。

終戦間際に撮った映画に松竹での「伊豆の娘たち」（佐分利信、三浦光子）があるが、これは、敗戦直後の八月三〇日に封切られているから、話題にもならなかったし、実際、それどころではなかったわけだ。

戦後は松竹と別れ、東宝に移籍してメガホンをとったのが前記の「今ひとたびの」である。二〇年、二一年と、五所さんは胸を悪くしたこともあるが、最も大きな原因は、労働組合設立による争議のため、撮影中止を余儀なくされていたことである。

占領政策により、財閥解体始め、いわゆる民主化五大改革、婦人解放、学校教育の自由主義化、労働組合結成の奨励がそれであるが、折から、監獄から出てきた共産党の闘士たちによる労働組合の結成と争議で、真っ先に狙われたのがNHK、読売新聞、東宝であった。

昭和二一年春、日映演（日本映画演劇労働組合）は、まず、東宝で賃上げ闘争を開始、当時流行の共産党得意の戦術である生産管理を断行、この時は一五日間にわたった。その次は秋、一〇月二五日の未明を期して一斉ストライキに突入、五五日間に及んでいる。

折から、結婚したてのヒロイン高峰三枝子が、休んでいたせいもあってか、体重増加、太ってしまったのだ。それまで撮られていた顔とまったく違ってしまったため、ストライキ後は横顔だけの撮影などで苦労したエピソードは、当時、助監督をしていた堀江英雄さんに伺がった。

が、労働組合に乗っ取られてしまった感のある東宝は、ついに分裂して、新東宝の設立に至るのである。新東宝に移ったスターには、大河内伝次郎を始め、長谷川一夫、藤田進、黒川弥太郎、灰田勝彦、原節子、花井蘭子、山田五十鈴、高峰秀子、山根寿子、監督では、先にふれた渡辺邦男がいた。東宝争議が泥沼に入ったのは昭和二三年、私が卒業した年から、撮影所関係では二七〇名の解雇、全国にわたっては一二〇〇名の首切りを通告したからで、組合は対抗処置として長期のストライキに突入、撮影所内は至るところでバリケードが築かれ、陥穴《おとしあな》が掘られ、竹槍、石ころ、レンガなどが用意され暴動寸前の事態に立ち至ったのである。

この異常な局面を見ていたアメリカ第八軍は、警視庁の要請に応じて援軍を派遣することとなり、八月一九日早朝、ついに軍隊を出動させた。戦車七台、騎兵一個中隊、飛行機三機を飛ばせるという、こなかったのは軍艦だけといわれる日本の労働争議史上有名な東宝争議の結末なのである。東宝入社を夢見ていた私は、この年の三月に卒業したのであるが、果敢なくも挫折、以後半年間、浪人生活を余儀なくされたのである。

この年、二三年には小津安二郎の二作目「風の中の牝馬」(佐野周二、田中絹代)、吉村公三郎の「わが生涯の輝ける日」(森雅之、山口淑子)、この作品での宇野重吉の好演がまだ瞼にやきついている。木下恵介は、島崎藤村の「破戒」で新人の桂木洋子と東宝にいた池部良を抜擢した。東宝は争議の合間を縫って黒澤明が「酔いどれ天使」を撮り、ニューフェイス一期生の三船敏郎をスターダムにのし上げた。大映は、稲垣浩で「手をつなぐ子等」や伊藤大輔の「王将」が阪妻と水戸光子主演で秋の話題をさらっていたのも思い出すことの一つ。なお、大映の社長だった菊池寛が急死、専務だった永田雅一が社長になり、「羅生門」や

「雨月物語」でグランプリに輝くのはその二、三年後だった。

終戦直後の外国映画は文化に飢えていた当時の日本人の生活に、うるおいを与えたのも事実であった。スバル座はもちろん、日比谷映画、邦楽座（松竹）、そのうち、東劇も洋画封切劇場に転換され、今、思い出しても瞼に残る映画ばかりである。

セントラルからは、「アメリカ交響曲」に続いて「我等の生涯の最良の年」、「わが道を行く」、「聖メリイの鐘」、「運命の饗宴」、「偽われる花園」。この作品の原題は「リトルフォックス」。昔は「巴里祭」など感心するような題名がつけられていたのを思うと平成になってから、原題そのままがカタカナに置きかえられただけの外国物が多く、宣伝マンの心意気も堕落してしまったような気がする。そのほか、グリアガースンの「心の旅路」や、奇抜なアイデアの「この虫十万弗」。西部劇では、ジョン・フオードの「荒野の決闘」、ワイラーの「西部の男」と枚挙に遑《いとま》がない。残念なのは食糧事情が悪く、帰省していた時に封切られた「カサブランカ」をリアルタイムで観ることができなかったことである。

定職がないのでアテネフランセに通っていた私は、この年（昭和二三・一九四八年）の秋、主要新聞が夕刊発行に踏み切り、西日本新聞社の入社がきまった。やがて夕刊が独立して「夕刊フクニチ」の社名となるが、二五年、毎日新聞に移籍する。思い出すのは、その前年、新人の菊島隆三の脚本で黒澤明監督が「野良犬」を撮ったことである。アメリカ映画の「裸の町」に触発されてのオールロケの写真であるが、新米刑事三船敏郎が不注意にもピストルを奪われたところから話が始まる。盛り場を捜索しているうち、二次事件が発生する。古参刑事志村喬とペアを組んで捜索するうちに犯人木村功をつきとめるというストーリー。ギラギラする夏の日を、鳥打帽子をかぶって歩いてゆく二人の姿が今でも瞼に浮かぶ。志村喬にも三船敏郎にもインタービューした思い出はあるが、今は二人とも鬼籍に入っている。

日本映画に新風を吹きこんだ感のある菊島隆三氏の門をたたいたのは確か昭和二六年の終わりだったと思う。やがて、日活が映画製作を再開「六人の暗殺者」や「現代の欲望」では、新聞社にいたので縁の下の力持ちの役目をつとめた。

今では幻の名著になっているが、「日本シナリオ文学全集」を企画、理論社に売りこんで新人の菊島隆三を加えてもらった。全集は一二巻、木下恵介集、新藤兼人集、黒澤明集、菊島隆三集、水木洋子集、久板栄二郎集、小津安二郎・野田高梧集、椎名麟三・安部公房集、八木保太郎・山形雄策集、山中貞雄集、伊丹万作集、それに戦前名作選である。

昭和三一年、テレビ時代の到来を予測して「Zプロダクション」を設立。兄弟子の井手雅人と、売り出したばかりの松本清張氏を顧問に迎え、週一回電通で一部屋借り切り脚本を提出していった。Zプロの会員は一五人、映研からは服部弘道氏や原島正夫さん、弟の榮一に加わってもらった。台湾取材中、飛行機事故で亡くなった向田邦子はその時のメンバーである。

（平成一八年　明治大学映画研究部OB会会報一一二号）

四 「オール大分8ミリ映画コンテスト」を審査して

県下で初めて催された「オール大分8ミリ映画コンテスト」。芸術祭参加ということもあって、募集要項を発表してから、果たして何編の参加作品が集まるか、疑懼《ぎく》していた応募作品は、何と四三編の多きに達して、主催者始め審査員にうれしい悲鳴をあげさせた。

このことは映像文化の伝播《でんぱ》と普及が技術革新に支えられて、今まで高根の花と思われていた映画づくりの夢を、大衆の手の届くところに押しさげ、広げてくれたということである。映画に、テレビに、写真にと、日常の中のマスメディアに映像が氾濫している現在、少しその気になれば玄人のまねごとぐらい、やってのけられると思われるかもしれないが、作品づくりはやはりつくる人のアイディアと感覚と技術の問題に尽きるであろう。

ところで、この映像文化と映像産業の繁栄の中で、わが大分県の水準はどうなのか。審査員七人は、不安と期待に胸をふるわせながらスクリーンに向かった。一つの作品を仕上げるのに、たとえ一〇分前後の作品とはいえ、何日もの時間を費やしているわけだ。しかも精魂をこめている。それを暗い試写室の中で、一本一〇分前後で観てしまうわけだから、少なくとも製作にかけただけの時間を審査にもかけるべきだろうが、そうはできないのがコンテストの残念なところ。だから、限られた上映時間こそが参加作品との真剣勝負となる。いわば対決だ。

さて、どんな作品にお目にかかれるか。朝一一時から夜の七時まで、全作品を疑視しつづけた。いいカットを見のがすまいと神経をエクラン（映写幕）に集中させる。従って、いい作品に出くわした時は、ホッとする、と同時に快い感動に誘われるのである。

まず、コンテストの目的として、できるだけふるさとを素材にしたものということで、みなさんが、ふるさとの何に目を向けているか、素材の選び方に重点がおかれる。つぎに主題、そして脚本、なお表現力。表現力の中には演出、カメラワーク、照明、録音、音、美術と分けられるでしょう。それを編集、総合されたものが感銘度となるわけで、商業映画なら何十人というスタッフのいるところ、極端な話、それを一人でこなしている作品もあるのだから涙ぐましいというべきである。

四三編の中から、文句なしに最優秀賞に選ばれたのが島田ユタカの「省資源奇談・流木」。玄人はだしとは、かかる作品をいうのか。タイトルの出だしからしゃれたセンスが意表をつく。映画は何といっても面白くなくてはいけないのが条件だとすれば、流木の運命を転ばせてゆく語り口のうまさには、文句なしに脱帽。

つぎに、高尾敏明の「墨つけ祭り」と高野勝治の「ある人生」が選ばれた。いつの場合でも芸術作品というのは素材の選び方に半分以上の比重がかかる。「墨つけ祭り」の素朴さとユーモアを撮る時、勝負どころはアングル。この作品は、うまくそれをこなしていた。「ある人生」は、不自由な体を克服して人生に立ち向かう感動的作品。フェスピックに出場するシーンは、涙をそそられる。絵柄も音もいい。編集もうまい。

素材が、ふるさとではなかったが、「十七文字に生きる」（野崎邦康）は、水準の高さに目をみはらされた。そのほか、優秀賞は逸したが、入賞作の中に、身近な環境をヒューマンなタッチで描いた作品が多かったのは、七〇年代の象徴か。「想い出」（丸山勇）のポエジー。「甘酒祭」（大平隆司）のユーモア。「賢くたくましく―初節句」（佐藤昭俊）のほほえましさ。「二豊路の旅」（佐々木功）の牧歌性。それに、「季節の中で」（佐田康男）の技法の確かさなど。選にもれたが「ある男の記録」（本田修蔵）も捨てがたかった。

以上、第一回コンテストとしては、水準の高さの立証されたことが何よりの成果であった。ただ、アマチュアだから止むを得ないところもあるが、構成力の弱いのが気にかかる。しかし、それは精進の問題である。

（昭和五四年一〇月二二日　大分合同新聞）

五　音高き訃

美空ひばりの晩年は寂しかった。全盛期、かけだしライターの脚本料が六万円の時、彼女の出演料は五〇〇万円。「力道山物語」では、力道山との共演を断るほどの勢いで、二〇歳そこそこの子娘が、とギャラの差を嘆いたものである。

ひばりの死の翌日、歌舞伎界の大御所松緑さんが亡くなった。テレビではひばりの特番にこみやられてか、名優の死にしてはいささか扱いが少なかったような気がする。五月の末に出た『松緑芸話』を読んだあとだったので惜しい思いが一入《ひとしお》だった。

考えてみると松緑も寂しい晩年だったようだ。二年前、長男の辰之助に先立たれ、その上、肝心の膝をいためてしまったので、藤間の宗家としては不運のいらだちを隠せなかったであろう。六月の、前後する二人の他界に、ふと万太郎が、六代目菊五郎の死を悼んだ時の一句が重なった。「夏じおの　音たかく訃の　いたりけり」。驚きは、いつも、だれも、同じである。

松緑さんには、直接お目にかかって芸談を伺うつもりだったから、七六歳の長逝は今ではやはり早く、残念だ。お父さんの先々代幸四郎は享年八〇歳。せめて、それ以上の舞台をつとめてもらいたかったのに。芸談は、今となっては子息の勘左さんからしか聞くすべがなくなった。

「おやじは先輩たちの物まねが得意でしてね。六代目、祖父幸四郎、先代吉右衛門などなど、そりゃ楽しいですよ」と、宇佐神宮にゆかりの深い氏はちょくちょく来県されては話してくれる。戦後間もなく、松緑が、「千本桜」四の切で忠信を演じた時、六代目に助けられながら早替わりする話が『松緑芸話』に納まっているが、学生だった私はその舞台を観ている。生きのいいタイ、のようだった若き日の松緑の忠信が瞼に浮かんでくるのである。

（平成元年七月二四日　大分合同新聞）

六　井出チャンは大分が好きだった

七月一七日、この日は梅雨の終わりで朝から気温が上がり始めていた。大分市にいた私は、家人からの知らせで脚本家の井手雅人氏が十時半に亡くなったことを知った。一か月前、お見舞に伺った時、社会復帰ができそうにお見受けしたので信じられない気持ちの方が強かったが、大分合同新聞社で挾間久氏（特信局次長）からも知らされ絶望的になった。

井手氏は、仲間内から「チャン」づけで呼ばれていた。その井出チャンに初めて会ったのは脚本家の菊島隆三氏の宅だった。菊島氏が「井手チャンを紹介しよう」といってくれ名刺を交換した。梅雨も終わりの雨模様の日だった。あの日、軍隊時代の雨合羽をぬぐ井手チャンの姿が、妙に記憶の底にやきついている。

以来三五年、井手チャンとの交友は年ごとに深まり、近頃では作品にかかるたびに大分県にいい仕事場はないかねというのが挨拶になっていた。井手チャンは大分県が好きだったのだ。メルヘン「きつね」では佐伯市の高橋香織を抜擢したり、野上弥生子の『迷路』を脚色してゆくうちに、大分県に寄せる愛着が強くなったようだ。平松県知事と親しくなってから、黒澤明との共同脚本「乱」のロケ地を、気むづかしい黒澤さんを口説いて飯田高原にもってくるのが願いだった。完成後、「乱」は東京国際映画祭に招待作品として上映されたが、飯

くじゅう高原　脚本家井手雅人氏と著者（中央）

田高原での戦闘場面はさすがで、中国映画人を招いた時は、その撮影技術の説明役までかって出るほど黒澤演出には満足しきっていた。

「迷路」は脚本の完成を待つかのように山本薩夫監督の急逝に遭ったり、映画産業の衰弱でお蔵入りしてしまったが、なぜか井手作品の場合いいホンにかぎって映画になってないのだ。

例えば「迷路」「黒地の絵」「戦艦武蔵」「女殺油の地獄」など。それらの作品が映画になっていたらほとんどが映画史を飾っていたはずなのに、というより、製作されなかったのは脚本の質はもちろん、ライターの感覚に技術的についてゆけない監督が戦わずして敗北を意識したからだろう。

いい例が「白い野望」で、折角映画になりながら、井出チャンは演出が意にそわないという理由で、再三にわたる会社側の試写を断りつづけ、劇場にもゆかなかった。その頑なさには映画会社でも辟易していた。硬骨の芸術家だったのだ。あの怖い山本薩夫監督でさえ一目も二目も置いていたから。こういう脚本家は後にも先にも井出チャンが最初にして最後だろう。

葬式はシナリオ作家協会の協会葬として自宅で行なわれた。葬儀委員長は知友の新藤兼人監督。二五〇人いる会員の大半がお別れにきた。家を埋めた供花の中には「乱」「影武者」「赤ひげ」の共同執筆者黒澤明父子からおくられた二対の生花もあった。読経、弔辞が終わって弔電に移ってから、真っ先に大分県知事平松守彦氏の電文が披露された。続いて永山武臣松竹社長、池波正太郎、松本清張、中国文化人の方たちなど、生前ゆかりの深かった人とかの弔電が読み上げられてゆく。二〇代、三〇代の弟子たちに担がれての出棺で「次郎物語」を最後にして葉隠の魂は昇天した。晩年は大分に住むことを念願にしていたが、その望みもかなえることなく逝ってしまった。

頑健そのものだっただけに長逝はあまりにも早すぎる、痛恨極まりない。昨年一一月に菊島隆三氏を亡くし今、井出ャンをおくる寂しさは一入である。新藤兼人氏は挨拶の中でいみじくもいった。「井手チャンの肉体は消えるが残された作品は不滅です」と。

川崎斎場で骨揚げを待つ間、井出チャンの雨合羽姿の幻影が現れては消えた。ラジオは梅雨明け宣言を報じていた。

合掌

（平成元年七月二八日　大分合同新聞）

七　芸歴五〇年記念「三鶴千代の会」公演を観て

芸暦五〇年記念と銘打った「花柳三鶴千代の会（第一二回）」から案内をうけたのは、今年の夏は冷夏、と発表のあった頃だった。三鶴千代さんはわが家の檀那寺の姪御さん、前から一度拝見したいと思っていた。

「関《せき》の扉《と》を出します」

「関の扉!?」

と私はなかば訝《いぶか》りながらうなずいたものの、関の扉が、歌舞伎では顔見世の代表格であり、天明という江戸歌舞伎爛熟《らんじゅく》時代の狂言なので、三鶴千代さん、五〇年間の執念を感じさせられたものだった。

舞踊では、関の扉は珍しく物語風で大らかな振りは天明振りといわれているほど特徴的だし、それだけに難しい出し物である。三鶴千代さんはもちろん、桜の精となる墨染。相方の関兵衛は⁉　と聞くと花柳笹之亟さんという。いずれも県下一流だ。私は、ある種の期待をもって二人の舞台を楽しみにしていた。

幕があくと、常磐津の社中がヒナ段に並んでいる。ウロの桜を背景に、香図の衣装をぬいだ関兵衛の後ろから妖気《ようき》の漂う墨染の影。やがて、互いのやりとりがあって二人は絡むが、さすがに存在感十分であった。

話変わって花道になり、〽行くも帰るも忍ぶの乱れ……、辺りで、笹之亟さんの、菅笠《すげがさ》を大きくかざす振りは、今まで六代目菊五郎演出での、斧《おの》をかざす型しか見ていなかったので、とても印象深かった。

引き抜いてからの、墨染が桜の枝を、関兵衛が斧を使っての絡みも見応えがあったし、三鶴千代舞踊五〇年目の頂点を拝見したような気がした。が、大分文化会館の舞台のせまいのが何とも残念だった。

（平成七年九月一日　大分合同新聞）

八　岩豪有樹子作の新作歌舞伎「大力茶屋」を観て

先年、戦後の歌舞界を背負ってきた名優たちが相次いで他界した。松本白鸚、尾上松緑、中村勘三郎、片岡仁左衛門、尾上梅幸である。平成になって故人に代わる役者といえば、戦前からの女形の中村歌右衛門、同じく女形の中村雀右衛門、それに、昭和生まれの中村富十郎だろうか。目下、歌右衛門は体調すぐれず、雀右衛門は人間国宝だが、芸域の広さにおいて六代目（尾上菊五郎）を彷彿《ほうふつ》とさせて当代一流、昨年、人間国宝になった中村富十郎だと思う。

その天王寺屋が、三月、東京国立劇場で若手を引きつれて公演した。出し物三本のうち一本は新作物、外題は「大力茶屋」、一幕三場の芝居である。「大力茶屋」は国立劇場が懸賞募集した作品。その作者が、何と大分市在住の岩豪友樹子さん。氏はこれまでフリーライターとして活躍中だったが、国立劇場の歌舞伎台本の公募には三本が優秀二席や佳作に選ばれている。「大力茶屋」は平成三年の応募作品で国立劇場から上演話があったのは一昨年だそうだ。公演期間は三月五日から一七日まで。

私は、一七日の楽日に拝見した。三月の出し物は表題作のほか、富十郎と尾上辰之助の「連獅子」、それに若手の「女殺油地獄」。「大力茶屋」は最初で、幕があくと舞台は旅籠《はたご》屋のこしらえ、下手の遠景に但馬国出石の連峰が連なっている。

時は幕末、ウグイスの鳴き声を背に二人の商人が花道から出てくる。七、三で止まると、実は二人は元侍、親の敵を求めて諸国を歩くこと一八年。今は江戸で瀬戸物屋を営んでいることが、兄・坂東吉弥と弟・尾上松助のやりとりでよく分かる。これは、一番目物や二番目物に通例の手法であるが、主人公の女中お力（富十郎）が二人に会うのは本舞台に入ってから。赤い柄の着物が暖簾《のれん》を分けてパッと出てくると、二階席から間髪をいれず掛け声「天王寺屋！」の屋号が乱れ飛ぶ。よく見ると「西郷と豚姫」や「毛谷村六助」のお園に劣らぬ醜《しこ》女《め》のつくり。だが、この女、天下無双の力持ちで気立ての優しい性格の持主。この特異な主人公の女の心だてがテーマである。

序幕は醜女のお力が、松助に見染められるまでを、いかにも喜劇タッチで運ぶので笑いの渦。二幕目は世話物風、お力の美人願望をかなえる壺《つぼ》を売り込みにくるのが敵の玄蕃（片岡芦燕）。大力と引き換えに壺に祈ると願い事がかなうという魔法の壺だが、いじらしいほどに夫思いのお力は魔術にかけられ、しばし夢幻の世界をさまよい、夢からさめると絶世の美人に変貌する。だが――。

三幕目で、めざす敵、玄蕃を前にして夫松助兄弟の手助けをしようとするが、すでに、大力は失せている。そこで美人願望の浅はかさを知り、壺を割って、再び大力を得て敵を倒し、霊力の持主、竜女をも昇天させるというのが粗筋。

趣向の見せ場は、醜女が一転、美女に早変わりする件《くだり》と、夢幻の竜女が蛇踊りそっくりの蛇となって出てくるケレン味たっぷりのスペクタクルで、いかにも、新作らしいエンターテインメントになっている。

岩豪氏は、大分市に住んでいるので、これまでに歌舞伎は二つ三つしか観てないという。そんな氏が、喜劇仕立ての二番目物のストーリーに、怪異譚やスペクタクルといったケレン味の多い仕掛けをふんだんに駆使する技量には脱帽のほかはない。

今回の「大力茶屋」は花形若手歌舞伎と銘打っているだけあって、富十郎を中心にワキはすべて若手が固めていた。お力の夫になるのは松緑の弟子の松助。この人が喋《しゃべ》ると話の展開がよく分かる。往年の市川荒次郎を思い出させるが、声質はどちらかというと高砂屋に近く、仕科《しぐさ》もなかなかのもの。兄に扮する達者な吉弥も大切りの徳兵衛ともどもいいできだった。

怪異譚の主、壺の底に潜み霊力を表す竜姫には中村翫雀。和事育ちだから幽霊となってのモノローグは幻想的な役柄だけに苦労のあとが垣間みえた。モノローグといえば、朗誦や台詞回しに定評のある富十郎の語りは、美しくなりたい一心で、

「この大力はどこへいこうと笑いの種、いっそ捨ててしまいたい……三千世界にただ一人の器量よしとならせ給え、捧げまつるは我が身に備わる大力……」

と、祈る件はメリハリが効いているので観客の心に訴えてくる。それだけに、翫雀の語りのまずさが目だった。終幕の竜の空中飛翔の趣向や、大ドロになっての竜姫と松助のやりとりなど見せ場は多彩。さらに、敵役の芦燕には黙阿弥調に喋らせる七、五調の台詞もあってサービスの多いエンターテインメントになっていた。

ともあれ、当代一流の歌舞伎役者中村富十郎の目にとまる台本作家が、大分の地から出たことに惜しみない拍手を送りたい。

（平成八年三月二九日　大分合同新聞）

九　近松座の大分公演に寄せて

私が六代目菊五郎に夢中になっていた終戦直後、梅幸は菊之助といい、勘三郎はもしほ、白鸚はまだ染五郎だった。当時、今の団十郎は生まれたばかりで、今回、大分にお目見えする三代目中村鴈治郎は、扇雀を名乗り関西の武智歌舞伎で勉強中だったように思う。

あの頃、歌舞伎は封建思想が濃いという理由で民主主義の時代に不適とされ、それに名優たちが相次いで他界するし、しょせん、衰亡してゆく舞台芸術と思われていた。ところが、昭和二八年八月だった。今でも覚えているが、上方歌舞伎の扇雀父子が「曽根崎心中」をもって新橋演舞場にやってきた。その時の扇雀のあでやかな「お初」に満都の歌舞伎ファンは目をみはったものだった。

そして、三年後の三一年、やはり八月だったと思う。扇雀父子は、再び「曽根崎心中」をもって東京公演。船乗りこみという華やかな触れ込みは劇場街の評判をさらった。扇雀が初めて創《つく》り出した「お初」のキャラクターは、三〇〇年前の話であるにも拘らず、極めて近代的だったのは、その後、一〇〇〇回を超える公演を象徴しているように思う。

扇雀が三代目雁治郎を襲名したのは平成二年である。ひたすら、上方歌舞伎の和事芸を追求。特に近松物は男と女の愛を悲劇的に劇化した浄瑠璃が多い中、「曽根崎心中」（宇野信雄脚色）はひと味違う。例えば、歌舞伎は主役主導だが、中幕で徳兵衛との花道での道行きは、女形の「お初」が先に立つのだ。今回の公演でも、この場面では、多分観客は魅了され尽くされるであろう。

また、近松の浄瑠璃の名文が名調子で語られる終幕は、思わず引き込まれてしまうこと受合いと思うし、終わりの「……未来成仏疑いなき恋の手本となりにけり」で幕がおりる最後など、同じ心中物だが、今、評判の「失楽園」とは雲泥の差があると思う。今回、相手役の徳兵衛を江戸歌舞伎の名門である荒事の団十郎が務めるが、若い宗家が、どうつき合うか、それだけでも一見に値しよう。

（平成九年六月九日　大分合同新聞）

一〇　望郷の祈り──「鷹栖観音鬼会・火祭り」を観て

大分県は、昔からバレエの盛んな土地柄である。終戦後、「ゆりかごバレエ研究所」を主宰した平瀬克美先生や日田市の樋口愁枯、竹田市の杉原昌子の両先生など。それに、NHK

で振り付けをしていた竹内永さんなどがUターンしてから、一段と活性化したわけだが、今、県内で活躍しているバレエ教室の指導者たちは、何かのかたちでその流れをくむ人たちである。

この一七日、大分文化会館で四四回目の公演をもった「ゆりかご」の平瀬先生は、今年八六歳。「もう、これでおしまいよ」といいながら、それは夏の暑い盛りにひ孫のような幼児たちも出る発表会だった。そのエネルギーたるや驚嘆すべきバイタリティーだと思う。

なかんずく感動したのは創作バレエ「鷹栖観音鬼会・火祭り」だった。鷹栖観音堂は宇佐市を流れる駅館川の中流、拝田の崖の中ほどに建つお堂であるが、そこでは毎年、正月四日に若者たちによる鬼会の斎会《さいえ》が行なわれる。火祭りは一三〇〇年の伝統をもつといわれているが、ハダカで、対岸の本寺から松明《たいまつ》をかかげて川を渡りお堂に上がる。さらに、ドンドに火をつけて打ち合う火祭りは、勇壮かつ荘厳。その祭事を舞踊化したのが今回の創作バレエ「鷹栖観音鬼会・火祭り」なのである。

公演は、今回で二度目。初演は、昨年一二月、平瀬先生の郷里である宇佐市のウサノピアで行なった。先生が、宇佐市の出身だけに題材を故郷に求めるあたり、さながら望郷の舞踊家といえないだろうか。

幕が上がると、駅館川を挟む崖の舞台装置。梵鐘《ぼんしょう》が鳴るといきなり般若心経の斉唱が響いてくる。やがて、打楽器の音が加わるが、これを奏でる「姫神」の演奏に触発された先生は「鬼会」のイメージが浮かんだという。音楽を舞踊化するのは当たり前だが、お経の舞踊化など前代未聞であろう。この前衛性こそ真骨頂である。読経と太鼓と音楽の調和する中、降りしきる雪をくぐって群舞につづく群舞。その厳粛さは、故郷を恋ふる先生の八〇数年目の祈りに見えた。

（平成九年二月　大分合同新聞）

一一　平瀬克美先生を偲んで

平瀬克美先生の訃報《ふほう》は突然だった。

正月二日は新聞が休みなので、毎年のことながら三日の朝刊は待ち遠しい。社会面に視線を移すと、先生の死亡記事が写真つきで掲載されているではないか。私はしばらく、目を疑った。享年八六歳。あのお歳で、昨年の夏「ゆりかご」の子供たちを率いて「火祭り・鬼会」の創作舞踊の陣頭指揮をするほどエネルギッシュだったはずなのに、と思うと、やはり信じられないのである。

先生に初めてお目にかかったのは、確か先生が大分県洋舞踊協会の会長をなさっていた時で、県芸術祭参加作品執筆の依頼に、私の家にお見えになった時だったように思う。その際、先生の郷里が宇佐市であることを知り、また戦前、宇佐市の四日市小学校が勤務地でもあり、現在、市内で活躍している教え子たちの名前をあげては、懐かしそうにお話しする笑顔が親しみ深く、殊のほか先生を身近に感じたのを思い出す。

先生は、半世紀をこえる洋舞踊活動の中で、後藤智江さんを始め多くの洋舞踊家たちを育てた功績は大きい。なお「朝日長者」「大分の祭り」「仏の里」など、私が手がけた脚本だけでも一〇指に及ぶが、こうして振り返ってみると、先生のモチーフはふるさとを題材にした作品が多かった。郷里を出て七〇年以上経つのに、やはり宇佐の地が忘れられなかったのだろう。

一昨年、ウサノピアで鷹栖観音の鬼会を素材にした「火祭り・鬼会」を帰郷公演したが、あの日、郷里の教え子たちに囲まれて楽しそうに語らっていた先生のお顔が忘れられない。もう、あの笑顔にお目にかかれないと思うと、寂寥《せきりょう》感一入なのである。


（平成一〇年一月九日　大分合同新聞）

一二　平瀬克美追悼公演　ゆりかごの仲間たち

「もうお終いよ」といいながらいつも次を考えていた平瀬克美先生。早いもので、亡くなってから一年数か月が経つ。先生は生前、舞踊家として多くの弟子たちを育て、また、地域文化功労者として、文部大臣賞を始め、県や市、大分合同新聞社の文化賞など受賞、県内でも有数な教育家であり芸術家であり、文化の指導者であった。享年八六歳だった。

先生は宇佐市の出身、昭和四年、大分女子師範学校（二部）を卒業して郷里の四日市尋常高等学小学校に勤務。その後、大分市に居を移すが、戦後まもなく退職して「ゆりかご舞踊研究所」を設立している。今日まで半世紀、多くの幼児、児童、生徒たちに舞踊を通して情操教育を施し、研究成果の発表会に至っては四〇数回。その日は、いつも溢れるほど盛況だったという。

今回も、一周忌の法要がすぎたあたりから、教え子たちの間で「平瀬克美追悼公演」の話がもち上がった。弟子の中には、現在活躍中の人たちが多く、モダンバレエの後藤智江、フラメンコスタジオの後藤マリ、ニューヨークで活躍中の佐藤亜紀、それに二宮真由美、河野美奈子、さらに、「ゆりかごバレエ研究所」を受け継いでいる尾野るり、町田由美ら多彩である。四五回ゆりかごバレエ発表会を子どもの日に演《や》るのも、こよなく子供たちを愛した先生の遺志と夢に報いるに十分である。

この日、大分文化会館はほぼ満席。序幕、舞台の天井から先生の遺影が下りてくる。その前で、黒の衣装に包まれた教え子たち一七人が「レクイエム」をささげると、ありし日の先生の微笑みとともに会場は追悼ムードに誘われてゆく。

一部に移ると一転して幼児たちの「かもめの水兵さん」が演じられる。客席の歓声は、かつての先生の指導ぶりを想起してか囁きに変わる。追悼公演は三時間。フィナーレの華麗な群舞が終わると、空の彼方から「ゆりかご」のメロディーに乗って、先生の遺影が再び下りてくる。後藤智江が、霊にこたえるかのように踏むステップは哀切。観客は思わず目頭をおさえるが余韻にみちた追悼公演だった。

（平成一一年五月一四日　大分合同新聞）

一三　写真と詩による「遥かなるふるさと」に感動

元旦の朝、カレンダーの新しい表紙をめくると、昔はきまって、清々しい気分になったものだ。新年を迎えての心身のあらたまる瞬間である。とくに、終戦の翌年のお正月は、絶対貧乏の時代であったにも拘らず、底ぬけに明るく、日本の再建に向かって、みんな夢と希望に胸が膨らんでいたのを思い出す。それにひきかえ、今年の新春はいかにも冴えない。巷には物があふれ、飽食時代といわれているのに、どうしたことなのか。過去、何十回かの新年を迎えているのに、こんな晴々としない松の内を過ごしたのも初めての経験である。

そんな気分を吹き飛ばしたく、誘われて別府の百貨店に写真展を見にいった。題して「遥かなるふるさと」。ロビーに掛けられているパネルは三三点、写真家は、風景を得意とする中谷都志郎氏。それに万葉学者の佐々木均太郎先生が賛をそえている。作品はいずれも県下の風物がモチーフだし、賛のアンソロジーともども遠い日の追憶のかなたへと誘ってゆく。まず、「鬼灯」から見ていった。つづいて「天ケ瀬の稲架」へ。いつ見ても懐かしいふるさとの牧歌的風景だ。で、「鬼灯」によせる賛だが、まるでオルゴールの響きさながらなので参ってしまう。

「水の流れに赤い鬼灯を／そっと浮かべたあの日の／恋のときめきを／あなたは知っているのでしょうか／軽やかに鬼灯を鳴らして／見向きもしないで／止まらない時間の中を／遠ざかっていったあの人」

何と甘美であることか。忘れていた青春のときめきが、感傷のさざなみとなってよせてくるではないか。それは確かに人間の普遍の原点であるはず。会場を回ると「恋」の詩が五点。中でも、夫婦のいとなみをユーモアと哀感をもって撮った「箕《み》」への賛は秀逸である。苫屋《とまや》の荒れ果てた粗壁に立てかけてある古い生活用具の中に、箕だけが逆さに置かれている構図だ。

南郡の漁港では夜、漁に出た男たちは、朝帰ってくる。だから、夫婦のまぐわいは昼間なのだ。箕が逆さに立てかけてある時が進行中を示すシグナル。そのサインは子供でも知っている。漁師の知恵を詩は次のように奏でるのである。

「漁村のにじり口が／茶室に移っていったのは／いつの頃のことでしょう／浜辺の昼は静かです／あそこにも箕が立てられている／子どもたちは心得て／鎮守の森にあがって／遊ぶのです」

フランス艶笑譚を映画化した「青い女馬」の納屋を思い出して私は微笑んだ。

三三点の中には自然の叙景のほか、こわれた「手押しポンプ」、傾いた消防小屋の傍にたつ赤い「半鐘」や「筵《むしろ》」など役割の終わった風物に抒情を托している作品が多い。

四季の、そして朝、昼、夕方の時間と空間の中で、例えば、「やまなみハイウェイ」は、晩秋のある日珍しく降ってきた雪を抱いたモミジの構図だが、万葉の相聞歌に、梅の花に積もった雪を溶けないうちに恋人に見せたい、という歌があるとか。中谷氏の心象が、モミジに降る雪と重なって、一〇年に一度あるかないかの決定的瞬間を画面にした作品は印象的。また山肌の灌木に光が当たってくる瞬間をじっと待つ「九重高原長者原」の雑木の花の風景も詩心であろうか。秋、赤く熟した丸山柿を、廃屋の前に置く柿のモチーフの数点はもちろん、この写真家が、成熟社会の中で捨てられつつある日本の原風景によせるヒューマンな優しさが三三点の写真を見ているとよく分かるのである。

それらはいずれも、滅びへの抒情が通奏低音となって響いてくるが、作者がもとめて日本の原風景に目を注ぐのも、また、共感して一八編の賛をよせるのも、この国が残したものへのオマージュとはいえないだろうか。

「遥かなるふるさと」への回帰は、今年の課題を解く一つの鍵であると思いつつ会場をあとにした。

（平成九年一月一三日　大分合同新聞）

一四　「豊のまほろぼ」中谷都志郎写真展

今年も暮れた。この一年は年初の予想が的中して、一〇年分ほどの激動を感じさせられる年でもあった。巷《ちまた》からのおののきが潮騒のように聞こえてくる。

そんな不安といらだちを吹っ飛ばしてくれる写真展が、実は、この二七日から別府のトキハで開かれている。題して「豊のまほろば」。写真作家の中谷都志郎氏が得意とする風景写真三九点が、一階のセンターホールに展示されているのだ。それらは、未知との遭遇に戸惑う人たちのこころを温かく包みこんでいるかのように映った。

「まほろば」と謳《うた》っているように、大分の自然を夢見るかのように染めあげているが二豊の海、山、高原、青葉、紅葉など、被写体の一つひとつにふるさとへの憧《あこが》れがあふれている。

年末からお正月にかけての展示だからか、入場してすぐ、上浦の二見ケ浦に初日の昇る風景写真が目に入る。南郡の初日は、この兄弟岩のほか姉妹巌のもあり、また鳥居のある「奈多海岸」や、「姫島」を中景に周防灘の初日を臨む風景など、それぞれに自作の句や詩、あるいは万葉歌が添えられていて、作者の優しい心情がくみ取れるのだ。

珍しいのは真玉海岸から臨む干潟の冬景色だが、地元の人たちにはこたえられないほど感動的な茜《あかね》色の落日が旅情をそそる。二豊の四季はトポスとしてはいつも目にする風景だが、作者のレンズを通すと、こうも美的に形象化されるものかと、驚嘆に値する芸術作品になっている。

中でも、由布岳を題材にした四作品は季節を冬に求めて、その象徴性をいかんなく伝えているが、とくに「年の春」は稲架を前景に、由布岳を薄い桔梗《ききょう》色にまとめていて、つい半世紀前の牧歌的だった頃の湯布院を思い出させて圧巻である。

また見立渓谷の流れを大胆な色調でアレンジした「納涼」は、さながら陶板や焼き物のニュアンスを感じさせて油彩的だし、大田村の麦畑をベースにした「春の色」は幻想の世界に誘ってくれて、文字通り「まほろば」にふさわしく、帰省客の心をも慰めるに違いないと思ったことだった。

（平成九年一二月三一日　大分合同新聞）

一五　向田文学の秘密

今年の夏は、向田邦子の七回忌だった。いつもなら、どこかの雑誌に関係記事が掲載されてもおかしくないほど彼女の人気は、まだ、いささかの翳りもないが、私の見るかぎり、どの雑誌も取り上げていなかった。多分、出版界では鶴田浩二や石原裕次郎など相次ぐスターの他界でそちらの追悼に追いまくられたものと思う。ただ、『向田邦子全集』が三巻に纏められて出されているのが目についた。

向田邦子の単行本は台本をふくめて一七冊。だから、こぼれていた作品が納められているのかと思い書店で捲ってみたが、新しい作品はないし、年譜も、三回忌の時「文芸春秋」の臨時増刊として出された「向田邦子ふたたび」に載っていたのが再録されているようだった。向田邦子については、近しかった人、親しかったディレクター、エッセイストたちが、あますところなく思い出話を寄せていたので、ほぼ語り尽されているだろうが、そうではない！実は、単行本にも、全集にも入っていない厖大な作品二四〇〇本が抜けているのだ。

彼女の年譜をみると、昭和二七年五月二一日雄鶏社に入社、「映画ストーリー」編集部に配属とある。この経歴は普通の人と変わらない。ただ、二、三行あって、三九年、「『七人の孫』開始、人気シナリオライターに」と記している。天沼の実家を出てマンションへと巣立って二年目である。以後、向田人気は上昇するばかり、年表も絢爛《けんらん》と輝いている。

今回私は久しぶりに向田作品を読んでみた。『寺内貫太郎一家』に始まって『父の詫び状』ほか、彼女から頂いた本は全冊書架の棚に眠っていた。誰か彼女を戦友呼ばわりしていた作家がいたが、なるほど、エッセーも小説も、確かにうまい。うまくなっていたのだ。一体、いつから短篇の名手になったのか。彼女が始めて脚本をもってきたのは三〇年も前だ。その時、何とまずいホンなんだろうと思った。今でも覚えているが、その日は、有楽町にあった頃の、毎日新聞の地下の喫茶店「ハッピー」で会った。そこで処女作「火を貸した男」に目を通した。「これ、自分で面白いと思う⁉」と私は意地悪な質問をした。その時、黒い地味なスーツに黒い帽子をかぶっていた。

向田邦子が、私たちの勉強会に入会したのは昭和三三年の春だった。当時、会員は一七名。会費五〇〇円で、現在、人気作家の何人かはその会の出身である。会の名称は「Zプロ」。最低から這い上がってゆく意味がこめられていた。名付け親は日活の映画監督の井田探だった。顧問に金貝省三氏を迎え、コーチは「影武者」の若き日の井手雅人氏だ。いつだったか、向田邦子が直木賞をとった時「Zプロに向田邦子がいたっけ!?」と井手氏から聞かれた。彼女はそれほど目立たぬ存在だった。でも会費の払いは抜群によかった。会員の中には女三人。一人は「小説現代」の佳作に入り、一人は今、テレビ局でディレクターから女帝と怖れられているN女である。

そんな中で向田邦子は、金貝省三氏から「ダイヤル一一〇番」を書かされた。このテのものは、彼女、どうも苦手らしい。向田の後年のエッセーに、刑事部長と部長刑事の区別がどうしてもつかず、苦労した話を書いていた一文があったが、まったくその通りで、とくに警察隠語の覚えが遅かった。

その頃、当時の東京放送でやっていた森繁久弥の「奥様お手をどうぞ」という朝七時からの五分番組があった。書き手が急死したので、誰かピンチヒッターはないか、と毎広の有馬孝がいってきた。五分ものと聞いて私はすぐ向田邦子の顔が浮かんだ。二、三日して一週間分を持ってきた。案の定、森繁の気にいられ、以後、「重役読本」に衣替え。さらに、「七人の孫」へと出世魚になってゆく。

「七人の孫」の時、演出の久世光彦が、知名度の低い向田なので、随分と不安がっていたという話を、久世と親しかったZプロの仲間（大津皓一）から聞いたが、人気上昇中の森繁の推挽《すいばん》であるし、その前年、彼女は、新宿の厚生年金ホールで「森繁久弥リサイタル」の構成一切を受けもった実績もあったので、森繁には自信があったのだろう。森繁の「重役読本」は合わせて二四〇〇回続いた。さえなかった向田作品が、回を重ねるごとに光り始めたのは、あの二四〇〇本が、森繁との格闘の中でサビを落とされキンの地金が出てきたのだと思う。彼女の才能は金だったのだ。

向田邦子が亡くなる前、上京した私は一〇数年ぶりに対面した。直木賞受賞の時、その秘密が二四〇〇本にあると見ていた私は、「あの原稿、しまっている?」と訊いた。「J出版社に渡してあるの。でも、おくらになった」と彼女はいった。カセットテープでも向田作品は売行きがよいというのに、いまだに本にならないところをみると、その出版社は改築の折、原稿をしまい忘れたにちがいない。二四〇〇本は彼女の菩提を弔うためにも探して上げたいと思っている。

（昭和六二年一〇月　毎日新聞西部版）

一六　『大分市史・下巻』を読んで

歴史書、と聞いただけで拒絶反応を示しがちだが、『大分市史下巻』も大きさと重さにちゅうちょの感はかくせなかった。人によっては、「枕」とカン違いするかもしれない。それほど分厚い本である。一二四六ページ。一時間二五ページの速度で読むと五〇時間かかる。もっともこれは、通俗小説を読む速さだから、精読すれば遅々としてはかどらないはず。本来なら、書かれた時間だけかけて読むのが礼儀だが、時間の足りないのを許していただきたい。

下巻は完結編になっていて、明治元年から昭和六三年六月までの一二〇年間。うち半分は身近で、自分たちの体験などが成文化されているから読み始めたら止まらない。面白いのである。私たち門外漢の徒が読んでも飽かせない。時代が、近・現代ということもあるが、書き手の文章がすぐれているのも理由の一つ。とにかく、大分市の市民だけでなく、県民にとっても、四〇万都市にふくれ上がっている県庁の所在地が、一二〇年前、御一新の時の人口が中津より少なかったとは、とても信じられないだろう。本書は、その大分の町が、出世魚のように大きくなってゆく成長の記述である。五章、二九項目。精度の優秀さは、巻末に列記されている史料が上質であることでもうなずけるはずである。

本書はまず、表現が優しく分かり易く書かれているのが何よりよい。それに図版、写真、グラフが多い。専門家はグラフを見ただけで興奮し、論文調に走りがちなのを、抑えに抑えた筆なので市民には実に親しみ易い解説書になっている。例えば明治四年、行政組織が大区・小区に組みかえられる件《くだり》であるが、今までだと語句の解説もなく専門家だけに通用する書き方であった。それが、まことに細やかな配慮のもとに書かれているし、さらに、不足分は、付表を設けて細述、図表式に工夫されているから一目瞭然。なお、明治七年には、九町二六六村に分かれていた自分たちの村が、編成替えごとに、明治何年には何村と併合し、昭和X年には何町に編入され、最終的には昭和三八年三月、現在の大分市の行政体に組みこまれていく過程が、中学生でも理解できるように視覚化されている。本文も、全体にわたって分かり易さが基調になっているので、時によっては小説を読む速さになるほどピッチが上がる。

大体、歴史書の叙述は、著者が、どんな史料を選び、その中でも、どの部分を引用するかによって、価値にずいぶん差がつくように思う。五章、八四〇ページに使われた資料は、現在の大分の文化水準を示す好例であろう。

驚嘆したのは、資料の使い方で、太平洋戦争の記述の中でだが、戦争の資料は、この四二年間にほとんど出尽くしているので、孫引きしている地方史の多い中で、大分市空襲の記録は、昭和五三年に入手した米軍の資料を引用していることである。精度の確かさを示す一例であろう。なお、下巻を記述した著者を列記して敬意にかえたいが、神戸輝夫、田辺正勝、勝目忍、大嶋誠、狭間久、梅木秀徳、朝来野元生の諸氏が、市民の視点から叙述したのが何よりの特色となった。

そのほか海外交流編として「南蛮人のあしあと」が、加藤知弘中心に、林章、神戸輝夫、大嶋誠、山本晴樹が数十冊の史料を駆馳《くち》して一五世紀から一六世紀にかけ、大航海時代と豊後の関係を実証的かつ分析的にまとめあげている。中でも、伊東マンショのなぞは、図譜しているのですぐ分かるし、瓜生島の考証は科学的だ。

最終の美術編では、「ふるさとの美術文化」と題して岩男順が、大分市の仏教文化財の掘り起こしから、豊後南画を経て、現代を生きた福田平八郎、生野祥雲斎、なお活躍中の高山辰雄までおさめている。残念ながら、この稿が岩男順の遺稿となった。

大体歴史は、大別して二つある。「ロゴスとしての歴史」と「存在としての歴史」である。二つを統一するのは現在である。だから、時々、歴史は書きかえられる。私たちは今世紀の中頃、皇国歴史から一八〇度回れ右して書き直された歴史を見た生き証人であるが、将来、再び、歴史が書きかえられる時代のこないことを祈りたい。

今、大分市は近代都市をめざし可能性にみちている。一〇〇年後、さらに大分市史が書き足される時、この巻は史料として貴重な価値を発揮するにちがいない。読み易いのでできるだけ多くの人たちに読んでもらいたい。それが記念事業としての本書発刊の目的でもあったはずである。

（昭和六三年五月一五日　大分合同新聞）

一七　『蒼天の悲曲』（須崎勝彌著）―特攻隊員の心奥を追う

太平洋戦争中の多くの悲劇の中で、学徒出陣した特攻隊員の死は、死を蓋然《がいぜん》的運命として強制されての出撃だっただけに悲壮感が漂う。

書下ろし『蒼天の悲曲』は、昭和一八年一二月一日、徴兵延期を中断され、学業半ばにして戦線にかりだされた第一四期海軍飛行予備学生たちの一年八か月におよぶ戦争下の青春の軌跡を悲曲のリズムで描いた物語である。

一四期海軍飛行予備学生を題材にした小説には『雲の墓標』がある。その清純な生きざまは読む人の感動を誘うが、『雲の墓標』の清冽《せいれつ》さにさらに研磨をかけ、コーティングしたのが『蒼天の悲曲』と思う。

前者が日記体であるのに比し、後者は推理形式で心の深奥を追う。

一四期予備学生の一人、有坂少尉の殉職は、実は自決ではなかったか？　たまたま同乗していたが生きのびた予科練出身の男が、戦後二〇年たって、有坂少尉の戦友たちを探して真実を極めようと思い立つところから話は始まる。

一四期生の歩いた場所、土浦航空隊、出水航空隊、宇佐航空隊、串良航空隊と、それぞれの勤務地で、同期生一人ずつを登場させている。一四期予備学生の生きざまや海軍生活の実態が浮かび上がってくる構成になっているし、証言者になる四人の同期生の個性にもリアリティーがあって、筆のさえは見事である。

中でも「鬼の宇佐空」と畏敬《いけい》されるほど厳しい宇佐空に着任して、訓練期間を過ごした六か月の間、九七艦攻での飛行訓練、同期生の殉職、中津市に住む女学生とのロマン、グラマンF6Fの襲撃、さらに特攻出撃する飛行機を、桜かざして見送りにくる町民たち、そして、運命の日の四月二一日、B29三〇機は宇佐空を壊滅させてしまう。被爆下の隊内の描写は資料としても貴重である。

作者の、ロマンチシズムの精神とリアリズムの筆致が融合した傑作である。

（平成一二年五月一五日　大分合同新聞読書欄）

一八　「松本清張展」に寄せて―八二年の足跡一堂に

『或る「小倉日記」伝』で芥川賞をもらった松本清張が、東京へ出て『点と線』や『黒地の絵』を発表、流行作家になる前のしばらく、私たちの結成していた作家グループは、氏を勉強会の顧問に迎えていた。その頃、昭和三〇年代前半は映画の全盛期で、一年に七百数十本の日本映画と二百数十本の外国映画が封切られていた。勉強会は、当時、電通ラ・テ局長だった金貝省三氏の好意で別館の会議室を与えられ、週一回、会合が持たれていた。そこは現在、大分合同新聞東京支社があるビルの北側を走ってゆく首都高速になっているが、戦前までは外堀で、有名な数寄屋橋の下を流れる川だった。

多分、今は暗渠《あんきょ》になって残っていると思うが、川の面積だけビルが建てられ、そこにはマスコミ関係の多くの事務所が雑居していたような気がする。「サンバード」というカレーライス専門店があって、確か、その隣が別館会議室で、私たちはその一室に松本清張氏をお迎えしていた。大きな丸いテーブルを囲んで、この新進作家は礼儀正しく、黒っぽい背広に地味なネクタイをしめ、どこから見ても作家らしく見えなかった。

「小説はネタだよ、ネタさえよければ八〇パーセント成功です」

ちょっと甲高い声でそういった氏の声が今でも耳朶《じだ》に残っているが、『或る「小倉日記」伝』にしろ、『点と線』『西郷札』『眼の壁』などなど、受賞以後発表された小説のほとんどは、素材が極めてユニークであることを改めて知らされ、その後の活動に大変参考になったのを覚えている。

『点と線』は、発表された翌年東映で映画化され、大ヒットした。以後、清張作品は発表ごとに映画化され、映画になった小説はどの作家より多いはずである。だから、昭和五三年には、松竹の映画監督野村芳太郎氏や脚本家の井手雅人氏らと「霧・プロダクション」を設立し、テレビ時代になってから映像化される作品はすべて「霧・プロ」を経由しなければ映像化できない仕組みになっていた。

松本清張の、流行作家としての地位を確定的にしたのは昭和三十五年『波の塔』がベストセラーになった時からだと思う。戦後、講談社から独立した神吉晴夫氏は光文社を設立、大衆雑誌や少年少女雑誌を発行していたが、「カッパブックス」を企画、この新進作家に書下ろさせた恋愛小説は、松本清張が大衆小説も書けることを実証し、「週刊朝日」で、徳川夢声が脱帽した対談記事が掲載されたりして清張人気は上昇するばかりだった。

松本氏への凄《すご》さを思い知らされたのは氏の小説が、これまでの探偵小説の域をこえ、スリラーとしてのジャンルを開拓したばかりでなく、登場人物一人ひとりを血の通う生活者として描いていることだった。『張込み』はその嚆矢《こうし》であり、『黒い画集』と、以下は枚挙に遑《いとま》がない。

そんな推理小説から今度は、社会の様相に目を向け、上層部や底辺を直視、その矛盾に鋭く切りこむ作品が登場し始めるのである。いわゆる社会派小説といわれるジャンルで、社会派といえば、それまで石川達三の『風にそよぐ葦』に代表されていたが、松本清張は、政界や社会の不正事件を剔抉《てっけつ》した『日本の黒い霧』や『人間の壁』や『落差』などその暗部をネタにした小説を矢継ぎ早に発表したのである。さらにテリトリーは古代へとさかのぼり、『古代史疑』や『邪馬台国論争』では歴史学者に挑戦、その仕事ぶりはミステリアスにさえ映った。一人の作家が、純文学から大衆小説、さらに政界、財界に及び、そして古代史へとその領域は拡大してゆくわけだが、徳川夢声が脱帽したのも頷《うなず》けるような気がする。

昨年、発足二〇周年を迎えた北九州市では、松本清張記念館を建てるという。それに先だって「文芸春秋社」が協力してオープンしたのが、この秋催された「松本清張展」である。

平成四年八月一二日、氏がその生涯を閉じるまでの八二年間の足跡が開陳されるが、目を瞠《みは》るような資料、写真、デザインなど、そのままそっくり大分市で公開されるのが今回の「松本清張展」である。

また、氏の作品には、大分県が舞台になっている小説が多い。『陸行水行』は安心院《あじむ》や駅館川であり、『西海道談綺』は内陸の日田から県北にかけての一大ロマンである。それに竹田の『詩城の旅びと』もあり、それらの資料ともども興味は尽きないが、昔のポスターや氏の写した玄人はだしの写真もあって十分堪能させられると思う。

（平成六年一一月二四日　大分合同新聞）

一九　望郷の叙情詩人―版画家「武田由平展」

大分市での、版画家武田由平展の催しは四一年ぶり。旧制中津中学時代、戦中の五年間を過ごした私は一人で見るのが勿体なく、同窓の畏友《いゆう》西中文義氏と芸術会館のロビーで待ち合わせた。

先生にとっては私は不肖の生徒で、一九三八年に入学した当初は、図画の時間、先生に褒められていたにも拘らず、五年になって用器画の授業で逆鱗《げきりん》に触れ、欠点「4」をちょうだいした。主任が「せめて5点を」と頼みにいったが頑として受け付けず、私の手元には今でも「4」と朱書きされた通知表が残っている。先生の頑固さを証明するエピソードの一つだが、先生は志を貫く芸術家だったのだ。

会場に入る前に西中氏が持参した四四年の卒業アルバムを見せてもらった。四四年といえば太平洋戦争の最中。そこには文展ほか多くの賞を受賞した生気に満ちた武田由平がいた。亡くなられたのは八九年で、九七歳の天寿を全うしている。

私が先生の謦咳《けいがい》に接したのはわずか五年間でしかなかったが、会場に展示されている約八〇点の作品を一つひとつ見ていると、私にとっては懐かしさと畏敬《いけい》の念が先に立ち、会場を去るのが惜しいほどだった。

戦後、先生はお子さまの戦死などで重なる不幸に見舞われ、日展に入賞しても上京する費用が思うようにならないと伺い、作品数点を譲ってもらったことを思い出す。それらの作品はクラスメートの結婚祝いにプレゼントしているが、今回の展示品の中に同じ作品もあり感慨無量だった。

「金堤晩秋」や「残雪」がそうで、中津と高山を描いている。中津、高山を描いた作品が多く、生まれ故郷の高山と安住の地の中津の二つを郷里とする先生は、望郷の叙情詩人であると思ったことだった。

（平成一九年六月一四日　大分合同新聞）

二〇　エイの洗い

「おいしいでしょう！　ヒラメのエン……」

といったのは、綿ブロードのつやを思わせる向田邦子の声だった。向田邦子が食いしん坊だったことはよく知られていた。でも、味つけが濃かったのか、その日のは、格別旨いとは思わなかった。高級料亭Zでのヒラメ料理だから、ご馳走になる私は適当に返事をしていた思い出がある。

私の住んでいる豊前海沿いでは、白身のサカナは家庭料理が多い。彼女はおそらく、私が海岸育ちだということを知らなかったのだろう。その日は、話がはずんで三時間も料亭にいた。話の中心はやはり食い物。

「ねえ、エイっていうサカナ知ってる!?」

「……エイ!?　知っているわよ」

「いけるんだ、洗いにすると……」

「……洗い、がね」

と彼女はかわうそのように顔をつきだした。豊前海にとれるアカエイは、チリメン状の白身に紅の糸が筋を引いている沖ものがとくに旨い。

「でもゲテモノじゃない!?　エイって……」

「とんでもない。絶品だね。とくに、夏が旬。……やみつきになるよ、きっと」

話はふくらんで、エビのおどり、ハモの骨きり、フグの白子に及んだ。そしてシャコ。シャコは、東京では高級寿司ダネだが、うちの方では肥しにする、といったら彼女は笑いころげた。いつか、一シオ一ふきさせたのをビールのつまみにした時、劇作家の榎本滋民氏が唸った話もした。料理とは「理を料《はか》ること」だ、そうだが豊前海の活きのいいのを美しく盛り付けて愉しむのも理を料る食べ方だと思う。

「じゃ、夏、大分に……」といって別れた。彼女はその年の八月に不帰の人となったが、今年もエイの洗いを食べるたびに綿ブロードの声を想い出した。


（昭和六〇年　広報おおいた一一月号）

二一　「ミックス」創刊一〇〇号に寄せて

今月号はミックスが創刊されて一〇〇号になる。創刊号が出たのは八年前、昭和五九年一二月である。円高不況の真っ只中だった。その間、時代としては昭和が半分、平成が半分で、イデオロギーの終焉、バブル景気の乱高下などなど、それは数十年にも匹敵する時代であった。

そんな渦中の生きざまをつぶさに見てきたミックスであるが、驚いたことに創刊号と九九号を比べてみる時、ページ数は二倍、内容も紙数も比例するかのように倍増していた。まことに慶賀至極と思う次第である。

昔から雑誌の出版は三年続けば上出来といわれていた。ミックスが発刊されて昭和五九年は、この年二三五誌が創刊され、内一八三誌が休・廃刊に追い込まれている。人口一〇〇万人と少々の大分県では、失礼だが尻すぼみになっても、飛躍することはまずないだろう、と踏んでいた大方の予想を覆して倍増という奇蹟を成し遂げている。

早い話、四大婦人雑誌の一誌として、ひと頃、一〇〇万人の読者を誇っていた「主婦と生活」が、この一月に廃刊になったし、また一九六〇年代の全共闘華やかなりし頃、四〇万部の発行部数を持ち、よもや廃刊することはなかろうと思われていた「朝日ジャーナル」も休刊を余儀なくされた。

今一つ戦後、戦前の出版文化を一新した感のあった「リーダース・ダイジェスト」も、今はない。くどいようだが、雑誌づくりはそれほど難しい事業なのである。それは一体、なぜなのか。

昭和も三〇年代ぐらいまでは学生はもちろん、大人たちが漫画本を持って電車に乗るなんてことはなかった。恥ずかしさが先に立って、とてもできなかったのだ。今はどうか。コミック誌二、三冊をかかえて乗り込んでくる女子学生など、ざらに見られる風景となった。時代の変化には会釈がないのだ。

戦後、民主主義のマニュアルとして、前述したリーダー・ダイジェストは部数二〇〇万を越えるし、それと重なるように貧困だった六〇年代を通して、大衆に夢を与えたのは「平凡文化」だった。その「平凡」は成熟社会の到来とともに衣を換え、週刊誌として大衆のトレンディに応える雑誌に変身したのである。社名まで「マガジンハウス」と変えてしまった。時代の臭いを嗅ぎ分け、時代の肌にフィットできなくなった雑誌は、廃刊の運命にさらされるのである。

一方、時代や知識層感覚に最も敏感に対応できた雑誌に「文藝春秋」がある。文藝春秋は大正一二年に創刊されているが、最盛期の部数数十万部、今や国民雑誌として、上下男女を問わず幅広い層に読まれている。かつての名編集長池島信平氏にその秘密を伺ったことがある。当時、リーダース・ダイジェストの全盛時代だったが「リー・ダイ」の雑誌づくりを分析して、今日の文春の方向づけをしたのだそうだ。

時代は絶対貧乏の時代だった。戦後から復興、高成長、成熟社会へと変化してゆく趨勢に、うまくフィットさせて、時代の半歩先を見つめてゆく。そこに大衆の蒙《もう》を開くという方針が国民雑誌としての自信を強めた。

ミックスの内容が倍増しているのも、創刊からこれまで、そのポリシーを的確に把握して、投げる一球一球の球に気配りがあったからだと思う。県民の政治意識、経済、文化、科学、スポーツ、娯楽、趣味、レジャーに至るまで、およそ県民が関心を持っている事象には、どんな些細な現象も見逃すまいとするリアリズムの精神が、ミックスの個性づくりに役立ったのだろう。かといって、県民の蒙を開くあまり硬派な内容になってもいけないし、読者の欲求に甘えすぎてもいけない、と思う。

また取り上げるにはタイミングがあって、時宜《じぎ》を誤ると新鮮さも腐敗するだけだ。一例だが、昨年竹田市がかかわった日教組大会のレポートは時宜を得た掲載であった。なお創刊二年目から続いている「ジャスト・フィット」には、賛否の意見があるらしいが、遊び心としては注目率満点である。かつて文藝春秋立花隆氏の一筆で田中角栄を葬った例もある如く、権力への監視人として、使命感を持つことこそ必要であろう。

あと七年したら二一世紀だが、昭和一桁組は全員老人の仲間に入ってしまう。働き盛りは新人類と呼ばれていた世代の時代になるが、それらの人たちにも愛読されるためには、何が必要で、何が不必要かをトレンディーの中に探し出すことが、県民雑誌ミックスに課せられた課題だと思う。

（平成五年六月　ミックス創刊一〇〇号）

二二　麦笛吹く頃

私たちの住むY村の村はずれに、カイズカイブキの垣根に囲まれた瀟洒《しょうしゃ》な家があった。垣根の前には、ちょっとした沼があって、沼の水は、すぐそばを流れてゆく小川に注いでいた。

春になると、その沼に釣り糸をたれ、夏は小川で小鮒をすくった。子供の頃は、そのあたりで遊ぶのが日課になっていたが、家の中からは、ついぞ、人の出入りするのを見たことがなかった。

一体誰が住んでいるのだろう。白い化粧目地の行き届いたその家に、私は子供心に好奇心を持ち、あるいは私の嫁さんになる人は、こんなお屋敷に住んでいる令嬢かもしれないなど と、空想させられる日もあった。

あの頃の春先といっても私は七、八歳。それは確か、満州事変の始まった頃だった。近所の悪童たちは、ガキ大将のM君に連れられて、よく、戦争ごっこして遊んだ。麦笛をふきながら畦《あぜ》道を一列になって進んでいると、突然、M君が停止を命じ、「カシラー、右ッ」と号令をかけた。何だろう、と私たちは思って、右の方を注目すると、柔らかい麦の穂波の向こうを、一人の少女が歩いていた。すると、M君は蛮声を張りあげ「オレの後をつけて歌え!」と唄《うた》の合唱を命じた。唄は、その頃まで流行していたストトン節で、替え歌になっている歌詞の卑わいさが、当時の子供たちにもうけていた。

「こんど、できたる軍艦は／中根グンカンみや子丸／それに乗りこむカンチョウは／赤司幸宗ホカ一名／スットントン、スットントン」

特に「ホカ一名」と歌う個所はオクターブをあげ、ワーイ、ワーイ、とはやしたてた。もちろん、私に歌詞の意味が分かるはずなかった。少なくとも、それは男女のまぐわいに関することなのだろうと、幼いながらも、セクシーなにおいを感じてか、後をつけて歌うのが、くすぐったかった。

やがて、近づいてきた少女の持っていた買い物カゴに手をかけて、たたき落とした。カゴは、バサッと音をたてて畦道をころげ、中からぐちゃぐちゃに割れた卵がでてきた。少女は、ひとみを涙でいっぱいにすると、わっ、と声をあげて悔しそうに泣きだした。それを見たM君は「引け！」と号令し、悪童たちを退散させた。一番年下だった私は、遅れて逃げだしたが、泣きだした少女が気になって仕方がなかった。振り返ってみると、少女は畦道にかがんで、卵を一つひとつ拾っているのが目に映った。そして、時々泣きじゃくるのか、ひくっ、と震える髪が同情を誘い、少女が、たまらなくかわいそうに思えた。

私は畦道をおり麦畑に隠れて、買い物カゴをさげてゆく少女の後ろ姿に、じっと視線を送った。青い麦穂の向こうには、沼があって、沼の上には、あの化粧目地のきれいな家が見える。まさか、と思って目を凝らしていると、少女は門の扉をあけて垣根の中に消えた。

その家は、当時県下でも、最も古いといわれた製糸会社の、工場長の屋敷であることを後で知った。少女は、その新任の中根工場長の一人娘で、学校でも評判の美人であったことも人づてに聞いた。だが、再びあの少女の姿を見ることはなかった。

（昭和五一年五月二三日　大分合同新聞）

二三　四五年目の終戦記念日

毎年、八月一五日が近づくと、昭和天皇の詔勅をラジオで聞いたのが、まるで昨日のように思い出され、昭和とは一体何だったのかとまじめに考えざるを得ません。毎年この時期になるとすぐ俳句ができ、すべて感傷になってしまうのですが、今年にかぎって五七五の一七文字がうかびません。天皇の戦争責任がマスコミに騒がれ、それだけむずかしい「四五年目の終戦記念日」ということなのでしょう。

宇佐市の広報誌に、ある著名な方が宇佐空の戦死者六三〇名と書いておられますが、私も、「ぼくの町も戦場だった」を発表する際、防衛庁の戦史編纂室で調べたが分かりませんでした。近年、映画やＴＶで私たちの歩いてきた時代のことが、杜撰《ずさん》に描かれているように思えて仕方がありません。マスコミから取材を受けたり、写真を貸すたびに「桜花」の説明に時間をかけざるを得ず、もう四四年もたってしまったのかというのが、いつわらざる実感です。

第五航艦が鹿屋から大分に移り、宇垣纏中将が赴任してきます。当時の三好市長が宇垣中将のところへ挨拶にゆくも、「また後日」と話を避けたといいます。ポツダム宣言が公になり、戦争を続行するや否やの中央情報が入っていたからでしょう。八月一五日、終戦になったにも拘らず沖縄近くの南西諸島に向けて一一機で飛び立ちます。アメリカの資料によれば、海岸に突き当たり自爆したものが多く、何機かはエンジン不調で不時着し、生き残った者もいるということです。この話をまとめられたのが、寺司氏の『私兵特攻』です。

宇垣中将の後任が草加龍之介中将で、八月一五日に大分に着任するも宇垣中将の姿はなく、「昨日突っ込みました」と聞かされます。

司令部の会議室では、青年将校が国体は護持されるのか、重臣の陰謀ではないかなどといきり立ち、草加中将も斬られんばかりだったといいます。軍令部から菊地朝三中将が中央情勢を伝えにくるが手におえず、逆に横井参謀長を東京に派遣します。横井俊之少将は、帰ってきていろいろ説明するよりも、御前会議の陛下のお言葉をそのまま朗読します。士官クラスに嗚咽が広がり一人去り二人去り、その間ずっと草加中将は真ん中に座り黙念していたということです。

この太平洋戦争のことを考えることが、昭和とはどういう時代であったのかにつながります。日清、日露戦争と歴史を繙いて太平洋戦争を考える方法と、ベトナム、朝鮮戦争、ひるがえって太平洋戦争を考える方法とがあります。

著者

昭和天皇に終戦の命令が下せるなら、どうして開戦の時に決断できなかったのかという意見がありますが、軍の統帥権にかかわることは絶対に変えられず、戦争終結は御前会議で決まらず天皇に裁断を仰いだからにほかなりません。

昭和の歴史、戦争責任の問題と全員が等身大で対決せざるを得ず、対決するところに解決の糸口ができるのではないでしょうか。

（平成元年八月　大分ロータリークラブ講演）

二四　人生画帳八〇年

いつ死んでもおかしくないのに、私はまだ生きている。大正末年生まれだから、そのまま、昭和の歴史と重なる。一〇歳の年、二四時間以内に手術しなければ死を免れないという病《やまい》に襲われ、父と母と祖父の介護で死地を脱した。四年後、母は、私を心配しながら先だってしまった。四〇歳の若さだった。それから四年後、今度は祖父が終戦を前に鬼籍に入った。八〇歳だったので、随分長命だと思った。もっとも当時、五〇歳になると知命。しかも年寄りは老賢者と崇められる時代だった。今時の五〇歳は発育不全もイイトコロ、「老」はなく成熟の途中にいる。

祖父からは、遊学して帰省するたびに、私は、太平洋戦争の前途を訊かれた。ミリタリズムに固められていた軍国青年に当時の国際情勢が判るはずもない。老祖父は、戦《いくさ》の前途を懸念しながら逝ってしまったが、グローバルに世間を視る目は、幕末からの習慣だったらしい。間もなく、私も戦争にかりだされた。ここでも九死に一生を得た。だから、戦後の四二年の歳月が、私にはフロクに思えてしかたがない。

結婚後、一〇歳の時の大病が再発し、今度こそあの世ゆきと思ったが、妻の献身によって助かった。三一歳の時で一年病に伏した。いまだに後遺症に苦しんで、いつグッドバイしてもよいのに、どう間違ったのか、六〇年の馬齢を重ねてしまった。その間、父を九〇歳で送った。父は、私の体が心配だったから、ボケてはいけない、と自分をムチ打っていたのだろう。八九歳までソロバンをはじいていた。私は見かねて、電子計算器の一番大きいのを贈った。ところが、一瞥しただけで、指で押そうともしなかった。やはり、五ツ玉で割り算をやる方がボケなくてよいことを体験で感じていたのだろう。

傷だらけの私が、七〇代、八〇代を生きるかどうか判らない。が、もし神が余命を与えてくれるなら、祖父の批判精神と、父の気骨だけは見習うべきだと思っている。

●若い人へ　今こそヒューマニズム

「八〇年代を 生きる」という言葉の目につく機会が多くなった。大衆長寿時代がやってきたのだ。それにともなう「生涯教育」、あるいは、「老人痴呆症」、「巣立たれシンドローム」などなど。確かに、四〇年前までは予想だにしなかった新語があふれている。

考えてみると、「歳をとる」ということは、「人が成熟する」ことと同意義なのだろうか⁉少なくとも論語ではそうであった。人生五〇年代には、年寄りは長老として、世間の座ではそれなりに、いる場所が不文律のうちに与えられ、また、役割としての文化性を示していた。今後は六〇歳で社会的使命が終わる。すると、あと二〇何年かは、家族が、核細胞分裂する中で、健康の衰退を早め、恍惚人と化し、老人ホームや精神病院で「老害」という名の迷惑をかけるのが大方のパターンとなろう。

次世代の若者たちよ！　できれば老人の最後は、自分の手で瞼を閉じてやる優しさがあってほしい。それが八〇年時代を生きるヒューマニズムだと私は思う。

（昭和六二年　広報おおいた九月号）

第一〇部——講演録「見る、聞く、書く」

「見る・聞く・書く」

ただいま、紹介にあずかりました今戸です。今日は、大分県高校教研国語部会の総会にお招きをいただきまして、恐縮に存じています。

実は、私、お話いたします時は、原稿がありません。大抵、ほとんどといってよいほど、ぶっつけ本番になりますので、あるいは脱線したり、収拾がつかなくなってしまうことが、まま、あります。その時は、みなさま方の方で、引き戻していただきたいのです。一時間半、いいお話ができますかどうか。一つよろしくお願いいたします。

さて、私には、一つの感動的な思い出があるんです。

昭和二〇年、日本が、太平洋戦争に敗れまして間もなく、一〇月一〇日のことです。長野県の木曽国民学校（当時は、まだそう呼んでいた）で、戦前、自由主義者として、ずっと執筆を禁止され、東京帝国大学の教壇を追われておりました矢内原忠雄教授が、はるばる出かけていって講演をなさっています。その時の演題は、「日本精神への反省」と「平和国家について」という二題だったんですが、大変な感動を、先生方に与えているんです。この時の講演は、翌年の昭和二一年六月に、岩波新書の赤版になって出版されておりますが……、私、戦争から帰ってきまして、虚脱している時です。日本人の道義、地におち、混迷の中で目標を見失っているわが祖国は、一体、どうなるのか、このまま、アメリカの植民地になってしまうのか、それとも、三等国家に堕してしまうのか、そんなデスペレート（絶望的）な気持ちになっている時、この赤版を読みまして、非常な感銘をうけた記憶があるんです。

その中で、矢内原先生は、こういっています。西行法師が、伊勢神宮にお参りした時の歌を引用しているわけですが、

なにごとの　おはしますかは　知らねども
かたじけなさに　涙こぼるる

人口に膾炙《かいしゃ》されている有名な歌ですね。この和歌こそ、日本精神を象徴的に詠みこんでいるんだ、とおっしゃるんです。

「なにごとの　おはしますかは　知らねども」すなわち、どなたをお祀りしてあるかは、判らない。しかし何となく神々しく、身のひきしまるような清々しい気持ちにさせられるではないか。そして、自然と頭が下る、という、この、誰が、いらっしゃるか知る由もないが、とにかく、ありがたいことだと素直に信じこむ純真さが、日本人の持つ日本精神の長所であるというのです。が、一方「どなたが、お祀りしてあるか判らないけれども、何ともいえずありがたいことだ」と、人がいいまでに純朴といいますか、その中身を確かめることなく、単純に信じこむという点が、日本精神の短所だ、とおっしゃっているんです。

いわゆる「科学精神」といいますか、戦争末期、橋本国彦文部大臣が「科学する心」なん

て、キャッチフレーズで、太鼓をたたきましたが、もう遅かった。この、真理を探究していこうとする精神の欠如が、あの時点で、日本を敗戦に追いこんだ、一つの原因であったと、いいきっております。

この日本精神論について、矢内原先生は戦争中、もてはやされていた本居宣長の思想をも、批判の対象にしているわけですが、かの有名な『菊と刀』のベネディクトとは、違う角度から、宣長の「神」観にもふれているのです。「理屈をいうのはいけない。それは漢意（からごころ）だ」とか、「できもしない聖人の道など、説いて世人を惑わすな」など、徳川時代、幕府の御用学問になっていました儒学に反発したり、日本精神を高調させた賀茂真渕、本居宣長、平田篤胤――、以後ずっと百数十年間、日本を敗戦に導くまでの、日本精神の支えになっていた「惟神《かんながら》の道」に対して、鋭い分析を、昭和二〇年一〇月の時点で加えているのです。さらに次のようにもいっています。

「日本は折角、明治維新で近代を迎え、西洋の文明や文化を輸入しているのに、その形式だけを学び、真理を、愛する心を養わなかったのではないか。あるいはまた、立憲制度を、西洋の国から輸入しておりながら、その根本精神である自由と責任の心構えを涵養しなかったのではないか」と、当時、日本を敗戦へと導いた原因を、ヒューマニズムの眼を通して見つめているのです。また日本が、目指そうとしている平和国家の理念につきましては、フイヒテの「ドイツ国民に告ぐ」と対比させながら、意気沈んだ日本国民に、一つの希望を与える演説もしているのです。すなわち「日本人は、戦争中までは、国民としての日本人は形成されてきたけれども、人間としての日本人は形成されていなかったのではないか」と、あの時代に、氷のように冷たい省察を熱っぽく加えているのです。

――今まで、述べてきましたような、矢内原先生みたいな講演ですと、私も、胸を張って、「国語大分」でも何でも掲載させていただくんですが、……そういう点では、この演壇に立ち、みなさま方を前にするだけで、厚かましい奴だと思っています。

ところで、日本も、戦争に敗れた直後の時点では、新生日本を目指すために「国民としての日本人」じゃなく、「人間としての日本人」をつくろうとして、教育制度なども変えたと思うんです。が、残念ながら、一九七六年、高度成長で成熟をなしとげた現在、私は、「人間としての日本人」ができ上がってないような気がするんです。では、どんな理想的な像《かたち》を備えた日本人か？

あえていわせてもらうならば「錬金術師としての日本人」が、つくられてきたんじゃないかと思うんです。――と、いうのは、もう、一〇年前になりますが、高校を出て、大学に入ったばかりの学生が私のところにきて、「シナリオライターになろうと思っているんだが……」というんです。

「!?……」

「……一体、シナリオライターというのは、月に、いくらぐらいになるんかェ」

今時の若い者とはいいたくありませんが、いきなりこういうんですネ。

とにかく、私どもは、青年時代、映画の監督になるとか、脚本家になるとかいうのは、これは、ゼニ金じゃないわけです。――好き、だからその道を選んだんです。

私も、ちょっとこれには返答に困りました。今、世間はいろいろ金のことで騒がしいようですが、恐らく、今の子供の大半が、このように金中心になってしまったんじゃないか、と感じたわけです。

――先ほど、控室で、木本数一会長とお話していました時、木本先生が、「実は、私はあなたを紹介するのに、あなたが、M大の商学部の卒業というのは、文学部のまちがいではないか、と思ったのですが」と、おっしゃいましたが、まったく、まちがいではなく、私、商学部を出ているんです。商学部というのは、商売人をつくるところですね。商売感覚と、芸術の創造感覚とは、月とスッポンほどの違いがあります。にも拘らず、私、ソロバンを捨てた。というのは……でも、ソロバンも、簿記の試験もうけて、ちゃーんと商学士の免状も持っています。それなのに、なぜ小説やシナリオを書いているんだ、という疑問は、ごもっともと思います。

私の中学時代(旧制)、――戦争中です――四、五年前まで、鹿児島の鶴丸高校の校長先生をしておられた中薗喜節先生、この先生は私どもの国語の先生でしたが、常に、こうおっしゃっていました。「新聞記者になれ！　新聞記者はいいぞ、ヒットラーに会える。ムッソリーニに会える。東条大将にも会えるが!!」と、熱をこめていうんですね。

あの頃の時代は、練成の時代でしたから、なぐられるのも、なぐられましたが、先生方、とても情熱をこめて教育に当たっておられましたから、私も、夢をかきたてられ、「なるほど、新聞記者になれば、世界を歩け、ヒットラーやムッソリーニと握手ができ、東条大将に会えるかも知れない。これは一つ、新聞記者になろう」という気持ちが澎湃《ほうはい》として湧いてきた少年時代を思い出します。

ところで、私が大学を卒業して新聞社に入った時には、もうヒットラーも、ムッソリーニもいませんでした。

しかし、東条大将には会いました。というより、遠くの方から見たんです。いつ、見たか、といいますと、昭和一八年の一〇月です。あの、出陣学徒が雨のふる神宮外苑で出陣してゆくのを、先輩たちを送るため、私どもも並びました。あの歴史的な日です。

その時に、競技場の真ん中の式台の上に、東条大将は立ち――大将の胸には、バーンとした大きな勲章をつけて――「生等は、雄躍征徒につき…」という例の東条調で、演説をぶつ姿を見た時、「ああ、東条さんは、何と偉いのかなあ……」と、大変、大きな距《へだた》りを感じたものです。

で、私も一年後に戦争にいって、戦争が終わって帰ってから、毎日新聞社に入ったわけですが、再び東条さんに会ったんです。それは、昭和二三年一一月に、東京裁判の判決があった時です。覚悟していたとはいえ、東条さんは死刑を宣告されました。判決が終わって、バスに乗りこむ時に、東条さんは、世界の記者団を前にして最後の言葉をいったんです。私は、先輩の記者に連れられて、その時、遠くの方から東条さんを垣間見たのです。東条さんには、昔日の面影はありません。でも、力をこめてこういうんです。

「本裁判は、戦勝国のみの裁判である」

この言葉の中に、恐らく、東条さんの、万感がこめられていたものと思います。

いやもう、せっかく矢内原先生の本で、日本精神とか、皇国史観とかを洗い落としかかっている時に、東条さんが出てきて、「本裁判は、戦勝国のみの裁判である」などと、いわれると、またぞろ、昔の古傷が痛むんですね。この話も、当時としては、新聞には、書くことができなかったんです。

お話、脱線しましたが、私の家は「民潮」というお酒をつくっています。宇佐神宮のお神酒《みき》は、みな私の方でつくっておりますわけで、――だから父は、私を酒づくりにさせようと思ったんですね。「お前は、M大の商学部だぞ」と、もう、ついていていうんです。

しかし、私はジャーナリストになりたい、あるいは小説書きか、映画の監督みたいなものにもなりたいなあと、半ば方針がきまりかけていました。そのわけは、昭和一八年、M大予科に入った年、先輩に連れられて、歌舞伎座に、歌舞伎を見にいったことからです。その時、ちょうど六代目尾上菊五郎の義経と先代（七代目）松本幸四郎の弁慶、一五代市村羽左衛門の「勧進帳」がありまして、それが、実に素晴らしく、目にやきついて離れないんです。

弁慶と富樫の問答がありますます。で、「判官殿に似たると申す者の候ゆえに、落居の間、留め申した」「ナニ」などと台詞があって、関守の富樫と、関を踏み破ろうと企んでいる弁慶、四天王のグループとが、グッと、にらみ合います。大変、高潮した場面ですし、また様式美の完成しきった型を見せてくれるところです。そんな緊迫したやりとりが終わると、「かく折檻もし給うなれ」で、すうと、富樫が引きさがっていく、あの問答のクライマックスから一転、局面が転回して、鳴り物も、静かなリズムに変わります。舞台は、義経主従六人だけになります。そこで、弁慶が、萎えたように主、義経の前にひざまづきます。「さすがに泣かぬ弁慶の、一期の涙ぞ殊勝なる」と、主を、金剛杖でなぐった弁慶は、両手をつき、顔をくしゃくしゃにして謝るわけです。すると、長唄が、「判官、御手を取りたまい……」と、哀調を帯びた節に入るんです。——その時の、義経の、弁慶へ差し出す手のもっていき方が、実に難しいわけですね。このまま、スッと差し出すんではなく、すうと、後ろからまわすように持ってゆくんですね（仕科入り）。

このようなことを、先輩から、解説してもらいながら、勧進帳の舞台を見たので、とうとう、私は歌舞伎にやみついてしまいました。やがて、私も兵隊にいき、復員してから、大学にもどりましたが、授業には出席せず、歌舞伎座（終戦直後は焼けていて東劇）や演舞場の楽屋に出入りするようになったんです。そして、ついに、六代目菊五郎の番頭さんになろうかとも思うほどになってしまったんです。いや、本当です。

ちょうどその頃、旧制中津中学第二回卒業生の田口弼一さんという方が、おられたんです。この方は、前の、京城日報の社長で法学博士、貴族院議員の書記官長もしておられました。私は、友人が田口さんの甥子だったその家に出入りしておりまして、奥さんの紹介で、奥さんは六代目と親しかったものですから、六代目の番頭さんになる直前までいっていました。それほど、私は歌舞伎劇のとりこになっていました。また一方、ジャーナリストもやってみたい、というわけで、家業である酒づくりや算盤のことは、忘れてしまったんです。そして、大学を卒業しました時、父が、帰ってこいというんですけれど、何かを、自分の力でやりたくて家に帰りませんでした。

その頃、中津中学の先輩で、熊谷久虎さんという映画の監督がいました。「阿部一族」「上海陸戦隊」など、非常にすぐれた映画をつくっています。戦後も、芸術協会を設立して、「智恵子抄」など四、五本、撮っています。この人は、女優原節子の義兄にあたりますので、そういえば思い出す方もおありかと存じます。私は、喜多見の原節子さんの家にいきました。大きなシェパードがいました。熊谷さんに会いましたところ、「お前、酒屋の倅だろう、家に帰って、酒をつくりなさい。映画なんて、なまやさしいもんじゃない、とにかく、家に帰って親孝行しなさい」と、一蹴されました。犬に吠えられるやらで、情ない思いでした。世間は、なかなか思うようにゆかず、胸の中に鬱勃《うっぼつ》たるものがあったわけです。そうこうしているうちに、毎日新聞にきてみないか、といわれ入ったわけです。

しばしば古い話で、若い先生方には、退屈かと思いますが、昭和二〇年一〇月に、NHKで、「雑木林」というラジオドラマが放送されました。

脚本は、高倉テルさんです。この話は、入植者が、北海道で開墾する時の苦労話なんです。トラクターを走らせる場面で、当時はまだ、トラクターの音なんか録音にとってなかったんですね。でも、戦車の録音なら、在り物で、とってあるんです。ディレクターは、トラクターも戦車も、キャタピラで走るものですから、同じキャタピラなら、トラクターも戦車もそうたいして変わらないだろう、と思って、高倉さんには、相談なしに、戦車の録音をはさんだんです。ところが、それが高倉さんに分かり、先生は、大変に怒りました。どうしてもいけない、はずせ、というわけです。そこで、NHKのスタッフは、弱ってしまいました。でも、他に代わる音の持ち合わせがありません。高倉さんに、なぜ、いけないのか、と聞きますと、先生は、こういうんです。

「トラクターも、戦車もキャタピラには違いない。だが、同じキャタピラでも、その質が違う。戦車のキャタピラは、人殺しの音だ！　そして、トラクターのは、生産の音だ」というんですね。

これは、どういうことかと申しますと、結局、「本当のものを使え」、すなわち本当のものは何かという、本質追求の精神です。この高倉テル先生の精神こそ、リアリズムの精神であり、敗戦までの日本に育っていなかった精神だと思います。

NHKのディレクターは、どうしたか、といいますと、トラクターの音がないので、明かるい音楽でもって、そのシーンをつくりました。ここで、思い出しますのは、先ほどの「なにごとのおはしますかは　知らねども……」の西行法師の歌であります。科学精神、と申しますか、真理を愛する心のまずしさにもつながってくると思いますが、結局、ものを書いたり、ものを追求していったりする時は、本当のものは、何であるか、という精神こそ、芸術にとって最も必要な心構えではないかと思います。

先日、六月一日の夜、「復讐するは我にあり」の脚本家の馬場当氏から電話がありました。「君のところにシナリオハンティングにいきたいからよろしく」というのです。私は、軽い気持ちで承諾したんですが、きてみて驚いたんです。氏のかかえている素材やテーマは、それこそ大変なものなんです。九州の各地に関係があり、とくに事件の発端が、私たちのすぐ目と鼻の先で起きるという設定ですから、大分県が多いんです。その大分県の、ある温泉町を、イメージづくりのために、徹底的に歩きたいといって、私、二日間ほど、案内役を買わされたわけですが、ここにも、本当のものを探してゆきたいという氏の創作態度が、うかがわれるのです。映画は、これから脚本にかかり、来年（五二年）には、完成させたいということでしたが、リアリズムというのは、確かに、鬼の眼でもあるわけです。

鬼の眼で思い出しましたが、先ほど、話に出ました六代目菊五郎は、リアリズムの役者です。三〇〇年に一人、出るか出ないかといわれる名優です。昭和二四年の七月一〇日に亡くなっていますが、私は、六代目が亡くなるまで、六代目の芝居を見て、番頭になろうかと思ったくらい心酔したものです。この六代目菊五郎のリアリズムとは、どういうものかについて、お話し申しあげたいと思います。

歌舞伎の外題は、何千とありますが、歌舞伎は、完成された型の芸術です。完成されるまでには、多くの工夫がなされてきたわけですが、その仕方は、大体、六代目菊五郎あたりで終わったような気がします。例えば、尾上松緑だとか、中村勘三郎、尾上梅幸などは、六代目がつくった型を、そっくり、そのまま踏襲しています。伝統を伝えてゆく、というのは、それでいいわけですが、現在、一線級の彼らは、全部といっていいほど、六代目演出を出ておりません。

「天衣紛上野初花（くもにまごううえののはつはな）」という芝居をご存じでしょうか。七幕二二場の長いお芝居です。江戸時代や明治の初めは、歌舞伎は、朝からやっていたんです。このあたりの、江戸庶民のくらし方を、くわしく書いているのは、四、五年前、野間文芸賞をもらった、江藤淳さんの『夏目漱石とその時代』（上・下）という本です。漱石がまだ子供の時、新富座に芝居見物にいくんですが、飯田橋の家から、前を流れている神田川を、舟にのって下ってゆくんですね。泊りがけの、二日に渉《わた》っての、のんびりした時代の様子を、この本は、克明に描いていますので、ごらん下さい。

この、七幕二二場のばか長い劇、これは、有名な河内山宗俊の話です。この中に、「入谷村蕎麦屋の場」というのがあります。主人公の直次郎（直侍）が、恋人である「大口屋」の三千歳《みちとせ》に会いにいく途中の話です。

この蕎麦屋は、三千歳が療養している大口の寮に近いのです。直次郎は、追われる身ですから、何となく落着きません。蕎麦屋に入れば、三千歳の安否もきけるし、また岡っ引の動きも分かろう、というわけで、蕎麦屋に入ります。そして、蕎麦を注文し、食べ終わったところで、三千歳に手紙をしたため、それを、按摩の丈賀《じょうが》にことづける。そして、昔の仲間である暗闇の丑松と会う有名な場面です。

まず、下駄についた春の雪を、傘で、パッパッとはたいて蕎麦屋に入っていく。あたりの様子をうかがい、「熱燗、一本」というんです。熱燗が出てきます。その時、一五代羽左衛門は、カンビンに、ちょっと指をふれて、ピッピッと、自分の耳を、こう、さわるんです。これで、熱い、ということを観客に分かってもらう工夫をしているんです。

ところで、六代目はどうするかというと、徳利を、手でさわってみて、「熱燗にしてくんな」という台詞をいうんです。同じ一つのことでも、どうしたら、的確に表現できるかを、工夫するわけです。

また、蕎麦を食べる場面ですが、蕎麦というものは、するすると、すするように食べるのが江戸前だそうです。いわゆるイキ、というこなしです。直次郎は、立役ですから、あくまでスマートでなくてはいけません。六代目は、どうしたかといいますと、直次郎が、蕎麦屋に入ってくる前に、捕方に蕎麦を食べさせます。で、どんな食べ方をさせるかというと、カク、カク、カクッと、蕎麦を噛んで食べさせるんです。なぜ捕方に、そんな食べ方をさせるかというと、次に出てくる直次郎が、一気に、するするっとすすって食べる、そのイキさを、つぶだてるために、わざと下品に噛ませるんだというんです。

次に、直次郎は蕎麦で腹ごしらえをしてから、食卓にある爪楊枝を歯で噛みくだいて、一筆、三千歳に手紙を書く、これが、それまでの型になっていました。ところが、六代目はどうするかというと、蕎麦は、すすって食べるものだから、爪楊枝は要らないはずだ、というわけで、蕎麦屋のおやじに、筆を所望して、書く、という型をつくっています。こういうところが、六代目写実です。

ところで、脚本家というのは、台詞を全部自分でいって、役者に口うつしさせるんです。ここで、ちょっと有名な台詞を一つ、やってみましょう。六代目の直次郎です（声色で）。

「祝のばしてこのままに、別れてゆくも降る雪だから……」

するると丑松が、

「たがいに積もる、身の悪事に、つららのような槍にかかるか、または氷の刃《やいば》にかかるか、襟に冷てえならい風、筑波嵐に行く先の、見えねえ吹雪が、天の助けだ」

「そんなら、達者で、いろよ」

「達者でいろよ」という時、直次郎が、すっと洟《はな》をするんですね。春の雪で、まだ、寒いですから。大体、今まではそれが「型」だったんです。ところが、六代目菊五郎は、どう演ったかというと、これから、恋人に会いにいこうというほどのイキな直侍が、水洟をするなんざア色気がなさすぎる。という解釈で、ここは、水洟をすすらない仕科になっているわけです。

それから次の場面が、有名な「忍逢春雪解（しのびあうはるのゆきどけ）」が、清元のリズムで、直次郎と三千歳の濡れ場になります。私、大体、歌舞伎の濡れ場ほど、様式美を最大限に発揮している芸術は、ないと思うんです。男女が、手を取り合うのは当たり前の型ですが、時々、背中合わせの型をみせます。背中合わせの媾合《こうごう》なんて、現実的には考えられない姿勢ですが、まったく、逆の型で、それを表現するなんて、様式美としては最高の描写力ではないかと思うのです。何百本のポルノをつくっても、一つの「型」に及ばぬ理由がここにあるわけです。

話は飛躍しましたが、その時、相手役の三千歳をつとめた女形の尾上菊次郎は、楽屋で、氷に手をあてて、手を冷たくして舞台に出た、という話は、もうどなたもご存じですね。この「大口の寮」の場なんです。じゃ、なぜそんなことをしたかという理由ですが、男の手はあたたかいが、女の手は、冷たいそうです。そこで、菊次郎は、相手の菊五郎に、「男」を感じさせてはいけない、というわけで、女の手だと感ずるように工夫しているのです。このように歌舞伎は、いろいろ工夫を積み重ねていって、今ではほぼ完成していると思います。

例えば「世話情浮名横櫛（よはなさけうきなのよこぐし）」という二番目ものがあります。これは、瀬川如皐《じょこう》という人の、嘉永六年の作品です。徳川も幕末になりますと、世情が不安になります。ゆすりやかたりの者が、大変出てきたんですね。窒息しそうな閉塞状況で、ちょうど、現在にも似た時代のようです。そういう時に、河竹默阿弥だとか、瀬川如皐は、多くの、ゆすり、かたり物を書いています。そういう芝居を、「世話物」といいます。「復讐するは我にあり」も、そういう面では、キワ物めきますが、それをキワ物にしないところに、メガホンをもつ監督のリアリズムの精神がうかがえるわけです。

この芝居も、当時の菊五郎。ですから五代目ですね、と、九代目団十郎にあてこんで書いた芝居だといわれています。ですから、初演が嘉永六（一八五三）年、それを、何回か演るうちに、現在の「型」に完成させたのが、名立役を通してきた一五代市村羽左衛門です。五代目菊五郎の甥です。ですから、六代目菊五郎とは従兄ですね。現、羽左衛門は一七代目ですから、先々代に当たります。確か六代目より一〇幾つか年上なので、五代目や、九代目団十郎の芝居を、その眼でみてきていますし、両師匠の薫陶も受けているわけです。その点では、五代目も九代目も、日露戦争の終わる前後に亡くなっていますので、六代目は、この両巨匠からは、直に手をとって教えられたということはなかったそうです。で、この「世話情浮名横櫛」における「多左衛門宅の場」を、完成させたのは、一五代目羽左衛門なんです。

「多左衛門宅の場」というのは、みなさん、よくご存じの例の「源冶店《げんやだな》」ですね。サワリのところを演ってみましょう。

「お富さんへ、ご新造さんへ」と与三郎がいいますと、お富の旦那になっている多左衛門が「……では、お前はお富の何だ」と、聞かれます。と、「兄、兄も兄イ、義理の深えお兄イさんだア」と七五調の台詞をいいます。この台詞は嘉永六年の時には、こうなっています。「あい、とりわけて義理のあるお富が兄の与三郎」。いかにも、幕末がにおってきます。それを、羽左衛門が、明治から大正にかけて、「兄、兄も兄イ、義理の深えお兄イさんだア」と情緒豊かな台詞回しに完成させているのです。もう一つ、六代目写実の例をあげましょう。

長谷川伸先生に、「一本刀土俵入り」という有名な芝居があります。

これは、駒形という取的が、親方から破門されて、しょぼしょぼと故郷に帰っている時に、取手の宿で、我孫子屋のお蔦という女に会います。ご存じ、お蔦が、二階から下に立っている駒形に、旅銀を与え、また櫛、簪《かんざし》を、帯に巻いてたらしてやります。

「取的さん、必ず横綱になっておくれよ」

駒形は、お蔦に励まされ、感涙にむせんで花道を引き込む序幕。そして、一〇年後、駒形は横綱になれず、旅から旅をゆく、やくざ者になり下り、偶然、取手の宿を通った時、一〇年前のお蔦を思い出し、お蔦とその夫を助けてやるという筋です。

長谷川先生の戯曲には、非常にやくざ物が多いんですが、結局、「瞼の母」にしろ、「刺青奇偶（いれずみちょうはん）」にしろ、「沓掛時次郎」にしろ、やくざがゆえに名を名乗れない、やくざになり下ったがゆえの悲しみ、悲哀というものが、テーマになっているような気がするんです。

さて、お蔦が、櫛、簪、懐中を帯につるして、下に、お腹をすかせて、待っている六代目の駒形茂兵衛に投げてやる段取りになります。いつだったですか、新派の喜多村緑郎が、六代目の相手をつとめたことがあるんです。お蔦に扮したわけですが、これは、珍しいキャストです。その時のことです。脚本では、金をもらった茂兵衛が「お姐さん、ありがとうさんでごんす」といって、水を飲みにゆきます。撥釣瓶《はねつるべ》で、水を飲み終わってから、花道を引っこんでゆくシーンになり、幕になります。そこまでの場面ですが、脚本には、ただ、「水を飲んで花道をゆく」とだけしか書いておりません。

そこで、お蔦の喜多村は、二階の手摺りにもたれて、横座りになったままですから、その間、間《ま》を持たせるのに困るわけです。六代目の茂兵衛の方は、撥釣瓶を上げたり下げたりする動きで、十分仕科があるだけに、喜多村は、いわゆる間ぬけの状態になるわけです。で、喜多村は、工夫しまして、二階には、障子がたててありますので、相手が一人いることにして、その相手から、酒をついでもらう心で仕科をするのです。もちろん相手がいるわけはありません。六代目が水を飲んでいる間、二階の喜多村は、ついでもらった心で、茶椀酒をあふります。すると、水を飲み終わった六代目が、日本手拭で口を拭いながら、舞台下手から、一歩、二歩、歩いてきます。ひょっと二階を見上げると、喜多村のお蔦が、酒を飲んでいます。脚本にない仕科をしているわけですね。六代目は、演《や》ってるなッと、思います。しかし、そこは三〇〇年に一人の名優。「……姐さん―、酒ゃ、毒だぜ」と、アドリブです。今度は、喜多村の方でびっくりしました。だが、喜多村とて、六代目から招かれた新派の大御所です。すかさず、「もう、止すわよ」

それから、茂兵衛の引っこみになります。菊五郎の茂兵衛が、花道にかかると、お蔦は、「駒形！　駒形！」というんですが、その時、喜多村は、手をコウかざして、茂兵衛を見送る仕科をしたんだそうです。幕が降りてから、菊五郎は、喜多村の楽屋にゆき、「あの、手をかざした仕科がよかった。夕日でまぶしい感じが、よく出ていた」とほめています。

次に、舞台は一転しまして、茂兵衛が、利根川を渡って江戸へ帰る場面になります。脚本には、「川の渡しの場の前に、大勢の客が待っている」としか指定していません。そこで、六代目は、どう演出したかといいますと、その大勢の客の中に、たっつけを着た角兵衛獅子の一行を出します。そして、角兵衛獅子が踊りだしますが、その獅子舞いの踊る時間で、渡し舟が、利根川を渡ってくる時間と、川幅を出す、という演出なのです。これには、さすがの長谷川先生もびっくりして、六代目は、大変な演出家だ、と絶讃しております。

いよいよ舞台は大詰めになって、一〇年後。横綱どころか、やくざに変身してしまった駒形茂兵衛が、取手の宿を通りかかるのです。たぶさの大銀否といいたいが、むしりのカツラです。でも、取的の時分、金と簪を恵んでくれたお蔦とかいう酌婦のこと、もし元気でいるんだったら、こんな姿じゃあるが、一言、礼をのべていきたい、と思い、人に聞いて、やっと探したのはいいが、お蔦夫婦は、いかさま師として、土地のやくざに追われている身。茂兵衛は、お蔦の家に殴りこんできた土地のやくざたちをやっつける。

「さあ、早く逃げて下さい」と、茂兵衛が、お蔦にいうが、お蔦は、思い出せない。——けげんな顔で逃げてゆくお蔦に、茂兵衛がいう有名な台詞があります。

ところが、大事な詰めにきて六代目が、その台詞を忘れて、なかなか、口から出てこないんです。土地のやくざに扮し、六代目からの切られ役で死んでいました市川男女蔵と阪東三津五郎、この前、大阪でふぐを食って亡くなった役者ですね、まだ三津亟といっていました。この二人が、黒子といいまして、立役が、台詞を忘れた時は、小声で教えてやる役目もしているわけなんです。

「……これが、一〇年前に、恵まれたご恩に対するお返しだ」と、後ろから呟くんですが、どうしたことか、六代目は、いくらたってもいいません。早くしなければ、お蔦は引っこんでしまい間が抜けてしまいます。二人は、ハラハラしていますと、おもむろに、いうんですね（以下六代目の声色で）。

「一〇年前、櫛、簪、巾着ぐるみ意見をもらった姐はんに、せめてもみてもろう駒形の、しがねえ姿の土俵入りでござんす」

一気に、演ったんですね。客席で見ていた長谷川先生は、すっかり感心して、「あれでいい、あれでいいんだ」といって、これが、「一本刀土俵入り」の定本になっています。

このように、六代目菊五郎は、三〇〇年に一人、出るか出ないかの名優だったと思います。六代目は、昭和二四年七月、六四歳で亡くなったんですが、終戦後の、昼夜二回興行と、食糧不足とで、すっかり身体をいためてしまったんでしょう。高血圧、眼底出血です。その時に、「毎日グラフ」の表紙に、病床でとったポートレートが載っていました。中は、芝居ができなくなって、鵠沼の別荘に引きこもって孫の手を引きながら散歩している写真です。実に、悲しい思いでした。

亡くなる前の頃は、孫とNHKの「素人のど自慢」を聞き、鐘のあてっこをしていたそうです。あれほどの名優が、最後は、孫と、鐘のあてっこ。それを聞くと、非常に淋しいし、悲しいし、つくづく人間の無常を感じさせられます。

今まで、菊五郎写実について、私の思い出を加えながらお話ししてきました。これからは、それを一歩進めまして映画やドラマ脚本における創作方法について若干話してみたいと思います。

映画のシナリオづくりには、大ざっぱに分けまして、東宝式と松竹式というのがあります。例えば、黒澤明監督のゆき方が東宝式の代表で、木下恵介監督の書き方が、松竹式の主流を受け継いできているといっていいでしょう。もちろん黒澤さんには山本嘉次郎、木下さんには島津保次郎とかいう先輩のいたことはご存じの通りです。どう違うかといいますと、東宝式というのは、二つの話を、縄をなうように、交互に出す。すなわちAとBの二つの話をつくり、Aの話をしている時はBの話を裏に伏せ、Bの話をする時は、Aを伏せておく、そして裏で話を進行させておくのです。いわゆる縄をなうやり方ですね。その源《みなもと》は、どこかと申しますと、「円朝」なんです。私ども「円朝」を随分読まされたものです。

一方、松竹式は、初歩的です。といいますのはエピソードをたくさん用意し、それらのエピソードを、串だんごのように、つなげてゆくやり方です。どちらがつくりやすいかというと、松竹式がやりやすい。例えば「喜びも悲しみも幾歳月」などが典型です。燈台から燈台を渡ってゆく話。これは、話が転びやすい。

ところが、縄をなう方式の方は、些か難しい。多くの伏線を張らなければなりません。伏線A、B、C、D、Eと張り、それを、忘れた頃、起こしてやります。スリラー物は、この手法ですね。よく、初心者は、伏線をあまり張りすぎて、張った伏線を起こし忘れることが多いのです。では、どういうふうに伏線を起こすかといいますと、テーマに沿って、意外な場面で起こしてやるわけです。私が昭和二九年、師匠に手ほどきを受けながら手伝った作品に、「力道山物語」という作品がありますので、これを中心にやってみましょう。

力道山は、みなさんご存じの、プロレスラーですね。戦争中に二所ノ関部屋に入り、関脇まで登り、何度か殊勲賞をとりました。当然、大関の声があったんですけど、いろんな派閥の関係で、大関昇進ままならず、イヤ気がさし、角界から身を退きます。そして、新田組の社長にひろわれ、しばらく土建の仕事を手伝いますが、ふとしたことからプロレスに誘われ、転向するんです。で、彼が、プロレスの世界選手権をとるまでの話をつくったんです。こんな話は、素材がいいから、そのままあったことを串だんごにしてもストーリはできます。しかしそれでは、ドラマとして、お客さんに喜んでもらえません。ドラマをつくるためには、伏線が要るわけです。

話の中で、私は力道山と一緒に入門する、気の弱い取的を一人出してきました。まず、力道山が、長崎県の五島から上京します。その時、父親が、新聞紙に包んだ紙包みを渡すんです。何ですか、といぶかると、桐下駄です。大きな、立派な下駄です。

「今、履くんじゃねえ、関取になったら、履くんだ」と、父親がいいます。

二所ノ関部屋に入ってから、力道山は、紙包みだけを、バカ丁寧に大事に扱うので、友達たちが「何だ、何だ」と見たがります。しかし見せません。友達の一人、その気の弱い取的などは、よほど大事なものに違いない、と思いこんでしまいます。で、相撲のつらい修業に、弱い取的は、辛抱できずに止めてしまいます。その時に、例の桐下駄の紙包みを盗《と》っていってしまうんです。

やがて、力道山が十両に出世します。当然、桐下駄の履ける位置まできたわけですが、下駄がありません。で、師匠、現玉の海さんからお祝いにもらうわけですね。そこからは、破竹の勢いの力道山を、生のフィルムで見せます。実に強いんです。しかし、大関になれないため、くさって、止めてしまいます。

プロレスに転向してから、もう本物の力道山に出演してもらうわけですが、これは、どの試合を見せてもお客さんは喜びます。しかし、それでは、ドラマとしてはつまらない。何年か後、力道山は、いよいよ、世界選手権試合のため、アメリカ遠征の壮途《そうと》にたちます。その前日、帝国ホテルで盛大な送別会が開かれます。

シーンは、各界の名士をかけつけさせて、なるべく華やかにつくります。美空ひばりも、花束をかかえてかけつけてきます。そんな、きらびやかなパーティの中に、風采の上がらない一人の男がやってきます。受付で「力道山に会いたい」といいますが、きたない紙包みなんか持った男を、誰も相手にしません。しかし、会えば分かる、という必死の懇願で、その男に力道山は会うのです。男というのは、あの時、桐下駄を盗んでいった取的です。取的は、感情をおさえて、紙包みを力道山に返します。開けてみると、二〇年前の桐下駄です。力道山も取的も、眼が涙でくもってきます。全然、つくり話ですが、これは、小道具を、伏線に使った例です。

映画のシナリオというのは、小説と違い、インスピレーションが湧いて、一気に書くというわけにはいかないのです。全部、計算してしまわなければなりません。素材なり、テーマなりが浮かびますと、次に、百何十シーンかの場面を、すべて計算して、最初につくってしまう、これを専門用語で、「ハコ」といいます。コンストラクション（組み立て）ですね。「ハコ」ができてから、初めて、原稿用紙に向かう。そして、台詞ト書が入る。ですから、シナリオを、書くというよりつくる、という方が適切でしょう。芸術的創造というより、一つの職人に近い仕事なんですね。だから、ベストセラーになった原作の仕事の時なんか、全くのアルチザン（職人）と化してしまうわけです。そんな、職人的な仕事ですから、コツというのがあります。

例えば、「テキサス決死隊」という映画。これは、二人の悪漢が、駅馬車を襲って金を奪うオープニングの場面ですが、御者は、驚いて馬車をとめる。しかし、次のシーンに変わりますと、実は、その御者も悪漢の一味であった、というコンストラクションです。つまり、大事なことはできるだけ、後に出す、という、作劇上のコツみたいなものを、師匠について覚えていくわけです。覚えるのに、器用な人で五年、だいたい普通は一〇年ぐらい見習ってから、「お前も一つ、松竹からきた仕事をやってみないか」ということになります。そこが、小説と違うところで、小説の場合は、同人雑誌に、刻苦精進して発表し、それが、中央の文壇から認められて、芥川賞とか直木賞となって、文壇に出てゆくわけです。

放送脚本や映画シナリオは、まず自分の憧れている作家のところに入門しまして、そこで五年なり一〇年なりの修業をつみ、そして一つずつ仕事をもらって一本立ちしてゆく。その中で力がつきますと善い仕事と、悪い仕事を自分でセレクトできるようにもなるのです。

私は、菊島隆三氏に手ほどきを受け、兄弟子である井手雅人氏のもとで修業しました。菊島隆三という人は、黒澤明さんに見出され、「野良犬」でデビューした作家です。井手雅人は、その一番弟子で、やはり黒澤明さんの仕事が多く、「赤ひげ」、「デルス・ウザーラー」などがあります。今度も、黒澤明さんと組んで、「乱」という大作を書いています。何と、これが、算盤をはじきますと、一五億円もかかりますので、東宝も松竹も二の足をふんでいるそうです。

映画界にひと頃の馬力がなく、この程度の作品にさえ尻ごみするようになった現状を思うと、いかにテレビに食われたとはいえ、今昔の感に耐えません。今、テレビのゴールデンタイムで活躍している放送作家の何人かは、私の結成した作家ぐるうぷから育った人たちです。「だいこんの花」の向田邦子とか、「青い山脈」の布勢博一です。今や、テレビの脚本を書くやつは三流の人間である。見るやつは二流、見ないやつが一流だ、なんていわれていますように、実際、あまりいい作品はありません。しかし後でいいますが、これも生活のためなので仕方がないわけです。まったく今の制作方法が、すべてスターシステムであるからです。

先日、馬場氏が、私の家にきた時に聞いた話ですが、特攻隊を素材にしている「雲の墓標」を撮ってくれと話があったそうです。なぜ今頃、「雲の墓標」なんか撮るのかと訊くと、山口百恵で撮りたいというんだそうです。今は、とにかく、スターシステムだから、山口百恵を遊ばせておくわけにはいかない。まったくふざけた話ですが、そのプロデューサーは、一体、「雲の墓標」を読んでいるのかどうか。あの中で女性の出てくるのは、出水海軍航空隊で蕗子という娘が、ほんのちょっとなんです。もし百恵を使えば、百恵が大部分になるでしょうし、あの、「雲の墓標」の全篇をつらぬく清冽なエスプリは薄められてしまうでしょう。事ほど左様に、スターのために作品をつくる、というのが映画界の現状です。ですから、シナリオライターは、いかに、テーマの確《しっか》りした、いい作品を選択するかが大切なわけですが、生活に追われていると、そういうわけにもいかないんですね。

ついでに、今、シナリオライターの収入は、月にどのくらいになるかというと、大体一時間もの一本で二五万円です。非常に安いんです。ですから、一〇〇万円あげるのには、毎週一本書かねばなりません。私の仲間たちは、毎週書いていますが、筆が荒れるのは当然です。東京では、年収一〇〇〇万円が、上流と下とを区別するランクの目安となっているといいますから、すると彼らは、大体上流の線にかろうじて達しているかなっとは思いますが、筆が荒れるんじゃ悲壮すぎます。

アメリカあたりでは、月一本書いていればいいそうです。このようにシナリオライターは、非常に冷遇されているのです。面白いこれを象徴するような話があります。脚本科は、一本二五万円ですけれども、セットに必要な庭木とか、盆栽を借りますと、その借り賃が二五万円するというんです。とくに、地方のテレビ局に至っては、なおベースが低いので、私ども作家協会も、地方局で、最低一五万円以上の線を要望しています。でも、福岡市にいきますと、さすがに局が四つありますから、作家一本でも何とか食えるようです。しかし、わが大分市では、一年に、「朝日長者」一本書いていても食えないわけです。で、まあ、このように酒をつくっているわけですが。（笑い声）

実は、私の家は、代々、宇佐神宮のお神酒をつくっていて、経営も安定していたんですが、両親が、保証かぶれになりまして、何千万円という借金をこしらえてしまったんです。二〇年くらい前のことでしょうか。それで、昭和三七年のことでした、困ってきたんでしょうね、私に、毎日新聞を止めて帰ってこい、と、二度も三度も迎えにきたわけです。東京では生活も安定し、プロダクションの方もうまくいき、これから、という時にさしかかっていたんですが、家をつぶしちゃ先祖に申しわけないというわけで、一応一〇年の期限をつけて帰ってきたんです。ですから、この一〇年間は、家業の再建に精魂をすりへらしました。私どものメインバンクのある頭取が、「民潮さんは、文人肌ではありますが、文人肌だから、経営は、あまりうまくないだろう」というんです。私、文人肌ではありますが、そういわれるとくやしいので、一所懸命頑張って、ようやく近頃、何とか数千万円の借金を、おかげさまで返すことができまして、こういうようなことを、ここで喋っているようなわけですけれども。（笑い声）

で、一応借金は返しました。一二年かかりました。それでは、東京に帰らねばいけないんじゃないか、ということになるわけです。それが、東京へは帰れなくなったんです。といいますのは——、実は、東京で、新聞社にいますと、多くの人に会え、昂奮するほど立派な方にお会いできることが多いんです。こちらに帰ってきて、物足りないと申しますか、つまらなかったのは、この大分県では、残念ながら、そんな人にお目にかかることができませんでした。自分より数等も素晴らしい人、もしくは、何か、金で買うことのできない心を持っている人、または何かを追求している人など。東京には、そんな方が大勢いたわけです。で、中薗喜節先生ではないけど、そんな人たちに会うチャンスが、新聞社にいると多いんですね。若い頃の話ですけど、今日は二・二六事件の真崎甚三郎大将に会って、あの時の真相を訊いてきたとか、今日は林芙美子さんに会ってきて、芸術の話を聴いてきたとか、いわゆる一芸に秀でた方たちに接していますと、たいへん昂奮することが多いんです。

私自身も、そんな昂奮を通しているうちに、あるいは人格が形成されてきたのかもしれません。帰郷して、そんな方と出会わないということは、淋しいことですね。いや、悲しいことです。私は、金の貧しさには耐えられても、その貧困さには耐えられなかったですね。

ところが、昂奮する人ではありませんが、もの、があったんです。しかもそれは、すぐ、私の目の前にあったんです。毎朝、起きてみますと、国東半島が見え、両子山があります。屋山があります。

実は、ある日、私は別府大学の賀川光夫先生に連れられて、国東の仏を巡ったのです。富貴寺だとか、真木の大堂とか、熊野の磨崖仏に文殊仙寺などと、大変多くの仏さまがいます。それだけでも不思議なのに、とくに、私、屋山の長安寺に登りまして、太郎天像という仏に会った時です。いや、もう、びっくりしてしまいました。昂奮しました。いまだに、昂奮から醒めてないんです。聖徳太子のような法衣を着て、髪はみずらに結っています。目は、ずっと虚空を見ています。目の前を見るでもなく、遠くを見るでもなく、何か、不思議な仏像です。それでいて、人間のことは何もかも知り尽したといった表情をしています。足は、沓を履いています。右手には錫杖をもっています。左手は、葉っぱが三つついている木の枝を持って、じっと、誰かを見つめているのです。両脇には、童子像があり、一つは、鬼の形をしています。榧《かや》の一木からできているといわれていますが、一体、この仏教の儀軌《ぎき》にも見えない仏さまは、何なのだろう、と思いますと、もう、初めてお会いして以来、六、七年経ちますが、いまだに昂奮が醒めないんです。

この前、中野幡能先生にお会いしまして、「先生、あれは何でしょうか」と訊ねましたところ、「何か、はっきりしたことは分かりません」とおっしゃるんです。

今、あの仏さまは、国指定重文なので、いついっても拝めますが、昔は、年一回、御開帳の時にしか拝めなかったんです。

昭和三〇年前後のことだそうです。御開帳が終わってから、中野先生は、この等身大の太郎天を、ズシから出しまして、胴から首をはずして、空洞になった胴の中に、裸電球を入れて、中を調べました。何か、書いてないか、と見たところ、何やら墨で書いたものが見えるんだそうです。先生の方がびっくりしたんだそうですね。ところが、その字が、非常に難解です。先生は、長い時間かけて、解読というより、漢字をあてはめたんです。その中に、頭部背面ですが「大治五年屋山太郎惣大行事」とあるんです。大治五年といいますと一一三〇年です。八四六年前ですか。これは屋山の長安寺で、この年に何かの総会が行なわれたんではないだろうか。さらに解読してゆきますと京都《みやこ》郡国分寺のお坊さん、宇佐八幡の神官さん、太宰府の役人、それに女の人の名前もありますから、女弥宣でしょうか、約数十人の名前を書いてあるんです。しかもそれを刻んだのは当時、二一歳になる覚義という仏師です。

二一歳の青年が、ああいうものをつくっている。これは大変な驚異です。例えば、明王部の顔などは、ああいう架空の、偶像の顔を、仏師は彫るんですけれども、まったく、あれは

熊野磨崖仏、小峰書店社長と著者

想像の世界です。それを、太郎天像は、従来の仏像にない姿として、わが郷土の地で、二一歳の青年の想像の世界でつくっているんです。これには、私、いまだに憑かれているわけですが、何だろうと思うんです。中野先生も、「何でしょうね。修験者の神さまじゃないかと思うんですがね」とおっしゃるんですが、それ以上のことは分かりません。これには私、もう昂奮させられるばかりで、今では、まったく、くにさきのとりこになってしまっています。

その後、私は、機会があるたびに、六郷満山系統の本を読んだり、いろいろ先学に、伺ったり、地元の人たちに訊いたりしていますけれども、この日本で、ただ一つしかない太郎天像は、わが郷土の目と鼻の先にあるわけで、これは確かにたいへんなもんだと思います。

なお、不思議なことは、この解釈に苦しんでいる太郎天像が、屋山の中腹にあるかと思うと、谷と、峠一つへだてて、蕗の里には、阿弥陀如来像と、浄土変相図を描いた壁画で有名な富貴寺があるわけですね。九州最古の木造建築物である富貴寺。あの阿弥陀堂の中では、一体、どなたが、読経していたでしょうか。長安寺と、富貴寺とは、そういう面からみてもまったく、信仰の違った人たちが、つくったもののように思えます。

また、もう一つ谷を下ってゆきますと、真木大堂があります。ここは今、収蔵庫の中に、阿弥陀如来がいます。面白いのは、その四方に四天王がいますが、これも儀軌に合いません。収蔵庫とは倉庫だから、それでいいんでしょうが、その隣には、不動明王と大威徳明王です。馬城山傅乗寺が焼けたので、焼け残った仏像を、一か所に集めたんだといえば、それまででしょうが、それにしても、阿弥陀と、密教の仏たちが同居するなど、これにも、いろいろな想念が、かきたてられます。またさらに、山を越え、谷沿いに歩いてゆきますと、鋸山の中腹に熊野の磨崖仏があります。高さ六メートルの大日如来と、七メートルの不動明王です。何で真木大堂の近所に、こんな密教仏、しかも熊野信仰が入ってきているのか？ そして、熊野の神さまは、一九七六年の現在も、お祭りの時、真木大堂の権現社に下ってくるんです。

太郎天といい、富貴寺の壁画といい、真木の明王といい、熊野の螺髪《らほつ》の大日如来といい、くにさきの里は、まったく、いろいろなものが、思い思いに散らばっている感じです。それは、一体、なぜなのか。ところで、私どもが、くにさきの里にいきますと、土地の人たちは、「へえー、あんた、あげなんが、そげえ、いいかえ」というわけです。地元がそういう具合ですから、文化財を大事にしようなんて意識は、あきれるほどの低さです。富貴寺の、真下には、真っ赤な看板がたち、「びったれ餅」と書いています。周辺には、バラックのお土産屋が二軒もたち、参拝客の袖を引き合っています。別府市は、県の観光課の肝いりで、温泉と、仏の里をセットにして、東京のレジャー雑誌に売りこんでいます。若者たちは、それを見て、どっと押しかけ、空きカンを投げ捨てたり、木や苔類をはぎとっていきます。

「俺は、富貴寺の四本柱を触ったぞ」とか、ただ彼らは触わりにくる、見にくるんです。

何か、——そういうことでしか、今、国東は脚光を浴びてないことの淋しさを、つくづく感じます。本当は、もっと大事なものが国東の里にはあるはずだと思うんです。そんなくにさきや、豊後の仏たちに憑かれてしまって、私、もう東京に帰らなければいけないんだけれど、これでは、東京には、帰れないなあ、と思っております。

新聞社の旧友や、私の師匠だとか、作家ぐるうぷの仲間たちが、「今戸よ、くにさきって、大変なところだそうだな、一つ、くにさきにいってみたいと思うんだが」と電話があって、よくやってきます。そのたびに、私は、案内するんですが、説明ができないんです。彼らから、「お前は、地元にいて、何をしていたんだ」とからかわれます。みんな、借金払いにあくせくしてたなんてことは、知りませんからね——。

例えば、亡くなった大仏次郎さんや、松本清張さんなど、いろいろな方たちがやってきて、その謎にせまっています。私ども、地元の人たちこそ、これを解明しなければならない使命があると思うんです。

千何百年か前に、私たちの祖先は、あの仏たちを刻んだんです。その間、随分、大勢の人たちの魂を救ってきています。そして、現在、病める現代人の魂をも、救っているわけです。今、現代人のつくっているもので、一〇〇〇年後の私たちの子孫の魂を救うことができるもの、といえば、果たして何があるでしょう。そのことに思いを馳せると、慄然とせざるを得ません。——そういうことを感じまして、私、もう東京へは戻れないんじゃないか、くにさきの仏の謎にせまるのが、その使命であるような気がいたしまして、最近では、私の家から見えます、国東半島の山々を眺めながら、地方局からの注文はないし、もっぱら「灯」などを書いて、髀肉の嘆を撫している次第であります。

（昭和五一年六月　大分県高等学校教育研究会国語部会総会での講演より）

あとがき

今年（平成二〇年）のお正月、満八三歳になった。後期高齢者のレベルでは、隠居生活者といわれてもおかしくないはず。でも、まだ現役である。

クルマの運転はもちろん、銀行にも金融の交渉にゆく（但し、相手にされない）し、三度の食事も自分でつくる。この三月からは、米寿をすでに過ぎた少々認知症ぎみの姉を引き取り、今は、老老介護の八〇歳代を二人して天に委《ゆだ》ねて過ごしている。

振り返ってみると、一一歳の時、医者から見放されるほどの大病を患いながら、今日《こんにち》まで長生きできている寿命の不思議さを実感している。一五歳の時の母の他界や一〇代、二〇代の若さで病死を余儀なくされて逝った従兄弟《いとこ》たちの人生を思うと、人知では計り知れない、ある絶対者の存在を、つい意識してしまうのである。実際、私の八〇年を回顧してみても、突っ走ることの多かった若かった昔と、この一〇年、確かに退嬰《たいえい》的になった自分に気がついてハッとなり、運命論者へと堕してゆく寂しさを、隠しきれないでいるのも事実である。

今度上梓《じょうし》する本『豊の国・おおいた　今昔物語』は、文字通り郷里の二豊を題材にとったものである。二六年前に、小峰書店から出版した『麦笛吹く頃』の続編になるわけだが、家業のかたわら「忙中有閑」、地元の媒体紙・誌から依頼されたり、またバスガイドのテキストをつくりにあたり、取材途中に発見した新事実や、資料の整理をしているうち再評価して世に問う切っ掛けとなった所産といってもいいだろう。

例えば「おおいた人物紀行」や「ふるさと散策」、「城のある風景」は西日本新聞広告社にいた故岩崎敬一郎氏の企画で、大分県中《じゅう》、同道してつくりあげた思い出は尽きない。また、「おおいたの文学プロムナード」は県広報公聴課時代の米田順子さんと取材をともにして書き上げ、エスプリの利《き》いた見出しは、異色課長だった堤彦一氏のアイデアである。

「六郷満山物語」は、陸の孤島といわれ、高度成長期の開発から取り残されていた国東半島《くにさき》が昭和四〇年代、「ディスカバージャパン」ブームのあおり受け、当時若かった団塊の世代の憧れるところとなり、「秘境くにさき」へとブームを呼んだのも懐かしい。

幸い、妻の郷里が豊後高田市だったので、背後に国東半島の山々がもつ六郷満山の遺跡をくまなく回った。それまで仏教の教えには全然疎《うと》かった私が、仏像の印契を見ただけで、即座に判別できるまで熟達したのも秘境ブームのお陰。今でも思い出すが、その頃の半島はまさに仙境、お寺にゆくのに道がない。草深い兎道を妻と登って、熊野磨崖仏の不動明王に出会った日の感動は忘れられない。その妻も一〇年前に他界した。

思い出は尽きないが、三〇年近く筐底《きょうてい》に眠っていた拙稿を引っ張り出し、埃をはたいて整理編纂、見事に蘇生してくださった元就出版社社長浜正史氏には重ねてお礼を申し上げる次第である。
終わりになったが、「ミックス」も「アドバンス大分」「リゾートユウ」そして「豊日史学」「まりんぶるー」ともに廃刊されて今はない。時の移り変わりの非情さを感じること一入である。

平成二〇年九月一〇日

著者　記

豊の国・おおいた 今昔物語

2008年11月5日　第1刷発行

著　者　今　戸　公　徳

発行人　浜　　　正　史

発行所　株式会社　元就《げんしゅう》出版社

〒171-0022 東京都豊島区南池袋4-20-9

サンロードビル2F-B

電話　03-3986-7736 FAX 03-3987-2580

振替　00120-3-31078

装　幀　唯　野　信　廣

印刷所　中央精版印刷株式会社

ISBN978-4-86106-169-1　C0095